郝宇彪 著

International Comparative
Research of Public
Debt Risk

公共债务风险的
国际比较研究

中国言实出版社

图书在版编目（CIP）数据

公共债务风险的国际比较研究 / 郝宇彪著 . -- 北京：
中国言实出版社，2020.9
ISBN 978-7-5171-3565-4

Ⅰ.①公… Ⅱ.①郝… Ⅲ.①国债—风险管理—对比
研究—世界 Ⅳ.① F810.5

中国版本图书馆 CIP 数据核字（2020）第 177250 号

责任编辑 张　丽
责任校对 罗　慧

出版发行 中国言实出版社

　　　　 地　　址：北京市朝阳区北苑路 180 号加利大厦 5 号楼 105 室
　　　　 邮　　编：100101
　　　　 编辑部：北京市海淀区花园路 6 号院 B 座 6 层
　　　　 邮　　编：100088
　　　　 电　　话：64924853（总编室）　 64924716（发行部）
　　　　 网　　址：www.zgyscbs.cn
　　　　 E-mail：zgyscbs@263.net
经　　销 新华书店
印　　刷 北京虎彩文化传播有限公司
版　　次 2020 年 9 月第 1 版　 2020 年 9 月第 1 次印刷
规　　格 710 毫米 ×1000 毫米　 1/16　 20.25 印张
字　　数 300 千字
定　　价 60.00 元　 ISBN 978-7-5171-3565-4

目 录

导　论

一、研究背景

（一）研究问题提出的现实背景

一直以来，公共债务问题始终是经济学界研究的重要问题。20 世纪 70 年代以来，不断发生的公共债务危机表明，公共债务已经成为影响近代世界经济发展的重要问题。20 世纪 80 年代初期，拉美国家爆发债务危机；90 年代后期，俄罗斯、东亚国家以及阿根廷等地相继发生了债务危机。世界经济发展在经历 21 世纪初期短暂的稳定之后，2008 年国际金融危机爆发，冰岛、迪拜等国再次发生主权债务危机。为了应对金融危机，2009 年世界各国纷纷出台巨额经济刺激计划，对于缓解金融危机的负面冲击发挥了稳定作用，之后世界经济慢慢呈现复苏的态势。然而，让人们始料不及的是，2010 年欧元区主权债务危机爆发，公共债务问题再次引起学术界的强烈关注和热烈讨论。之后，美国面临"财政悬崖"，日本的债务风险引起世界广泛关注……2012 年，发达经济体整体的债务负担率达到108.7%，比 2008 年上升 28 个百分点，其中，美国为102.7%，欧元区为 93%，日本为230.3%，英国为88.8%，均远远大于欧盟规定的60%的警戒线。经过近几年的政策协调与国际救助，欧元区的危机警报暂时解除，2013 年 12 月 16 日，爱尔兰退出危机纾困机制，成为首个脱困的国家。美国则通过两党协商提高债务上限的方式使得美国暂时避免"坠入悬崖"。然而，需要指出的是，尽管危机得以暂时避免，然而根据 IMF（国际货币基金组织）的预测，2019 年美、欧、日等发达经济体的负债率还将继续提升，2024 年发达经济体整体的负债率仍将维持在 103% 以上。由此看来，在未来数年内，主要发达经济体的公共债务问题仍然是全球经济发展面临的潜在风险。

除欧、美、日等发达国家面临债务问题外，近两年来，中国的公共债务问题也逐渐引起学术界的关注。总而言之，未来一段时期内，世界主要经济体均面临一定程度的债务风险，尤其是美、欧、日等发达国家。主要的发达经济体作为世界重要的消费市场和经济发展动力来源，其潜在的债务风险一旦发生，将会对世界经济发展造成严重的伤害。因此，如何监测并防范主要经济体的公共债务风险，是后危机时代各国政府和国际机构面临的重要问题。回顾历史可以发现，公共债务问题呈现出从发展中国家到发达国家、从经济小国到经济大国的发展态势。在这样的情景之下，我们不禁思考：为什么越来越多的国家陷入公共债务的泥淖之中，这其中有怎样的历史和经济规律？未来的全球公共债务问题还将如何发展？本书研究将着重以全球最有代表性的发达经济体——美国、英国、日本为考察对象，比较分析公共债务不断扩张的内在机理，检验公共债务的宏观效应，思考构建约束公共债务过度扩张的方法体系，从而为中国公共债务如何实现可持续发展提供参考。

（二）政府债务、国家债务、公共债务、主权债务的概念辨析

公共债务是一个被广泛使用而又含糊不清的概念。关于一国或一国政府担负的债务名称，目前国内外学术界及社会各方存在以下四种称谓：国家债务（national debt，简称国债）、政府债务（government debt）、公共债务（public debt）以及主权债务（sovereign debt）。关于这四个名词的内涵，现有的大多数文献并没有进行明确的界定，而且相当一部分的文献及媒体报道还存在混用的现象。比如，在欧洲主权债务危机发生后，部分文献（赵全厚、孙昊旸，2011；陆前进，2012；王永中，2012； Udaibir S. Das 等，2012；等等）论及美国、日本以及英国的债务问题时，都采取了主权债务的表述方式。Udaibir S. Das 等（2012）指出，主权债务就是主权国家的政府发行的债务。赵全厚、孙昊旸（2011）则认为，政府债务，也称为政府主权债务，是一个国家的政府部门（包括中央政府、地方政府和公共部门）持有的附有清偿责任的金融性债务。由此可见，在部分学者看来，主权债务与通常理解的国家债务或政府债务的概念基本一致。然而，严格地讲，四个概念之间，尤其是主权债务与其他三个名词之间，存在明显差别，必须对其加以明确区分。

根据《新帕尔格雷夫经济学大辞典》，国家债务、政府债务与公共债务是通用的，即政府方面的一种法律义务，是由于政府向个人、公司、社会事业单位及他国政府借款而产生的。然而随着经济的不断发展，一国中央政府实际所担负的债务构成也在不断发生变化，并不仅仅局限于政府直接借贷，还包括政府相关机构借贷形成的债务。根据美国财政部网站提供的官方解释，国家债务是指美国政府的直接负债，在不同时期有几种不同的概念来表示国家债务。[①] 国家债务是一个笼统的称谓，以下三个层次的概念都可以代表美国的国债：联邦总债务（gross federal debt）、公共债务、公众持有的债务（debt held by the public），三者之间是包含与被包含的关系。具体而言，公共债务是指美国财政部发行的公共债券（public debt securities），主要由可交易债券（短期、中期和长期）和不可交易债券（储蓄债券和针对州、地方政府发行的特别债券）组成；按持有者来划分，公共债务可分为由联邦政府账户（government account）持有的债务与由公众持有的债务，其中公众持有的债务是衡量政府通过借贷为财政赤字融资导致的债务累积余额，也是研究一国政府债务时最值得关注的指标。联邦总债务由公共债券和政府机构发行的债券（机构债务）构成。而关于政府债务的概念，美国财政部网站并没有给出详细的解释。

审视上述的解释，本书认为，关于国家债务、政府债务以及公共债务之间或许可以做如下的界定：

公共债务是一国财政部为了弥补国家财政赤字而发行的公共债券，即经济学研究中俗称的"国债"。国家债务则是指一国政府担负债务的通俗称谓，因为国家是一个集合性或政治性的概念，并不是经济发展的参与主体，所谓的国家债务一般是由中央政府或政府相关机构承担。而就机构债务而言，由于其发行一般是由中央政府（或联邦政府）担保，再加上道德风险的存在，因

---

① 美国财政部网站，http://www.treasury.gov/resource-center/faqs/Markets/Pages/national-debt.aspx。

此其可以归为政府的或有债务。综上所述，广义而言，政府债务可以概括为政府需要承担的债务，由公共债务和机构债务共同组成。当然，政府债务的具体构成会因不同时期和不同国家而发生改变，Hana Polackova Brixi（1998）提出了财政风险矩阵的分析框架，将政府债务的外延进行了扩展，政府的"隐性负债"和"或有负债"问题逐渐引起人们的注意。樊纲（1999）针对中国当时的情况，提出"国家综合负债"的概念，即中央政府担负的债务由政府直接债务、银行坏债和全部外债构成，涵盖了当时中国这样的经济体已经发生的可能导致金融危机的主要国民债务。另外，从发行者的角度，当前学术界通常将政府债务分为中央政府债务和地方政府债务，此处所述的政府债务单指中央政府的债务。

关于主权债务的概念，国际货币基金组织和世界银行等权威部门并没有给出详细而统一的解释。根据 Jonathan Eaton（1992）、Jonathan Eaton 和 Raquel Fernandez（1995）、Mark Kruger 和 Miguel Messmacher（2004）、Stijn Claessens 和 M. Ayhan Kosel（2013）等的论述，主权债务并不能笼统地定义为主权国家政府发行的债务，而是指一国中央政府以自己的国家主权为担保向外（不管是向国际货币基金组织还是向世界银行，还是向其他国家）借来的债务，且债务的发行货币为该国的非主权货币。因此，主权债务完全不能等价于政府债务，只是政府所欠外债的一部分。学术界对主权债务风险的广泛关注源自 20 世纪 80 年代以来发展中国家主权债务危机的频频发生。2008年国际金融危机发生以后，迪拜、冰岛乃至欧元区主权债务危机的发生，使得学术界对主权债务管理及违约风险的研究达到一个新的高度。主权债务危机发生的直接原因为债务国主权债务违约，即无法筹措足够的外币来偿还到期的主权债务。由此来看，判断一国是否面临主权债务风险，必须分析一国公共债务的结构，即观察其主权债务占 GDP 的比例，而不是笼统地看公共债务占 GDP 的比例。

简单来说，政府债务、公共债务、主权债务三者的关系如图 0-1 所示。

```
                              政府机构债务
               中央政府债务                        国内债务
政府债务                        公共债务（国债）      主权债务
               地方政府债务                                    外债
                                           非国家外债
```

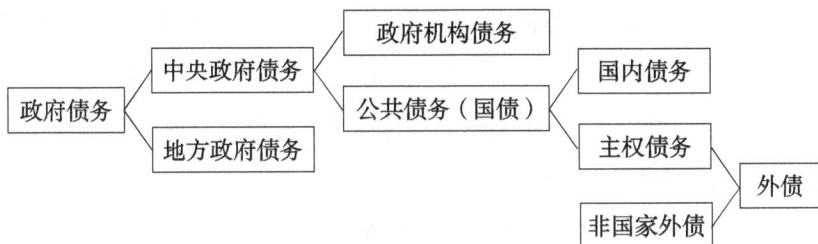

图 0-1 概念关系示意图

二、国内外研究现状

目前学术界对公共债务问题的研究主要从以下三个角度展开。

（一）公共债务扩张的原因

关于公共债务不断扩张的原因，现有文献分别从不同角度进行了考察。然而，根本而言，公共债务的不断增长是一国政府财政赤字不断积累的结果，没有财政赤字，公共债务也就无从谈起。因此，我们必须首先思考美国政府的理财观念或财政政策。

1. 债务扩张解释之一：财政政策演变

众所周知，公共债务是一国政府为弥补财政赤字所采取的融资方式，而财政赤字的变化是一国财政政策操作的结构。基于此，国内部分学者从财政政策演变的角度对美国等世界主要国家公共债务扩张的原因进行了考察（高培勇，1985；孙健夫，1997；秦嗣毅，2003；王志伟、毛晖，2003；黄梅波、工珊珊，2012）。概括起来，世界上主要发达国家财政政策主要经历了以下四次转变：第一次转变，从20世纪30年代大萧条以前世界各主要国家都恪守财政平衡的理念到凯恩斯提出政府该采用扩张性的财政政策，即增加政府支出减少政府税收的方法去刺激总需求；第二次转变，从扩张性财政政策到补偿性财政政策（20世纪50年代），即采取相机抉择的方式调控经济发展，但总体仍是扩张性财政政策；第三次转变，从补偿性财政政策到增长性财政政策（20世纪60年代），意味着只要经济增长未能达到潜在GDP，就业未能实现充分就业，就应该采取赤字财政政策刺激经济发展；第四次转变，从增长性财政政策到以"供给管理"为核心、以减税为主要手段的财政政策。总之，无论财政政策方向如何转变，但在实际实施过程中都表现为财政赤字的持续存在，从而导致公共债务不断增加。

2. 债务扩张解释之二：财政收支失衡

财政收支的不平衡无疑是造成财政赤字的最直接原因，因此，有些文献从财政收支结构的角度对美国等主要债务国家公共债务扩张的原因进行了考察。就政府支出与税收对美国公共债务扩张的贡献而言，卡托研究所的 Chris Edwards（2006）认为，2001—2006年，美国政府支出从1.9万亿美元增长至2.7万亿美元，而税收只减少了2000亿美元，因此美国公共债务扩张主要是由于美国政府支出的增加，而不是税收减少。就政府支出而言，主要有以下三方面原因：第一，巨额的国防开支及战争军费筹措，虽然稳中有降，但占比仍然较高（高培勇，1985；郭连成，2000；姚璐、朱邦宁，2012）；第二，当前主要债务国家面临的通病——社会政策类支出呈刚性增长态势，这类支出主要包括教育、职业技术教育、就业与社会服务、卫生、老年医疗保险、收入保险、社会保障、老战士补贴与服务（郭连成，2000；熊鹭，2011；王应贵、姚静，2011）；第三，公共债务利息支出不断扩大（姚璐、朱邦宁，2012；王应贵、姚静，2011）。根据美国国会预算办公室预计，美国政府未来债务需要支付的利息将从目前占联邦税收收入的9%上升至2020年的20%，2030年的36%和2040年的58%（张茉楠，2013）；而日本每年用于支付利息的支出数居然占到税收收入的50%以上①。

3. 债务扩张解释之三：经济增长乏力

政府的收支状况取决于经济发展状况，因此，关于财政支出不断增加而财政收入不断减少的原因，有些学者从经济增长乏力的视角对公共债务扩张的原因进行了考察（William R. Easterly，2001；姚璐、朱邦宁，2012；黄梅波、

---

① 中国经济网：《日本政府债务利息支出占税收一半以上》，http://intl.ce.cn/sjjj/qy/201112/27/t2011 1227_22953940.shtml。

王珊珊，2012）。当经济增长步入萧条甚至危机阶段，为熨平经济周期，财政自动稳定器以及反危机措施导致财政支出增加而税收收入减少，导致财政赤字扩大，进而导致为赤字融资的公共债务规模扩张。关于公共债务扩张与经济衰退之间的关系，学术界存在一些争议：究竟是债务扩张导致经济衰退还是经济衰退引发债务扩张？ Carmen M. Reinhart 和 Kenneth S. Rogoff（2010）运用 44 个国家近 200 年的数据进行实证研究得出，当公共债务占 GDP 的比例低于 90% 时，债务规模与经济增长呈负相关，而当公共债务占 GDP 比例超过90% 时，这些国家 GDP 增长率的中位数下降 1%，平均增长率则下降更多。但Paul Krugman（2011）反驳了上述观点，认为经济增长低迷是公共债务扩张的原因。William R. Easterly（2001）通过实证研究证明，1975 年以后世界范围的经济增长下滑对各国财政造成冲击，大多数国家都未能扭转公共债务占 GDP 不断上升的趋势，经济增长收缩不仅引发了 20 世纪 80—90 年代发展中国家债务危机，更是导致了发达国家在这一时期债务负担不断加重。对此，笔者认为，如果公共债务的挤出效应成立，经济增长疲软与公共债务扩张或将陷入恶性循环。但挤出效应存在一系列前提假设，其是否成立还要视各国情况而定。①

4. 债务扩张解释之四：西方国家民主选举制度

政府预算和财政政策不仅仅涉及经济问题，在实际执行中更多的是一个政治过程。因此，除了上述经济的视角，部分文献还从西方国家政治制度的角度对美国等发达国家公共债务扩张的原因进行了分析（James M. Buchanan，1966；James M. Buchanan & Richard E. Wagner，1977；赵理尘，1990；郭剑鸣，2010；包刚升，2011，蔡立辉等，2012）。布坎南（1966）通过运用意大利财政学家普维亚尼的垄断统治阶级下的国家财政组织理论提出了现代民主政治制度下的"财政幻觉"（fiscal illusion）思想，即以布坎南为代表的公共选择学派认为，在民主政治制度下，精英阶层同样不会让公众看到预算计划的规模和真正性质，在选民们看来，在任何情况下，实际公共支出率的增加都只

---

① 后文会对公共债务扩张的经济效应进行详细归纳阐述。

有直接的和现实的获益者，而没有受损者。换句话说，多数选民希望政府扩大开支却不希望政府增加税收来保证财政盈余，政府为了讨好选民会将更多的款项运用到"受人欢迎的"计划上。这种倾向有利于赤字的产生，而当民主社会允许凯恩斯主义修正其财政体制时，政府将倾向于超额地利用债务集资（布坎南、瓦格纳，1988）。而债务财政将使选民和政治家偏好更高水平的赤字，一方面，在债务财政下，选民将低估政府商品和劳务的"直观成本"，偏好更高的预算开支水平；另一方面，与现期征税相比，政府发行公债的"直观成本"更低，政治家举债面临的选民压力较小，加上公债的财政责任不明确，也进一步增加了政府举债的倾向（赵理尘，1990）。

5. 债务扩张解释之五：资本主义基本矛盾导致的有效需求不足

从以上可以看出，无论是从经济方面，还是政治方面，美、日、英等老牌资本主义国家发展都表现出对赤字财政的依赖性，甚至可以说，赤字财政或公共债务已经成为资本主义经济的一种增长模式。为什么会这样呢？笔者认为，政府支出日益扩大的表象背后其实是资本主义国家有效需求的长期不足。凯恩斯运用边际消费递减规律、资本边际效率递减规律以及流动性偏好三大基本规律解释了有效需求不足的原因，从而为政府实施扩张性财政政策提供了坚实的思想基础。然而，资本主义国家经济危机不断发生的事实表明，凯恩斯主义的调控政策存在明显的局限性。其原因在于凯恩斯主义的宏观调控并没有触及有效需求不足的根本原因——资本主义的基本矛盾。基于此，部分学者从资本主义基本矛盾及资本主义体系演化的角度对公共债务不断扩张甚至爆发债务危机的原因进行了讨论（陈硕颖，2010；刘厚俊、袁志田，2011；张志超、姜欣，2012；袁志田、刘厚俊，2012）。具体而言，第一，资本主义体系从自由竞争资本主义发展到垄断资本主义，再到国家垄断资本主义和当前的金融资本主义，资本主义的基本矛盾不断加剧，居民收入差距进一步加剧，政府为了调控经济和调和阶级矛盾，政府支出不断扩大。第二，20世纪80年代以来，为了应对滞胀带来的经济衰退，美欧等资本主义国家实施了减税等刺激供给的财政政策，政府收入减少。另外，就结构而言，资本需要承担的税负减少，劳动力收入承担的税负增加，进一步加剧贫富差距。

第三，资本主义体系范围内资本家之间的激烈竞争降低了实体经济的投资回报，促使资本向金融部门转移，从而加剧了资本主义金融化的趋势，规模庞大的虚拟金融资产为资本主义国家政府发债提供了低成本的资金供给，加剧了政府的发债冲动。

（二）公共债务扩张的宏观效应

总的来说，政府发行公共债务是为了支持政府的赤字财政，财政赤字是宏观经济调控中应用最普遍的一个经济变量（许雄奇，2010），使用财政赤字政策已经成为政府宏观调控的重要手段。然而，财政政策究竟在经济发展过程中扮演了什么样的角色，学术界对此并无定论。

1.公共债务扩张的积极效应

简而言之，公共债务扩张的积极效应就是指赤字财政政策是有效的，即可以有效地促进经济增长。支持财政政策有效性的观点认为，从供给效应出发，由于市场存在缺陷，政府提供公共产品，对私人产权进行有效保护，教育支出、转移支付制度等，弥补市场缺陷的合理政府支出是有利于经济可持续发展的（中国社会科学院经济研究所经济增长前沿课题组，2004）；从需求效应出发，凯恩斯主义观点指出，财政支出可以有效弥补有效需求不足，从而促进经济发展。至于财政支出可能产生的挤出效应，其前提假设，例如弹性工资、理性通胀预期等，在现实经济中并不能得到满足（Theodore Pelagidis & Evangelia Desli，2004）。Ram Rati（1986）对 115 个国家的数据进行分析，结果表明政府支出与经济增长正相关；Olivier J. Blanchard 和 Roberto Perotti（2002）运用结构性 VAR 模型对美国政府的财政支出和财政收入对 GDP 的影响进行了研究，结果得出：财政支出增加对 GDP 增长有积极作用，但在大多数情况下，政府财政支出乘数较小，接近于 1；但就 GDP 的不同组成部分而言，政府支出增加能促进个人消费增加，但对个人投资、进出口具有抑制作用。然而，不同性质的政府支出与经济增长之间存在不同的相关性。

第一，政府的消费性支出对经济增长影响不大甚至有负影响。David Alan

Aschauer（1988）基于竞争性均衡条件下的典型性的个人跨期决策最优化模型的实证分析说明，政府的消费性支出对于经济增长仅有很小的影响； Barth James R. 和 Bradley Michael D.（1988）用 16 个 OECD 国家 1971—1983 年的数据，发现真实 GDP 的增长与政府消费支出占 GDP 的比例负相关。Robert J. Barro（1991）利用 98 个国家 1960—1985 年的数据，实证检验了政府财政消费支出减去教育和国防支出之后占实际 GDP 的比率对 GDP 增长的影响，发现两者呈显著负相关，其解释是政府消费支出导致高税率等问题扭曲了资源配置，但同时不能激励投资和经济增长来抵消负面影响。

第二，政府的资本性支出可以促进经济增长。David Alan Aschauer（1989）认为政府的资本性支出，比如非军事性基础设施投资、科研支出等将鼓励私人部门的生产性投资，从而促进经济增长；Ratner J. B.（1983）利用美国 1949—1973 年的年度数据，在总量生产函数框架下，估计了基础公共设施对 GDP 的影响，研究结果表明公共基础设施投资（不包括军用设备和设施）的产出弹性为 0.06；Fernald（1998）分析了美国高速公路投资增长对运输密集行业的影响，高速公路之类的基础设施存在饱和点，因此，类似于高速公路建设的基础设施投资只能短暂地提高经济增长率，而超过饱和点的基础设施建设对于经济增长率的刺激作用将大大下降。Olivier J. Blanchard 和 Francesco Giavazzi（2004）认为，相对于较严格的赤字或债务规则而言，黄金财政规则（golden fiscal rule，GFR）即允许政府发行公债为公共物质资本投资融资（但必须保持经常性预算的平衡），不仅有助于解决公共物质资本投资面临的资金约束问题，从而避免公共物质资本投资下降对经济增长的不利影响，而且有助于增强预算和政府债务管理的透明性，遏止政府借助各种隐性担保为公共物质资本投资进行融资的行为，及其对金融体系和财政安全造成的潜在威胁。

2. 公共债务扩张的消极效应

上述文献指出，基于实施赤字财政政策所导致的公共债务适度扩张，具有积极的宏观经济效应。然而，也有一些研究指出，赤字财政并非有效，超过一定规模的公共债务会对一国经济发展带来负面影响，甚至引发债务危机。反对财政政策有效性的研究模型通常基于这样的假设：在完全竞争均衡条件下，基于信息的可获得性，个人做出消费和生产最优化决策。在这样的假设条件下，一些研究指出政府的商品和服务支出会造成经济扭曲效应。Grier Kevin B. 和 Gordon Tullock（1989）通过对若干发达国家的实证分析发现政府支出规模与经济增长率之间存在负相关。Engen E. 和 J. Skinner（1992）则指出这种负相关可能是经济增长率和政府支出规模变动之间的伪回归导致的，而且经济超高速增长时期，政府支出规模增长率有可能下降；不过即便采用他们的两阶段工具变量法，得出的实证结果仍是负相关。

也有一些文献直接对公共债务扩张的负面影响进行了研究。公共债务无论对经济的短期增长还是长期增长都有重要影响。传统的观点认为，在短期内，为财政赤字融资产生的公共债务对总需求和总产出具有刺激作用（假设非凯恩斯效应不存在）；但是在长期将会产生挤出效应，从而降低产出（Elmendorf D. & N. G. Mankiw，1999）。庞大的公共债务对中长期经济增长产生负面影响主要通过以下三种传导机制：第一，高额的公共债务导致长期利率上升，从而对资本的积累和增长产生负面影响，政府发债成本上升，甚至可能引发主权债务风险（Gale W. & P. Orszag，2003；E. Baldacci & M. S. Kumar，2010）；第二，对未来税收体系造成高度扭曲，影响资源的优化配置（Robert J. Barro，1979；Michael Dotsey，199）；第三，造成通货膨胀以及对经济政策和发展前景的不确定性（T. Sargent & N. Wallace，1981；Robert J. Barro，1995）。另外，公共债务负担过重还会制约政府实施反周期的财政政策，从而导致经济波动加剧以及未来经济发展陷入低迷（P. Aghion & E. Kharroubi，2007；Jaejoon Woo，2009）。

上述文献都是选择一些中间变量，间接地研究了公共债务扩张可能对经济造成的影响。还有一些文献运用实证分析直接考察了公共债务与 GDP 增长的关系。部分研究指出，公共债务与经济增长之间呈负相关关系，特别是当债务率达到100%时，负相关关系更显著（Reinhart & Rogoff，2010a，b；Kumar & Woo，2010；Cecchetti，Mohanty & Zampolli，2011；Checherita & Rother，2010）。例如，Manmohan S. Kumar 和 Jaejoon Woo（2010）利用包含新兴经济体和发达国家的面板数据模型研究了负债率对长期经济增长的影响，研究结论认为，一国初始债务水平与后续的经济增长呈逆相关，在控制其他决定性变量的前提下，平均水平而言，初始债务负担率每上升 10 个百分点，新兴经济体的人均真实 GDP 年增长率则下降 0.2 个百分点，发达国家为 0.15 个百分点，而逆相关的原因在于债务水平上升导致资本存量增长率降低，从而导致劳动生产率下降。然而，Ugo Panizza 和 Andrea F. Presbitero（2012）认为，负相关并不意味着因果关系，也可能是低增长导致的高负债。因此，他们采用引入工具变量的方式来考察两者的因果关系，但检验结果并不显著，这并不意味着一国的债务水平可以不受限制，当债务率过高时，其扭曲效应必将显现。C. Emre Alper 和 Lorenzo Forni（2011）利用 2002—2010 年一组发达国家的面板数据模型重估了政府债务比率上升对长期实际利率的影响及其溢出效应。研究结论显示，当发达国家债务率超过 50% 时，其扩张会导致长期实际利率上升；当发达国家债务率达到 70%—80% 以上，其预期债务率（尤其是美国的债务率）每上升 1 个百分点，会对新兴经济体国家的长期利率造成显著影响；另外，美国的债务率上升还会影响其他发达经济体的筹资成本。

（三）公共债务规模的合理性判定及可持续性分析

由以上分析可知，公共债务的适度扩张有助于经济发展，但规模过大就会产生负面影响。关于公共债务的合理规模的判定，国际上通用的指标有以下四个：（1）公共债务担负率＝公共债务余额／年度 GDP；（2）借债率＝公共债务发行额／年度 GDP；（3）公共债务依存度＝公共债务发行额／财政支出；（4）偿债率＝还本付息额／财政收入。前两个指标是着眼于国民经济大局，后两个指标是从财政收支的角度来考察债务规模。然而，单纯依靠上述指标判断债务规模存在一定缺陷，并不一定能得出债务规模适度的结论：其一，不能反映债务资金的运用效果，债务规模判定应结合收益—成本分析；其二，不能反映财政支出结构差异对债务规模的影响，债务规模评价结果会因为财政支出结构的差异而有所不同；其三，不能反映财政支出增量对债务规模的影响，从总体上看，偿债付息额的上限要考虑财政收入增量与债务利息量对比关系（夏杰长、赵志耘，2000）。

　　基于上述缺陷，很多学者从其他角度探讨公共债务的适度规模。贾康、赵全厚（2000）认为，从理论上说，国债的适度规模是指国债规模处于这样一种数量状态下，使国债积极影响抵消其消极影响之后的净积极影响达到最大化；但在具体实践中，却往往很难把握其具体数量界限，影响或决定国债规模的因素是多层次、多方面的，因国家而异。从宏观经济来看，诸如经济的发达程度、当时的经济周期区位、经济的增长率和效益指标，居民收入分配和消费水平，全社会投资规模和结构合理性程度，财政收支状况和金融深化程度等因素都会影响国债适度规模的大小；从国债自身的运作来看，国债的管理水平与结构状况，诸如筹资成本、期限安排、品种搭配、偿还方式和国债资金的使用方向与使用效益，均会构成决定国债适度规模大小的因素。因此，他们认为，判断债务规模是否适度或许可以从债务规模是否可持续的角度考察。如果一国政府的公共债务不具有可持续性，也就是说该国政府在现有债务水平上按某种模式继续借债将导致政府资不抵债和无力支付（张春霖，2000）。只要一国政府的公共债务是在可持续的框架下发展，而不会发生债务危机，那么该国的公共债务规模就可以认为是合理的。

　　关于公共债务可持续性的研究由来已久，目前研究公共债务可持续性的模型可以归结为两类：一是以政府的预算约束式为基本分析框架，演化推理得出公共债务的动态方程，然后对政府支出、税收、公共债务和经济增长率等不同变量做相应的假定，在此基础上分析公共债务规模的变化规律，进而研究公共债务的稳定性、可持续性等问题（余永定，2000；张春霖，2000；马拴友，2001）；二是以个人消费预算约束下最大化个人目标函数为基本分析框架，研究引入公共债务无风险资产后对个人其他资产的替代，在个人消费最大化前提下研究公共债务的变化规律，探讨公共债务政策的变化对个人消费的影响，这种分析方法的优点在于可以直接研究公共债务政策对社会福利的影响问题（陈建奇，2006）。[①]除了学术界的不断探讨，面对发展中国家不断

[①] 限于篇幅，关于公共债务可持续性的详细文献研究，国内外已有一些文献做过梳理，在此不再赘述。例如可参考何代欣等：《国债、国债规模及其管理：研究综述》，《中国行政管理》2008年第12期，第113—117页。

发生的债务危机，IMF 在 2002 年提出一套评估公共债务可持续性的全新框架（IMF，2003）。然而，对此，Charles Wyplosz（2005）分析指出，尽管 IMF 的分析框架很复杂，但是其评估的有效性受制于对未来预测的准确性。

通过以上总结可以看出，已有的研究成果从各个角度对公共债务扩张问题展开了细致扎实的研究。但笔者认为，在已有研究的基础上，或许还可以从以下四个角度对公共债务不断扩张的问题进行探讨：第一，从历史的角度对公共债务的发展历程进行考察，归纳研究公共债务发展的历史规律；第二，从财政收支两个方面同时对公共债务扩张的原因进行分析，而不仅仅从财政支出角度研究财政失衡；第三，现有研究大多从凯恩斯主义宏观经济学的视角思考，可以尝试运用马克思主义的基本理论对这一问题进行思考；第四，关于如何约束公共债务的扩张，大部分研究局限于公共债务发行管理的角度，对公共债务或财政赤字的可持续性研究，这类研究主要是通过构建一个包括利率、财政赤字、通货膨胀、GDP 增长率等一系列指标的数学分析框架，来验证各个指标之间基于一个什么样的关系就可以构建出一个国债可持续发展的路径，分析模型复杂多样且以数理分析为主，缺乏从债务扩张的本源——政府财政预算理念的视角进行研究。总结而言，目前研究对公共债务究竟为什么不断扩张、具有什么影响、应该如何约束等问题还缺乏一个系统而全面的分析，本书计划对这一问题进行进一步的深入探讨。本书的最大创新之处在于提出合理有效的财政预算理念，对解决当前的公共债务问题提供政策建议。

三、研究思路与框架

导论部分的主要内容为论述研究的背景、意义，梳理国内外的研究现状，并提出本书研究的框架结构与创新之处。

第一章是世界公共债务发展的历史脉络与未来趋势，主要回顾了世界范围内公共债务发展的各个历史阶段和未来的发展趋势。

第二章对美国、英国、日本公共债务、财政赤字以及财政收支结构的历史变化进行梳理归纳，主要分为以下四个方面：第一，对公共债务的起源以及规模的历史变化进行梳理，分析公共债务变化的阶段性特点；第二，归纳美国财政赤字历史变化的特点，挖掘财政赤字与公共债务之间的互动关系，并对财政赤字结构进行分解；第三，梳理财政收支结构的历史变化情况，分析财政收支的哪些变化导致财政赤字持续存在；第四，社会保障支出与失业一直是公共债务风险的核心话题，因此还需要对二者的关系进行理论分析与实证检验。

第三章对财政失衡的制度性原因进行剖析。首先从财政预算理念的角度比较分析美国、英国、日本公共债务扩张的财政制度性原因。这一部分梳理财政预算理念的五次转变，并依次分析归纳三个主要经济体的财政政策实践以及由此带来的财政收支结果。在上述分析的基础上，从基本经济制度和基本政治制度之间的关系分析了这三个主要经济体财政收支失衡的深层次原因。

第四章从开放宏观的角度分析美、日、英等国公共债务负担率上升的原因。根据债务负担率的定义，需要从两个角度入手，一是什么原因导致了财政赤字的持续扩大，二是 GDP 的变化趋势如何。本章在前面已经对财政赤字做出分析的基础上，进一步从经济增长趋势，经济增长的动力结构变化对其公共债务负担率上升的原因进行解释。最后结合第二、三、四章等三个部分关于公共债务风险扩大的原因，给出中国应该吸取的国际教训。

第五章分析公共债务扩张的宏观经济效应。主要分两个部分进行论证：一是对公共债务扩张的宏观效应进行理论分析，归纳并评述经济学发展过程中主流经济学关于公共债务的影响的主要观点；二是运用全球104个经济体的样本数据实证检验公共债务扩张的经济增长效应。

第六章讨论当前世界面临的重要问题——公共债务危机的成因，对公共债务扩张与债务危机发生之间的关系进行辨析。主要内容为分别对美国、日本以及欧元区的债务危机可能性或者债务危机的原因进行分析。在此基础上得出中国应该借鉴的国际经验：从深化债务市场、建立信用评价体系、推动货币国际化三个方面推动中国公共债务市场的可持续发展。

第七章构建约束公共债务不断扩张的方法。现有的研究大多从公共债务发行管理的角度探讨，而本书认为应当反思当前政府财政预算理念存在的重大缺陷，要构建合理有效的财政预算理念，从根本上约束政府发债的冲动。主要分三个部分进行分析：一是讨论构建新财政预算理念的必要性及前提；二是提出新财政预算理念的具体方案；三是分析财政预算理念的实施保障机制。最后结合笔者构建的财政预算理念机制，对中国公共债务管理提出政策建议。

四、研究方法与主要创新

本书研究采用理论分析与实证分析相结合的研究方法。理论分析主要参考经济增长理论、财政学、世界经济学、马克思主义政治经济学以及公共选择理论等相关学科，分析方法采用比较分析和逻辑与历史相统一的分析方法。实证分析主要采用计量经济学中动态面板模型（PVAR）。在研究某一具体问题时，本着融理论分析与实证分析于一体的分析思路，在规范分析的基础上，运用实证分析的结论来验证、丰富和充实主题。

本书研究的创新之处主要有以下三点：第一，现有文献关于公共债务积累的原因研究，大多以单个经济体为研究对象。然而回顾历史可以发现，公共债务风险呈现出从小国到大国、从发展中经济体到发达经济体的发展趋势，当前世界主要经济体均面临公共债务风险的问题。根据 IMF 公共债务数据库的数据，从二战至20世纪70年代末主要发达国家的公共债务风险是不断减弱的过程，目前的公共债务风险主要来自20世纪80年代以来的积累。因此，有必要通过比较研究的方法对世界主要经济体公共债务风险不断积累的原因进行国际比较分析，以探究公共债务为何成为当前世界经济发展整体面临的难题，其背后的逻辑与原因是什么。20世纪80年代是世界经济发展的转折点，世界经济经历了新一轮的快速增长，经济与金融全球化程度日益提升，但主要经济体的收入分配却呈现恶化的趋势。这些共同趋势的背后或许隐藏着主要经济体公共债务风险不断加剧的逻辑。本书研究从财政收支结构的历史变化、财政收支失衡的制度原因以及财政预算理念的演变三个角度揭示了当前世界主要经济体均面临债务压力的内在机理。

第二，在研究方法上，目前研究对公共债务的考察的视角主要是针对政府收支的局部分析，然而财政政策以及整个政府收支差额是政府应对宏观经济整体运行的结果。当前世界经济发展的最大特点是经济全球化，各个经济体的开放程度与相互依赖度不断提高，因此，应该从开放宏观经济学的视角，运用四部门一般均衡的分析角度（蒙代尔—弗莱明—多恩布什模型）对一国的公共债务问题进行分析。

第三，关于如何约束公共债务的扩张，在前述的三种相关研究中，前两种研究思路是在既定的赤字财政政策方向下，为了实现公共债务规模或赤字财政政策的可持续性，就如何优化债务管理以及债务负担率与财政赤字、GDP增长率、利率、通货膨胀率等宏观经济变量应该遵循的数值关系进行分析，解决的是存量优化和增量赤字所应该符合的数值限制问题，并不能解决赤字存在的原因，忽略了财政政策与经济增长的动态关系。因此，也就无法从根本上约束公共债务的扩张。笔者认为，要想有效约束公共债务的不断增长，首先需要改变的是政府经济治理理念，而经济治理理念的改变主要通过政府的税收政策体系和财政支出体系的优化来实现，然后在完善政策体系的基础上设定一定的财政规则目标。第三种研究思路在一定程度上可以说是约束公共债务扩张的有效机制，但还存在以下不足：一是第一类财政规则主要注重的是财政支出结构的分析，缺乏从税收角度进行思考以及总量目标规则；二是第二类财政规则只是具有总量财政规则，缺乏从财政收支具体结构方面构建规则体系；三是二者都缺乏对政府在经济发展中本身定位的思考。2008年世界金融危机以后，IMF加强了从财政规则的角度构建约束公共债务风险不断积累的机制研究，但这一研究尚不充分，笔者将在现有IMF提出的框架基础上，构建一套新的约束公共债务过度扩张的政策机制，以求实现一定的政策实践指导意义，为我国跨年度财政预算平衡机制的建立与完善提供一定的参考。

第一章　世界公共债务发展的历史脉络与未来趋势

第一节　公共债务的产生与完善：1688—1787 年

1688 年英国光荣革命的发生标志着现代国家的形成，政治制度由君主专制逐步转变为君主立宪制（代议制），财政体制也由国王个人意志主导转变为国家制度约束，从此，现代意义的国债——公共债务开始出现。

在君主专制时期，一国王朝的支出通常会由于战争或大规模的项目建设而急剧增加，从而导致财政状况陷入困境。在这种情况下，国王通常通过出售领地、官职、称号等，或凭借国王自身的信用来筹集资金（富田俊基，2011：39-40）。但这种借款契约缺乏制度的约束，债务违约现象时有发生。1688—1689 年，英国光荣革命的爆发以及《权利法案》通过之后，国家债务的发行由君主专制时期的国王信用担保的债务转变为现代意义上国家信用担保的公共债务。

其主要体现在以下四个方面：

第一，债务发行的制度化。光荣革命之后，威廉三世和玛丽二世共同接任王位，与詹姆斯二世时期不同，议会开始对国王进行监督，抑制国王的机会主义行为。1689 年，《权利法案》通过，其中规定"未经得议会同意，凭借国王权威集资属违法行为""没有议会同意，国王不得征税"等，与之前相比，财政制度发生了重大变革（富田俊基，2011：48-50）。首先，与之前不同，将皇室费用与军费等国家支出区别对待，并对皇室费用设置上限。国王如果借款必须征得议会同意，偿债付息的资金来源由议会确保，从而保证债权人的利益，维护国家信用。其次，为了应对 1689 年开始、1697 年结束历时九年的战争带来的庞大军费支出，1692 年年底，英国议会通过了关于国债的最早法律，以法律的形式确保国家的借款。

第二，债券种类由名目繁多发展为统一公债。威廉三世执政初期与之前相同，并以各种税收抵押设立多种债券，并以短期借款为主。在1692年国债发行以法律形式确立之后，英国议会在随后的两年分别发行了佟蒂年金①、终身年金和彩票国债，用以支持国家长期借款。三种长期国债的发行为英国政府募集了200万英镑，为英国的九年战争提供了有力的支撑。1696年以后，为了进一步筹集军费及国家其他相关支出所需资金，英国政府又数次发行国库证券用以短期借款，而海军等职能部门也通过海军证券、食品证券、军需证券等方法积累了大量短期债务。1697—1698年和1710年前后短期债务显著增加（富田俊基，2011：53-55）。1711年，英国政府利用英格兰银行、东印度公司以及南海公司等三大特权公司，将短期债务全部续借为长期债务，并创立永久税作为利息支付的担保。从光荣革命至滑铁卢战役的126年间，英法之间约有64年的时间一直在断断续续进行战争。每次战争期间，英国短期公共债务都会大量增加，战后进行整理，周而复始。对于到期未能偿付的公共债务，英国政府通常在利率较低的时期以低息续借的方式将短期债务转变为长期债务。1749年，英国首相佩勒姆将在奥地利王位继承战争时发行的大量4厘息公共债务进行了低息续借，续借债务规模约达5441万英镑。然而，尽管进行了大规模的低息续借，债务利息偿付仍然依靠公共债务发行时设定的税种担保。税收随着经济形势变化而变动，从而导致各项债务的利息偿付与对应的税收收入并不能始终保持一致，利息支付市场面临困难。在这样的背景下，佩勒姆于1750年5月将6种分别由各种特定税担保的公共债务合并为一种公共债务，并统一由已设立的减债基金支付，这些公共债务被称为3厘息降息债。1751年，佩勒姆又将多种3厘息公共债务合并为一种，统称为"统一公债"（consols）（富田俊基，2011：70-87）。在后续的发展过程中，随

---

①1652年，意大利银行家伦佐·佟蒂向法国机要大臣萨林提出该方案，因此而得名。具体内容为：每个购买者向国库缴纳一定的本金，由国库按一定的利息率每年向认购者支付利息。由于每年都有一些人死亡，生存者收取的利息将逐年增加。当认购人逐年死亡后，国库便停止支付利息，而本金则不再退还全部归政府所有。

着付息日的统一和英格兰银行承担的一元化管理，统一公债的流动性日益提高，为政府赤字融资奠定了坚实基础。

第三，偿债资金由领土等资产抵押、税收担保发展为由国库统一收支。国库作为专门负责财政事务的正式机构早在十二世纪初的亨利一世执政时期（1100—1135年）就已出现。国库出现以后，借款方式有所进步，国王在借款融资时发行了作为收据的木制符契，即债务符契（富田俊基，2011：38-40）。具体借款方式则为税收承包、预付制度。但之后国王仍然将通过出售领地等资产获得资金作为重要的融资方式。在查尔斯二世时期（1660—1685年），预售税款这种融资方式的弊端逐步显现，从而中止了国库的支付功能，停止偿还一切债务本息。光荣革命以后，威廉三世并没有将融资方法进行改革，仍然以各种税收做抵押，通过预售符契进行短期借款。对此，亚当·斯密（1776）指出，如果政府用预支的方法筹款，必须注意两点才能预防陷入债务泥淖，一是不要使基金在限定期间内负担的债务超过所能负担的金额；二是在第一次预支未还清之前不能进行第二次预支。然而当时的政府根本无法做到任何一点。于是1692年议会通过关于公共债务的首部法律，此后采用永久年金制的长期债券开始发行，但每次发行之前仍然以新增加的税收作为抵押，每一种债券对应特定的恒久税收，并且每次战争前后都会开征新的税种。然而，这种方式的持续进行最终导致英国的税制变得非常复杂，并且税收波动也时常导致债务本息无法得到偿还。1710年后，英国当时的财政大臣沃尔波尔开始通过低息续借节余的资金设立减债基金。[①]沃尔波尔偿债基金不仅仅用于英国政府公共债务的本息支付，还被用作军费等其他政府支出。英国政府通过基金的运作渐渐摆脱了对增设税种或增加税收的依赖。在佩勒姆创立"统一公债"之后，又进一步将之前用于各种债券付息担保的税金全部纳入减债基金，减债基金实际上发挥了国库收支的会计作用。1783年小威廉·皮特接任首相后，对财政制度进行了进一步改革，将之前减债基金的作用重新划归国库，并于1787年制定了《关税物品税法》。除每年由议会决定的议定税之

---

① 该基金的特点是用以偿债的资金来源不依赖于削减财政支出或增税，而是从依靠对债务进行低息续借节省下的资金。

外的恒久税全部纳入国库资金，而政府支出也由国库统一管理，并将公共债务利息支付放在优先地位。

第四，债券发行体系和二级市场逐步建立。1694年英格兰银行的成立对于英国公共债务的发展是一个转折点。在此之前，债券发行缺乏固定而规范的交易平台，国王借款主要限于贵族、富商等群体，伦敦市政厅在一定程度发挥了借贷中介者的作用。英格兰银行成立之后，英国政府迫于巨额的战争支出以及高额的融资成本，[①] 以每年8%的利率和4000英镑的手续费以及赋予一定特权的方式向英格兰银行借入了120万英镑，而英格兰银行通过公开募集的方式筹措资本金。从此，英格兰银行开始在英国的公共债务发行中承担金融中介的角色。1707年至1709年期间，英国国库证券的流通管理一直由英格兰银行负责。除了英格兰银行以外，英国还分别于1698年和1711年成立了东印度公司和南海公司。英国议会赋予三大特权公司特别经营权，而三大特权公司以向政府提供长期贷款作为回报，三大公司的资本金则来源于支票发行或股本筹集。1717年，南海泡沫破灭之后，18世纪40—50年代，承办公司在公共债务发行和资金筹集方面发挥了重要的作用，但英格兰银行作为国库银行的地位逐步得到确立。在公共债务发行体系逐步完善的同时，英国的年金型债券、彩票型债券以及其他长期债券都可在二级市场进行交易，并且国外投资者都参与投资英国公共债券。卡特（1953）的测算指出，1739年荷兰人持有的英国公共债务为1400万英镑，随着战争的不断进行，特别是美国独立战争的爆发，英国大量增发公共债务，至1783年荷兰人持有的英国公共债务达3000万英镑。而且，随着国际投资者的相互持有量不断增加，英国债券市场和荷兰债券市场的利率之间已经呈现一定的联动效应，而由于英国处于持续的战争状态，其利率要高于荷兰市场的利率，这反映了英国公共债务利率所包含的风险溢价。

---

① 1692至1694年，英国政府发行的年金型国债和彩票国债的年利率分别达到14%和11.5%，而同期荷兰联邦各州的融资成本仅为3%—4%。

第二节　公共债务的深化与发展：1783—1913 年

众所周知，美国独立战争（1775—1783 年）最终以英国的失败而告终，然而除英国外，美、法等战胜国家却也因此积累了大量的战争债务。然而事物总是具有两面性，此次战争债务的积累却推动了英、美、法主要发达国家公共债务市场的发展。回顾之前的历史，公共债务是伴随着英国的政治制度和战争发展而不断完善的，而英国每次巨额的战争支出都离不开公共债务的支持。美国独立战争的巨大战争支出促使英国进一步推进财政制度改革，最终促使了国库资金的统一管理和公共债务市场的完善。另外，受美国独立战争的影响，在启蒙思想的推动下，资产阶级革命也开始在欧洲蔓延。1789年，在乔治·华盛顿当选美国第一任总统后不久，法国大革命爆发。法国大革命之后，1793 年 8 月，和英国的统一公债具有同样构造的法国统一公债诞生。然而，由于法国内政的混乱局面，法国公共债券的公信力尽失，债券价格大幅下挫，而且法国财政预算不透明，导致荷兰等国的资金纷纷流向英国，公共债务并未取得进一步发展。拿破仑上台后进行了积极的财政制度改革，法国公共债务的公信力恢复，但拿破仑限制债务发行，其军费支出仍然主要依靠税收和从占领地收缴。拿破仑战争之所以最后以英国的胜利而告终，其中一个重要的原因就在于英国建立了较为先进的公共债务筹款机制，不但保证了本国军队的开支，而且为同盟国的军费开支提供了极大的支持。

拿破仑战争之后，英国在国际政治经济中的地位进一步得到提升。一方面，直到第一次世界大战前夕，英国很少直接参与大规模战争，国际资本、劳动力等要素跨国流动性提高，英国面临良好的外部环境；另一方面，伴随着第一次工业革命的不断深入以及英国金融体系的不断完善，英国的经济实力不断得到提高。在这样的背景下，英国自身的公共债务市场发展步入黄金时代。从拿破仑战争至第一次世界大战爆发之前，除少数时期外，英国的统一公债的价格均在面值的 80% 以上浮动，平均价格为 91.5，国债余额也呈现平稳的态势（富田俊基，2011：158-162）。与此同时，英国的国债思想也在影

响美、日等其他国家，发展公共债务的范围进一步扩大，债务市场发展逐步
深化。

就美国而言，1789 年乔治·华盛顿上任之后的第一个难题就是如何解决由
于独立战争导致的巨额债务。据统计，在美国独立战争中，美国战争开支的
36.2% 依赖内外债收入（朱邦宁，1994：4–6）。1789 年美国所欠的债务用今
天的美元衡量达到 9000 亿美元，占 GDP 的 30% 左右（Brad Schiller，2013）。
面对这样的情况，时任财政部长亚历山大·汉密尔顿认为必须重建国家信用，
于 1792 年推出了"旋转门计划"①，通过发行新货币的方式将五花八门的战
争债券和借条转换为具有国家信用的统一国债。除统一国债计划之外，汉密
尔顿的金融革命还包括另外四项内容：一是中央银行主导的银行体系；二是
统一的铸币体系；三是以关税和消费税为主体的税收体系；四是鼓励制造业
发展的金融和贸易政策（向松祚，2009）。汉密尔顿的金融革命为美国金融体
系的发展奠定了坚实的基础。从此，美国国债市场以及整个金融、经济体系
步入飞速发展阶段，为美国经济的繁荣发挥了重要的作用。到 1794 年，美国
已经在欧洲市场获得了最好的信用等级，其债券可以以 10% 的溢价销售（约
翰·S.戈登，2011）。在国债等金融市场发展的同时，美国政府也在利用税收
和削减支出积极偿还债务。1835 年，美国历史上第一次也是唯一一次还清了
所有债务。然而好景不长，此后由于经济萧条和战争支出，美国的国债再次
扩张，到南北战争时期达到第一次高峰。国债在 1860 年为 6480 万美元，1863
年已超过 10 亿美元，战争结束后更是飙升到 27.56 亿美元，是 1860 年的 43 倍
（戴维来，2011）。需要指出的是，经过内战，原本混乱的美国金融体系得到
了整合，国债价格有了统一的衡量标准。1862 年，美国市场上流通的本票有
7000 多种（悉尼·霍默、理查德·西勒，2010：277–278）。1862 年北方为筹
集军费，林肯总统说服国会出台《法定货币法案》，授权财政部发行 1.5 亿美元

---

① 根据纪录片《华尔街》第三集的叙述，"旋转门计划"的具体内容为：首先由政府发行"新币"来
兑换人民手中的"旧币"，手持旧货币的人可按票面价格进行 1 比 1 的兑换。这样，旧币退出市场，
取而代之的是信誉良好的新币。其次，发行国债并规定国债只能用"新币"购买，这样刚刚发行出
的"新币"就又回到了政府手中；最后，政府用具有主权信用的"新币"回购战争期间的所有债券
和借条，偿还国际债务，此计划一举解决了新政权面临的债务危机。

无利息的"绿币"（greenbacks）以及 5 亿美元的国债，"绿币"发行后，所有的银行本票价值下跌，价值的波动导致流通体系混乱，市场需要统一的流通媒介。1863 年，《国家银行法》通过，纽约第一国民银行和后来的纽约市大通国民银行被赋予了联邦银行的地位，并指定纽约等全国性银行业中心为"储备城市"，地区性银行以存款和纸币的形式留存一部分准备金于纽约中央储备部，为国债发行注入强有力的信用基础（戴维来，2011：21-25）。战争结束后，新建立的国家银行系统主导了公共债券和货币市场，货币的发行需要财政部发行的公共债券作为储备，货币扩张必然伴随债务扩张，而美国的国债市场交易也开始有普通民众参与。从此以后一直到联邦储备体系建立以及第一次世界大战爆发（1914 年），美国国债市场开始面临新的转折点。

在美国结束内战的同时，日本拉开了资产阶级革命的序幕——明治维新。明治维新初期，日本政府在筹集战争等费用时仍延续以往的实务财政方法，但频频遇到困难。日本改革的先驱们在考察英法的财政制度后纷纷建议引入国债制度，时任财长伊藤博文向大藏省提出建议："在面临一时的战争之际，国费缺乏之时，为募集资金不失信于民的方法除了国债之外还有何他法？"（富田俊基，2011：210）1870 年 4 月，日本首次发行了国债。然而，与英美等国不同，日本的首次国债发行并不在国内，而是在伦敦以英镑发行，发行额为 100 万英镑，年利率为 9%，发行目的为铺设铁路、购买设备，支撑产业发展（大藏省理财局，1891：97）。随着明治维新成效的逐步显现，日本的军国主义思想也开始膨胀，日本财政逐步转为主要为筹集战争费用服务，而国债的发行也演变成为筹集军费的工具。

另外，需要指出的是，在这一时期，西方国家经济治理理念主要来自亚当·斯密为主的古典经济学思潮，因此资金、劳动力等生产要素的跨国流动性较强，由此也促进了伦敦外债市场的发展。1875 年，在伦敦证券交易所挂牌的英国国债余额为 7.1 亿英镑，外国债券为 23.4 亿英镑；到 1905 年，分别变化为 6.4 亿英镑和 32.2 亿英镑（富田俊基，2011：210；242-244），由此可见国债市场的国际化在不断提高，世界的国债市场取得巨大发展。

第三节　市场结构的变革：1914—1945 年

两次世界大战的爆发对各参战国的筹资能力形成巨大的考验，公共债务在战争中又一次发挥了重要的作用。然而，令英国想不到的是，第一次世界大战成为世界金融市场发展的转折点，美国取代英国占据了国际金融市场的主导地位。在此阶段，全球公共债务市场的发展主要体现出以下两个重要特点。

第一，美国金融体系日臻完善，为美国及全球公共债务的发行提供了坚实的市场基础。18—19 世纪，西方国家公共债务市场的发展主要集中于伦敦市场，以英格兰为代表的先进的英国金融体系充分发挥金融中介的作用，充分保障了西方国家战争及经济发展的融资需求。然而，随着 1913 年美国联邦储备体系的建立，以美国银行业为核心的金融体系逐步在国际金融市场占据主导地位。首先，联邦储备体系的成立进一步统一了美国的货币体系，为美国公共债券以及欧洲国家公共债券在美国市场的流通提供了良好的媒介体系。在 1913 年联邦储备体系成立初期，美国市场上的高能货币包括黄金、国民银行券、白银辅币和低值硬币以及前货币时期遗留的各种货币——绿钞、银币、银元券和 1890 国库券，但是到 1920 年，69% 的高能货币都是由联邦储备券和存款组成的（米尔顿·弗里德曼、安娜·J. 施瓦茨，2009：130–131）。其次，金融中介体系的机构组成多样化发展，丰富了公共债券二级市场的交易主体（见表 1–1），特别是美国的银行体系在两次世界大战中为西方国家的债务融资发挥了重要的作用。通过表 1–1 可知，美国金融中介体系总体以商业银行为主，但与 1900 年相比，养老金、投资公司、金融公司以及联邦资助借贷机构开始出现，促进了公共债务二级市场的发展。以摩根银行为例，在一战初期美国保持中立的态度，但摩根银行作为金融中介不断向英法两国贷款。而后随着美国支持政策的逐渐鲜明，摩根银行开始协助协约国发行公共债务，进行更大规模的借贷活动：1916—1917 年摩根银行为英国筹资总额超过 9.5 亿美元；从 1914 年美国参战到 1917 年 4 月以前，美国银行业共向参战国贷款 21.6 亿美元，其中英国获得 12.5 亿美元，法国获得 6.4 亿美元，俄国获得 1.07 亿美元，日本获得 1.02 亿美元，意大利也获得 2.5 千万美元，与此同时美国银行业还从交战国返购了超过 30 亿美元的美国证券（陆寒寅，1995：26-29）。

表 1-1　美国金融中介的资产份额

年份	商业银行	储蓄贷款协会	互助储蓄银行	人寿保险	其他保险	经纪人
1900 年	62.90%	3.10%	15.10%	10.70%	3.10%	3.80%
1929 年	50.40%	5.60%	7.50%	13.30%	4.20%	7.60%
年份	养老金	投资公司	金融公司	联邦资助借贷机构	其他	
1900 年	—	—	—	—	1.30%	
1929 年	1.50%	5.60%	1.90%	1.70%	0.7	

注："—"表示当年还没有该金融机构

资料来源：斯坦利·L. 恩戈尔曼，罗伯特·E. 高尔曼. 剑桥美国经济史（第三卷）：20 世纪 [M]. 北京：中国人民大学出版社，2008：538-539

　　第二，战争导致英美等西方国家公共债务迅速增加，但美国取代英国占据国际资本市场的主导地位，成为主要的国际资本输出国，并由净债务国转变成为净债权国。在某种意义上，第一次世界大战是各参战国之间的资源竞赛以及筹资能力的较量。各国为了保证战争的顺利进行，再次通过征税、贷款以及发行国债的方式筹集军费。就英国而言，1914—1918 年第一次世界大战期间，战争开支的 28% 来自税收，税负提高了两倍，但国债却增加十倍（见表 1-2）。然而，由于经济萧条的原因，一战以后英国并没有像以往战争结束之后削减国债，国债占 GDP 的比例仍然维持在高位。第二次世界大战爆发以后，英国的财政支出再次大幅增加，二战期间国债余额由 1940 年 3 月末的 80.5 亿英镑快速增加至 1945 年 3 月末的 215 亿英镑，增加额为一战期间的两倍，与 GDP 的比例由 107% 增加至 218%（富田俊基，2011：210；542-543）。在以英国为代表的欧洲主要国家公共债务快速增长的同时，两次世界大战的爆发也导致远离主战场的美国的公共债务呈现快速增长的态势（见图1-1）。特别是二战的爆发，导致美国的国债余额从1939年的404.4亿美元急剧上升至1945年的2586.82亿美元，创下美国国债历史的纪录。然而，尽管美国国债大幅膨胀，但战争却使得美国从净债务国转变为净债权国，美国海外负债从1914年的50亿美元下降为20亿美元，而美国持有的他国债权达到70亿美元。美国国际资产地位转变的原因在于美国国内储蓄的增加，国民储蓄在到1913年为止的10年里平均达到30亿美元，1914—1919年，每年更是上升60亿美元，储蓄超过投资需求导致海外资产增加（斯坦利、罗伯特，2008：349-351）。第二次世界大战的爆发，进一步增强了美国净国际投资国的地位以及在国际货币体系运行中的主导角色。

表1-2 第一次世界大战前后英国的财政收支（单位：百万英镑）

年度	岁出	其中国债费	军事费	税收计	其中临时支出	收支	国债余额
1912	189	25	72	189	—	0	716
1913	197	25	77	198	—	1	708
1914	560	23	437	227	—	−334	1166
1915	1559	60	1400	337	0	−1222	2197
1916	2198	127	1974	434	140	−1625	4064
1917	2696	190	2403	487	220	−1989	5921
1918	2579	270	2198	604	285	−1690	7481
1919	1666	332	691	1050	290	−326	7879
1920	1195	350	292	1207	219	231	7634
1921	1079	332	189	1094	30	46	7743
1922	812	324	111	912	2	102	7843
1923	789	347	106	837	—	48	7747

注：会计年度从当年4月末至次年3月末，国债余额以各会计年度末为准

资料来源：Young, John Parke. *European Currency and Finance*（Vol.1,2）[R].Washington Government Printing Office, 1925：302-303

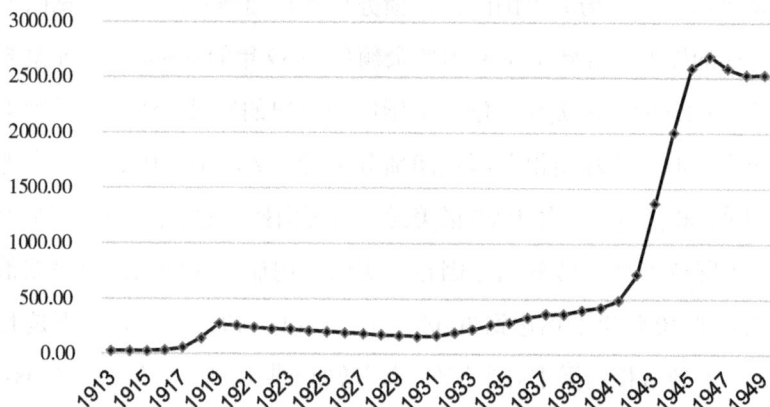

资料来源：http://www.treasurydirect.gov/govt/reports/pd/histdebt/histdebt_histo3.htm

图 1-1 1913—1949 年美国公共债务历年余额（单位：亿美元）

第四节 经济全球化中的扩张：1945 年至今

二战结束以后，世界进入战后重建的阶段，国际经济秩序重构。在实现战后经济发展的同时，面对二战造成的严重财政赤字和公共债务，世界主要经济体也纷纷采取财政巩固措施，截至 1960 年，以美国为代表的主要发达经济体财政收支明显改善，尽管公共债务的绝对规模仍在扩大，但债务负担率呈现不断下降的趋势。然而，1975 年以后，多数 OECD（经济合作与发展组织）国家开始出现持续的财政赤字，公共债务迅速增加，债务负担率不断上升。（见图 1-2）

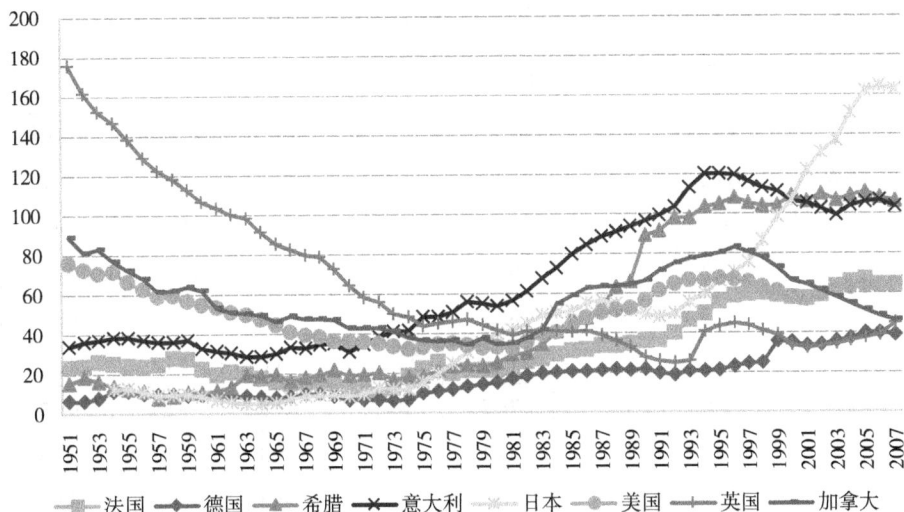

数据来源：Reinhart, Camen M. and Kenneth S. Rogoff. *From Financial Crash to Debt Crisis* [R]. NBER Working Paper 15795, March 2010

图 1-2 主要发达经济体 1951—2007 年公共债务负担率变化走势

2008 年国际金融危机爆发伊始，世界整体的债务负担率为 65.2%。在世界各类经济体中，发达经济体的债务风险较高，债务率达到 80.4%，其中日本的债务率甚至达到 191.8%。新兴经济体、低收入国家以及产油国的债务风险均比较小，但巴西和印度的债务风险值得重视，其债务率分别达到 63.5% 和 74.5%（见表 1-3）。2008 年国际金融危机的爆发后，世界主要经济体为了救市纷纷出台大规模的救市政策。在财政支出激增和经济衰退的双重压力下，2009 年以后，主要经济体的债务负担率显著上升，欧元区陷入主权债务危机，美国面临"财政悬崖"，日本的债务风险引起世界广泛关注……2012 年，发达经济体的整体的债务负担率达到 108.7%，比 2008 年上升 28 个百分点，其中，美国为 102.7%，欧元区 93%，日本为 230.3%，英国为 88.8%，均远远大于欧盟规定的 60% 的警戒线。经过近几年的政策协调与国际救助，欧元区的危机警报暂时解除，2013 年 12 月 16 日，爱尔兰退出危机纾困机制，成为首个脱困的国家。美国则通过两党协商提高债务上限的方式使得美国暂时避免"坠入悬崖"。当前，经过几年的财政收支体系改革，主要经济体的政府债务规模得以控制，政府债务发展总体进入平稳发展的阶段（见图1-3）。

表 1-3 世界各经济体债务负担率情况（单位：%）

	2008 年	2009 年	2010 年	2011 年	2012 年	2013 年	2014 年
世界	65.2	75.1	78.9	79.4	80.8	79.7	79.6
发达经济体	80.4	93.7	100.3	104.4	108.7	108.5	109.2
美国	73.3	86.3	95.2	99.4	102.7	106.0	107.3
欧元区	70.3	80.1	85.7	88.2	93.0	95.7	96.1
日本	191.8	210.2	216.0	230.3	238.0	243.5	242.3
英国	51.9	67.1	78.5	84.3	88.8	92.1	95.3
加拿大	71.3	81.3	83.1	83.5	85.3	87.1	85.6
新兴经济体	33.5	36.0	40.3	37.8	36.5	35.3	34.1
中国	17.0	17.7	33.5	28.7	26.1	22.9	20.9
印度	74.5	72.5	67.0	66.4	66.7	67.2	68.1
俄罗斯	7.9	11.0	11.0	11.7	12.5	14.1	14.6
巴西	63.5	66.8	65.0	64.7	68.0	68.3	69.0
低收入国家	39.9	42.7	41.8	40.8	41.9	41.4	42.2
产油国	22.1	24.9	24.3	22.2	22.0	23.5	24.2

数据来源：IMF Fiscal Affairs Department. *Fiscal Monitor "Taxing Times"* [EB/OL]. http://www.imf.org/external/pubs/ft/fm/2013/02/fmindex.htm

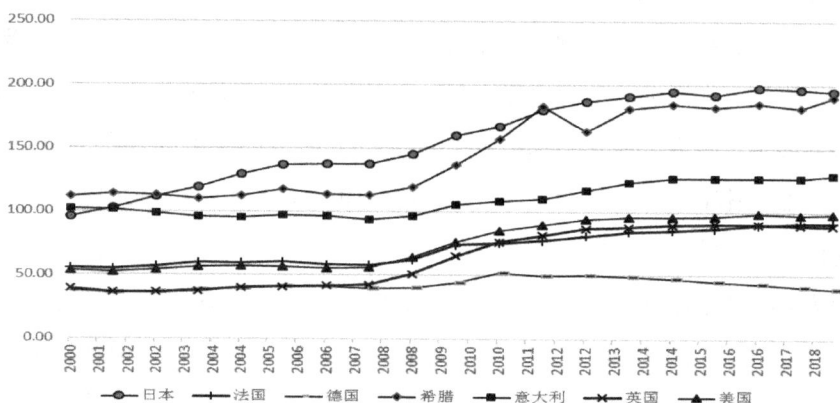

数据来源：CEIC 数据库

图 1-3 2000—2018 年主要发达经济体的中央政府债务占 GDP 比例

这一时期的公共债务发展呈现以下两个特征。

第一，从公共债务产生的原因看，二战以前，英美等世界主要经济体的债务增加的主因为战争；二战以后，公共债务不断增加的原因则是由于各国实施凯恩斯主义扩张性财政政策的结果，其主要表现为国家公共支出占GDP的比重持续增长。以OECD国家为例，1870年主要OECD国家该比重仅为10.7%，1913年该比重约为12.7%，二战之前的1937年该比重也仅为22.8%，但1980年这一比重跃升到了43.1%，此后该比重大概在42%—45%之间波动（包刚升，2011）。除凯恩斯主义的经济治理理念外，经济全球化的不断深化也为公共债务的发展提供了动力和条件。其一，经济全球化的影响下，相当一部分经济体国内收入分配恶化、贫富差距扩大，加重了政府救济的负担（袁志田、刘厚俊，2012）；其二，伴随金融全球化的发展，虚拟经济在经济总量中的比例激增，经济虚拟化在推动经济发展的同时加剧了经济波动，经济危机爆发的频率增加，危机的救助最终都表现为政府财政赤字的扩大和债务的增加；其三，经济全球化背景下，经济发展不平衡加剧，发展中国家为了改善投资环境吸引资本，公共支出增加，甚至导致债务危机频频发生。

第二，就公共债务的功能来讲，公共债务不仅仅是财政赤字融资的工具，而且在金融市场发展、货币政策实施方面都扮演了重要的角色。其一，无风险的公共债务资产通常是一国金融市场发展的基础，公债成为众多机构投资者以及个人投资者资产配置的重要组成；其二，长期公共债务的收益率在一国利率市场化过程中充当基准利率的角色，并成为其他金融资产定价的基准；其三，公共债务是央行在公开市场操作的重要工具，为货币政策和财政政策的协调发挥了纽带的作用；其四，主要发达国家（尤其是美国）的公共债务成为发展中国家外汇储备投资以及跨国机构投资者的重要对象，为国际资金流通融通发挥了重要作用。

第五节　后危机时代全球公共债务发展趋势

尽管危机得以暂时避免，然而根据 IMF 的预测（见表 1-4），2019—2024 年世界范围内政府债务负担率总体呈现稳定可控的态势，但金融危机曾经陷入财政困境的国家如美国、日本、意大利等国的政府债务压力依然攀升。

表 1-4　2019—2024 年世界各地区政府债务负担率变化预测（单位：%）

	2019	2020	2021	2022	2023	2024
世界	82.9	83.0	83.2	83.4	83.4	83.5
发达经济体	104.0	103.7	103.7	103.6	103.3	103.0
G20-发达国家	111.8	111.8	112.0	112.3	112.3	112.3
美国	106.7	107.5	108.4	109.4	110.0	110.3
欧元区	83.6	81.8	80.3	78.6	77.2	75.7
法国	99.2	98.7	98.2	97.6	97.0	96.2
德国	56.9	53.8	51.1	48.5	46.0	43.7
意大利	133.4	134.1	135.3	136.4	137.5	138.5
西班牙	96.0	94.9	94.1	93.3	92.7	92.3
日本	237.5	237.0	237.4	237.8	238.0	238.3
英国	85.7	84.4	83.6	82.6	81.5	80.3
加拿大	88.0	84.7	81.3	78.0	74.9	72.0
新兴经济体和发展中国家	53.4	55.1	56.8	58.4	59.8	61.2
G20-发展中国家	54.6	56.9	59.0	61.1	63.0	64.8
亚洲	55.5	58.2	60.7	63.1	65.0	66.8
中国	55.4	59.5	63.2	66.7	69.7	72.4
印度	69.0	67.8	66.5	65.3	64.2	63.1
欧洲	29.6	29.4	29.6	30.0	30.5	30.8
俄罗斯	13.8	13.9	14.1	14.7	15.9	16.9
拉美地区	70.0	70.0	70.0	70.0	69.7	69.5
巴西	90.4	92.4	94.1	95.6	96.5	97.6
墨西哥	54.1	54.5	54.5	54.5	54.4	54.3
南非地区	57.8	59.8	61.8	63.5	65.1	66.5

数据来源：IMF, Fiscal Monitor, April 2019

第一，美国公共债务风险犹存。根据美国国会预算办公室 2019 年 1 月发布的报告预测，2019 年美国联邦财政赤字将达到 9000 亿美元，从 2022 年起每年财政赤字将超过 1 万亿美元，未来 10 年美国赤字占 GDP 的比例总体处于 4.1%—4.7% 的区间，显著高于过去 50 年 2.9% 的水平。由于持续的财政赤字压力，美国公共债务负担率将继续增加，2019 年公共债务余额将增至 16.6 万亿美元，占 GDP 的比例为 78%，大约为过去 50 年平均水平的两倍；2029 年继续攀升至 28.7 万亿美元，占 GDP 比例为 93%，达到二战后最高水平（CBD，2019）。从美国目前采取的措施来看，虽然对富人的个人所得税边际税率提高并取消了工薪税的优惠措施，然而在支出削减方面，两党很难达成协议。而且，随着"婴儿潮"出生人群"银发海啸"的到来，未来几年美国老龄化问题会继续加剧，占财政支出最大比例的社会保障支出会继续增加，此外美国未来还将增加基础建设投资和国防支出，从而导致美国支财政支出难以削减，债务压力持续加大。

第二，欧元区国家债务压力不容乐观。2018 年 12 月 13 日—12 月 14 日举办的欧盟峰会期间，欧盟委员会终于就创设"欧元区共同公共预算"达成一致，欧元区财政一体化迈出重要一步。欧元区共同公共预算基金的设立对于解决欧元区内部国家间结构性财政矛盾具有重要的意义，但目前来看，还难以掩盖欧元区部分国家的债务困境。其一，2019 年 3 月 7 日欧洲中央银行的宏观经济形势预测指出，相比 2018 年第 4 季度的经济低迷，2019 年影响欧元区经济增长的负面因素将进一步发酵，在贸易保护主义、民粹主义兴起，英国脱欧等不利因素的影响下，2019 年实际 GDP 增速预计为 1.1%，比 2018 年 12 月份的预测值下调 0.6 个百分点。近几个月以来，工业、服务业以及消费者信心指数都回落至 2016 年的水平，经济发展前景黯淡（ECB，2019）。经济增长的低迷将使得欧元区部分国家的财政收支难以有效改善。其二，根据 IMF 的预测，希腊 2019 年的经济增速为 2.4%，但 2022 年会进一步放缓至 1.2%，希腊的债务可持续性具有不确定性，没有更多的债务减免措施，希腊将面临再次退出国际资本市场的窘境（华尔街见闻，2018）。另一个债务大国意大利的债务压力同样仍在持续，意大利 2019 年的财政预算赤字与欧盟要求之间存在一定的分歧，根据欧盟最新发布的宏观经济预测，意大利 2019 年实际 GDP

增速仅为 0.2%，由此，意大利的债务压力将继续增加（European Commission，2019）。根据 IMF 的预测，2020 年意大利的政府债务负担率将上升至 134.1%。

第三，日本公共债务压力居高不下。根据 IMF2019 年 4 月份发布的世界经济展望报告，2019 年日本 GDP 增长率预计为 1.0%，相比 2018 年有所好转，但 2020 年会再次下降至 0.5%。另外，根据 2019 年 1 月份日本财政部发布的 2019 年预算草案，2019 年日本财政支出将达到创纪录的 99.43 万亿日元，发行债务 31.88 万亿日元，债务依存度达到 32.1%，尽管略低于 2018 年的 33.7%，但仍显著高于其他发达国家。日本 34.2% 的财政支出用于社会保障，偿债支出占比达到 23.6%。在经济增长没有明显好转和财政支出刚性的背景下，2019 年日本的债务负担率仍将维持在 237% 的高位。尽管日本的债务结构、信贷市场为日本的债务扩张提供了支撑，然而"安倍经济学"至今没能让日本完全摆脱经济低迷的困境。在债务不断膨胀且经济低迷的情况下，日本国内消化债务的能力终将有限。

第四，中国公共债务存在潜在风险。根据 2013 年 12 月 30 日中国审计署公布全国各级政府的债务情况，截至 2013 年 6 月底，全国各级政府负有偿还责任的债务 206988.65 亿元，负有担保责任的债务 29256.49 亿元，可能承担一定救助责任的债务 66504.56 亿元（见表 1-5）。考虑到中国的财政体系，上述债务都应当纳入公共债务的衡量范围。根据审计署的公布结果，中国债务风险情况如下：

1）负债率。截至 2012 年底，全国政府负有偿还责任的债务余额与当年 GDP（518942 亿元）的比率为 36.74%。就或有债务而言，审计结果显示，2007 年以来，各年度全国政府负有担保责任的债务和可能承担一定救助责任的债务当年偿还本金中，由财政资金实际偿还的比率最高分别为 19.13% 和 14.64%。考虑以上因素后，2012 年底我国公共债务负债率为 39.43%，低于国际通常使用的 60% 的负债率控制标准参考值。

表1-5　全国政府性债务规模情况表（单位：亿元）

截止时间	政府层级	政府负有偿还责任的债务	政府或有债务	
			政府负有担保责任的债务	政府可能承担一定救助责任的债务
2012年底	中央	94376.72	2835.71	21621.16
	地方	96281.87	24871.29	37705.16
	合计	190658.59	27707.00	59326.32
2013年6月底	中央	98129.48	2600.72	23110.84
	地方	108859.17	26655.77	43393.72
	合计	206988.65	29256.49	66504.56

资料来源：中华人民共和国审计署办公厅.中华人民共和国审计署审计结果公告（2013年第32号）[EB/OL]. http://www.audit.gov.cn

2）政府外债与GDP的比率。截至2012年底，全国政府外债余额为4733.58亿元，占GDP的比率为0.91%，低于国际通常使用的20%的控制标准参考值。

3）债务率，即年末债务余额与当年政府综合财力的比率。截至2012年底，全国政府负有偿还责任债务的债务率为105.66%。若将政府负有担保责任的债务按照19.13%、可能承担一定救助责任的债务按照14.64%的比率折算，总债务率为113.41%，处于国际货币基金组织确定的债务率控制标准参考值范围（90%—150%）之内。

4）从债务资金的投向来看，政府负有偿还责任的债务资金主要用于基础设施建设和公益性项目，形成了一定的优质性公共资本，不仅能够推动经济的发展，更为未来的偿债资金提供了保障。

另外，审计署的报告也指出了我国公共债务存在的一些问题：一是地方政府负有偿还责任的债务增长较快，以2010年底的数据为基础，2013年6月底地方公共债务增长62.44%；二是部分地方和行业（尤其是高速公路）债务负担较重；三是地方政府性债务对土地出让收入的依赖程度较高；四是部分地方和单位违规融资、违规使用政府性债务资金。

然而，笔者认为，除上述问题外，我国公共债务还存在一些潜在和动态风险：第一，尽管债务资金主要投向基础设施和公益性项目，然而大量的债务投向了产能过剩的产业和房地产领域，投资效率低下，存在巨大的风险。第二，我国政府性债务资金来源中，银行贷款比重较高，且还债收入对土地出让金的依赖程度较高。如果我国未来城镇化能够稳定推进，房地产市场能够平稳发展，则风险可控；如果中国大中城市房价普遍出现温州、鄂尔多斯等地的情况，会导致银行出现大量呆账、坏账，并通过银行传导至整个金融系统，威胁我国经济、金融安全。第三，债务风险的大小不仅取决于存量债务的结构情况，更依赖于中国经济的稳定发展。中国经济目前进入结构性改革阶段，如果产业结构能够顺利实现调整，经济稳步发展，财政收入来源结构多元化，则中国公共债务能够良性发展。否则，公共债务与经济疲软可能形成恶性循环的局面。第四，中国老龄化程度不断加大，且社会保障水平有待提高，政府的潜在支出巨大。

2013年审计署的公报发布以后，关于中国政府债务规模的研究越来越多，但官方并没有发布权威性的全口径政府债务数据，许多学者运用不同的统计方法测算了中国的政府债务规模，得出共识是中国的政府债务规模扩张速度较快。张明（2018）的测算结果表明，从整体上来看，2017年，国债余额约为13.47万亿元，地方显性债务规模约为18.58万亿元，两者之和为32.06万亿元，占当年名义GDP的比重约为38.76%，但如果计入地方政府的隐性债务23.57万亿元，负债率就上升至67.26%，债务风险较高（张明、朱子阳，2018）。2018年以后，财政部开始发布地方政府债务余额数据，截至2019年末，国债余额为16.8万亿，地方政府债务余额21.3万亿元，合计38.1万亿，占当年名义GDP的比重为38.4%，但该比重并不包含地方政府隐性债务。根据2019年7月31日IMF的《第四条磋商报告》，2019年考虑隐性债务后的政府杠杆率为80.1%，预计2024年杠杆率超过100%，债务风险较高。

小 结

历史与逻辑是相一致的。本章对世界公共债务发展的历史脉络与未来趋势进行了分析梳理，笔者认为世界公共债务的发展历史主要经历了五个阶段。二战之前，各国公共债务上升主要是战争的结果。二战之后，伴随着战后繁荣的30年，各国公共债务负担率总体呈现下降的趋势。然而，20世纪70年代后期伊始，发达经济体的债务风险不断扩大。其背后的原因与机理是本研究分析的核心。总的来说，目前，尽管债务危机得以暂时避免，根据 IMF 的预测，2019—2024年世界范围内政府债务负担率总体呈现稳定可控的态势，但金融危机中曾经陷入财政困境的国家如美国、日本、意大利等国的政府债务压力依然攀升。

第二章　公共债务规模与财政收支结构演变

第一节　美国公共债务规模与财政收支演变

一、美国公共债务的起源与规模演变

美国的公共债务是伴随着国家建立而出现的。据统计，在美国独立战争中，美国战争开支的 36.2% 依赖内外债收入（朱邦宁，1994）。1789 年美国所欠的债务用今天的美元衡量达到 9000 亿美元，占 GDP 的 30% 左右（Brad Schiller，2013）。因此，1789 年乔治·华盛顿上任之后的第一个难题就是如何解决由于独立战争导致的巨额债务。此后的数十年间，美国政府积极利用税收和削减支出偿还债务。1835 年，美国历史上第一次也是唯一一次还清了所有债务。

然而好景不长，1846 年起美国再次陷入不断的战争状态，美国的国债再次扩张，到南北战争时期达到第一次高峰。国债在 1860 年为 6480 万美元，1863 年已超过 10 亿美元，1965 年战争结束后更是飙升到 27.56 亿美元，是 1860 年的 43 倍（戴维来，2011）。此后美国为了争夺殖民地，战事不断，截至第一次世界大战爆发前（1913 年），美国国债规模为 29.16 亿美元。第一次世界大战的爆发，对美国的债务筹资能力形成了巨大的考验。第一次世界大战期间，美国公共债务余额由战前的 29.16 亿美元扩张至 273.91 亿美元，6 年间债务规模增长 8 倍多，债务负担率由 7.41% 上升至 35.41%；第一次世界大战以后，与历史上战后处理债务的方式一样，美国政府积极采取相关措施偿还债务。1920—1930 年，美国公共债务余额由 259.32 亿美元逐渐减少至 161.85

亿美元，债务负担率由 29.14% 降至 17.75%。

然而，以 1929 年股市崩盘为标志，20 世纪 30 年代大萧条拉开了历史的序幕。大萧条的发生重创了美国经济，也使得其财政收支不断恶化。从此以后，美国公共债务规模步入不断扩张的阶段。（见图 2-1）

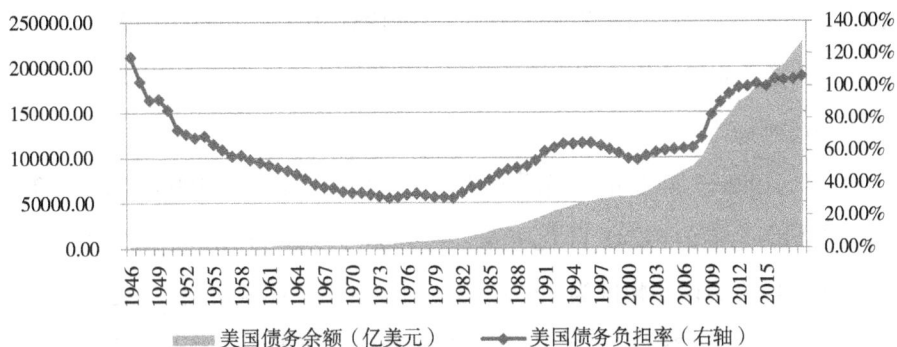

资料来源：http://www.treasurydirect.gov/govt/reports/pd/histdebt/histdebt_histo3.htm

图 2-1　1913—2018 年美国公共债务历年余额及债务负担率（单位：亿美元）

根据美国财政部的数据，20 世纪 30 年代大萧条以来，美国公共债务规模呈现出以下七个发展阶段。

第一，1931—1940 年，美国公共债务余额规模迅速增加。1930 年公共债务余额为 168.01 亿美元，1940 年公共债务余额达到 429.68 亿美元，10 年间公共债务规模增加了 155%，平均每年增加 10%。

第二，1941—1946 年，美国公共债务余额规模急剧膨胀。1941 年 6 月 30 日美国的公共债务余额为 489.61 亿美元，到 1946 年 6 月 30 日美国的公共债务余额上升至 2694.22 亿美元，6 年间公共债务余额增加了 5 倍，平均每年增长 35.4%。

第三，1947—1970 年，美国公共债务进入稳步发展的阶段。1947 年公共债务余额为 2582.86 亿，到 1970 年公共债务余额达到 3709.19 亿美元，24 年间仅仅增长 43.6%，平均每年增长约 1.6%；债务负担率由 1947 年的 105.81% 降至 1970 年的 35.72%。

第四，1971—1980年，美国公共债务呈现快速增长的态势。1971年公共债务余额为3981.3亿美元，1980年美国公共债务增长至9077.01亿美元，10年间公共债务余额增长128%；但债务负担率由35.33%降至32.56%。

第五，1981—1995年，美国公共债务急剧扩张。截至1991年9月30日，美国公共债务余额达到49739.83亿美元，是1981年9月30日美国公共债务余额9978.55亿美元的5倍，10年间平均每年增长12.2%；债务负担率由31.91%上升至67.08%。

第六，1996—2000年，美国公共债务增长态势趋缓。1996年9月30日美国公共债务余额为52248.11亿美元，到2000年9月30日，美国公共债务余额达到56741.78，增长幅度为8.6%；债务负担率由66.6%降为57.02%。

第七，2001年至今，美国公共债务再次快速攀升，不断突破债务上限。2001年9月30日美国公共债务余额为58074.63亿美元；2007年9月30日增长至90076.53亿美元。随后，美国次贷危机深化并进一步演变成为国际金融危机，为了挽救危机，美国政府制定了庞大的财政救助计划和量化宽松政策，公共债务规模进一步扩大。截至2018年9月30日，美国公共债务余额为215160.58亿美元，是2001年的3.7倍，2007年的2.4倍。2001—2012年，美国公共债务余额平均每年增长8.9%，其中，2001—2007年，平均每年增长6.5%；2007—2012年，平均每年增长12.3%；2013—2018年，平均每年增长5.15%。

从相对规模来看，国际经济统计中通常用债务负担率来衡量一国公共债务的相对规模，1930年以来，美国的债务负担率呈现以下走势：1930—1946年，随着美国公共债务规模的不断扩大，特别是二战期间美国公共债务规模迅速增加，美国政府的债务负担率也陡然上升，1931年为21.6%，1940年增加至42.37%，到1946年已经陡增至121.25%，该数值至今仍为美国公共债务发展历史上的最高值。1946年以后直至1981年，美国政府的债务负担率一直呈现下降的趋势，1981年美国政府的债务负担率降为31.91%。此后，除克林顿执政期间，美国政府的债务负担率出现过一段时期（1995—2001 年）的下降，美国政府的债务负担率总体步入持续上升的通道，2018 年美国的公共债务余额再次超过美国 GDP，债务负担率达到 104.99%。

截至 2018 年 12 月，美国公共债务的持有者结构如图 2-2 所示。

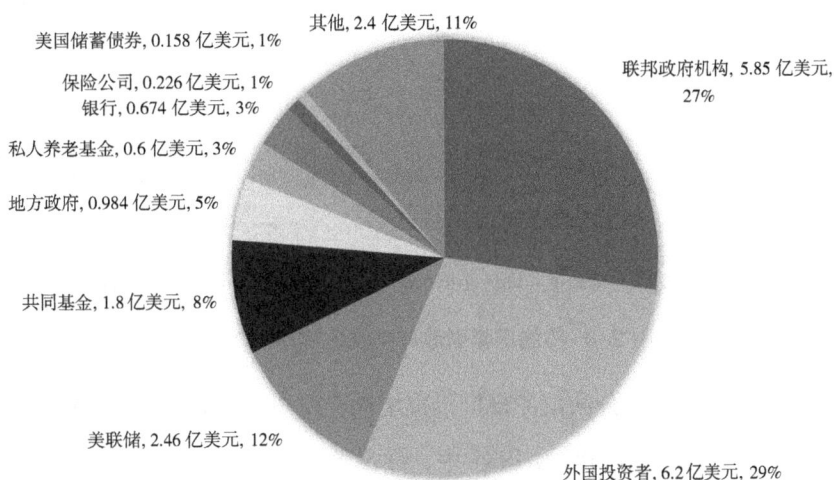

图 2-2 美国公共债务持有者结构

二、美国财政赤字总量及结构的历史演变

当政府收支失衡发生严重的财政赤字时，政府通常会通过发行国债、增加税收，或是发行货币来进行弥补，但是应该注意到的是后两者对宏观经济和居民生活水平的影响较大，如增加税收会对私人消费和投资产生一定的挤出效应，而增加货币供给可能会产生通货膨胀的潜在风险，因此基于这些考虑，债务融资即发行国债不失为一良策。财政赤字的大小直接影响国债发行规模的大小。一般而言，二者存在正向关系，即赤字规模越大，国债规模也就越大。在某种程度上，公共债务是财政赤字的积累。20 世纪 30 年代以来，与公共债务规模变化的趋势相一致，美国财政赤字变化也表现出如下阶段性特征（见图 2-3）。

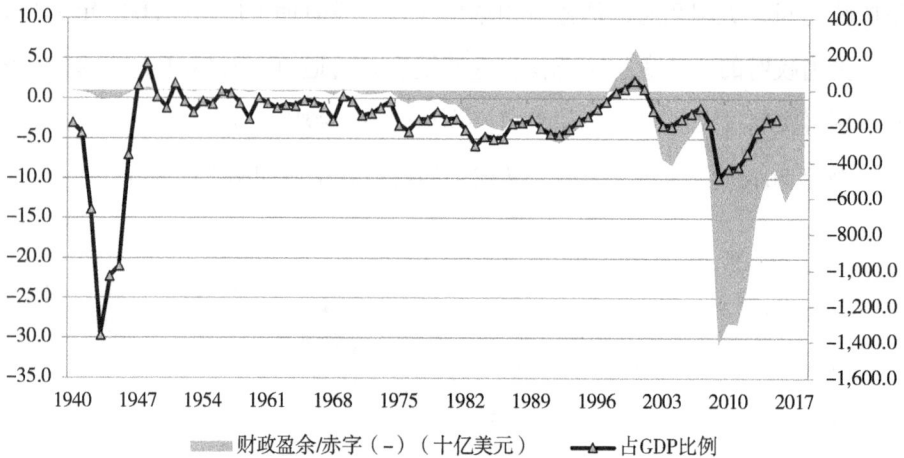

数据来源：美国国会预算办公室，http://www.whitehouse.gov/omb/budget/Historicals

图 2-3 美国历年财政赤字及占 GDP 的比例

1931—1940 年，公共债务规模迅速增加的阶段，财政赤字占 GDP 的比例年平均值为 3.12%，最高时为 1934 年，财政赤字占 GDP 的比例为 5.43%。

1941—1946 年，公共债务规模急剧增加的阶段，财政赤字占 GDP 的比例年平均值为 13.9%，最高时为 1943 年，财政赤字占 GDP 的比重达到 27.5%。

1947—1970 年，公共债务规模稳步发展的阶段，财政赤字占 GDP 的比例一直较低，年平均值仅为 0.2%，最高为 1959 年的 2.5%。特别是 1947—1951年，除 1950 年外，其余 4 年财政收支均为盈余状态。

1971—1980 年，公共债务快速增加的阶段，财政赤字占 GDP 比例增加至 2.2%，最高时为 1976 年，财政赤字占 GDP 比例达到 4%。

1981—1995 年，公共债务规模急剧扩张的阶段，美国财政赤字继续攀升，财政赤字占 GDP 的年度平均值为 3.9%，最高时为 1985 至 1986 年度，该比例达到 5.0%。

1996—2000 年，克林顿执政后期，美国财政预算显著改善，财政总体为盈余，财政盈余占 GDP 的年度平均值为 0.6%，财政赤字最大时为 1996 年，占 GDP 比例为 1.4%。

2001—2008 年，基于克林顿执政时期坚实的财政基础，财政赤字并未大幅上升，财政赤字占 GDP 的年度平均值为 2.0%。

然而，2008 年国际金融危机的发生，使得美国财政赤字再度攀升，2008—2012 年财政赤字占 GDP 的年度平均值达到 8.6%。2013 年以来逐步降低，2013—2018 年财政赤字占 GDP 的平均值为 3.3%。

由此看出，持续的财政赤字导致美国公共债务余额不断增加，财政赤字扩大，公共债务规模则快速增长；财政赤字减小，公共债务规模则会表现出稳定的态势。根据测算，1940—2018 年，美国政府历年的财政赤字与每年新增的公共债务余额之间的相关系数达到 0.96。

另外，根据宏观经济学理论，为了判断财政政策是扩张还是紧缩的，还可以将财政赤字分解为结构性赤字和周期性赤字。具体来说，根据萨缪尔森的财政政策思想，可以将财政实际预算分解为周期性预算（cyclical budget）和结构性预算（structural budget），从而区分经济周期波动和政府财政政策操作对财政收支平衡的影响。其中，结构性预算是指假定 GDP 达到充分就业状态下的潜在 GDP 时政府税收收入与财政支出的差额；周期性预算则是指由于经济周期性变动所导致的政府收支的差额，即等于实际预算与结构性预算的差额。如果财政赤字主要是由于周期性预算导致的，那么这样的财政赤字就是产生于经济衰退所导致的税收收入减少和财政支出增加，即赤字主要由财政政策的"自动稳定器"进行调整，随着经济复苏，财政赤字会被逐渐出现的周期性预算盈余所弥补。如果财政赤字主要由结构性预算赤字构成，则说明财政赤字主要由政府减税和增加财政支出所致，如果这类财政赤字长期持续存在，就需要政府重新调整税收政策和财政支出的方向。由此来看，分解财政赤字的结构，对于分析财政赤字形成以及公共债务规模的原因，具有重要的作用。

关于结构性赤字和周期性赤字的计算，经济学界已经设计出多种测算方法，这些测算方法主要是通过识别经济周期对财政状况的影响，并把这些影响从实际的财政收支中提取出来，从而估计出结构性财政指标，如结构性收入、结构性支出等（段海英，2013）。目前，在实际应用中，计算结构性赤字和周期性赤字的方法有很多种，除了国际货币基金组织（IMF）、欧盟（EU）以及经济合作与发展组织（OECD）等国际组织都公布的计算结构性赤字的方法外，许多经济学者也构建相关计算方法。其中，达雷尔·科恩和格伦·弗莱特在2000年发表的论文中采用美联储构造的美国经济宏观计量模型（FRB/US macro-econometric model）和频域分析方法（frequency domain techniques）对美国的结构性赤字进行了实证计算。美国国会预算办公室（CBO）所采用的测算方法与此相似。

根据CBO的测算结果，美国财政赤字结构如图2-4所示。

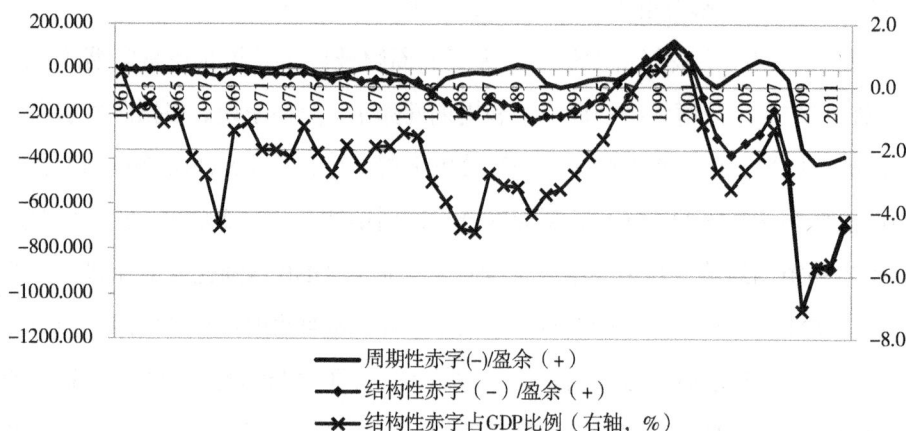

数据来源：美国国会预算办公室网站，http://www.whitehouse.gov/omb/budget/Historicals

图2-4 1961—2012年美国周期性赤字与结构性赤字（单位：十亿美元）

通过图2-4可以看出，美国财政赤字主要由结构性财政赤字构成。1961—1991年，除1961年为结构性盈余外，结构性预算一直处于赤字状态，且赤字规模呈现持续扩大的态势，占潜在GDP的比重也在不断提高，最高时为1986年的4.6%；克林顿执政期间，结构性预算逐渐由赤字转变为盈余；2001年以后，结构性预算再次成为赤字状态，且赤字规模不断增加。总的说来，美国结构性赤字与美国公共债务的变化趋势非常一致。结构性赤字的持续存在也进一步说明美国政府一直在采取扩张性的财政政策。反观周期性预算，1960—1974 年，整体处于盈余状态，1974 年以后，除 1988—1990 年和 1998—2001 年两个区间外，周期性预算也处于赤字状态，周期性赤字的长期存在说明，1974 年以来美国经济增长总体处于疲软状态，即除上述两个时间区间外，美国的实际 GDP 一直小于潜在 GDP。

以上是 20 世纪 30 年代以来，美国财政赤字的变化情况。财政赤字是财政操作的结果，仅仅依赖财政赤字结构，只能说明财政政策的操作方向，还不能全面地说明财政赤字究竟是因为财政收支的哪些变化而导致的。因此，为了更为深入地了解美国财政赤字持续存在及公共债务扩张的原因，还需要分析美国的财政收支结构。

三、美国财政收支总量及结构的历史演变

（一）财政收支总量变化趋势

根据美国国会预算办公室（CBO）的统计数据，就财政支出而言，1946—1980 年，除战后两年外，财政支出占 GDP 的比例为波动上升趋势，1948—1960 年财政支出占 GDP 比重的平均值为 17.8%；1961—1970 年财政支出占 GDP 比重的平均值上升为 18.8%；1971—1980 年财政支出占 GDP 比重的平均值进一步上升为 20.3%。20 世纪 80 年代以后，1981—1992 年财政支出占 GDP 比重的平均值为 22.2%，小布什执政期间为 19.6%；奥巴马执政期间财政支出占 GDP 的比例为 21.9%。特朗普执政以来，财政支出占 GDP 的比例有所下降，2017—2019 年平均值为 20.6%。由此看出，与战后至 1980 年间财政支出占 GDP 比例不断上升的趋势不同，里根及老布什执政期间财政支出占 GDP 的比例有所下降，小布什执政期间财政支出占 GDP 的比例增加缓慢，但与 1980 年前相比，1980 年后美国财政支出占 GDP 比例整体有所提升。（见图 2-5）

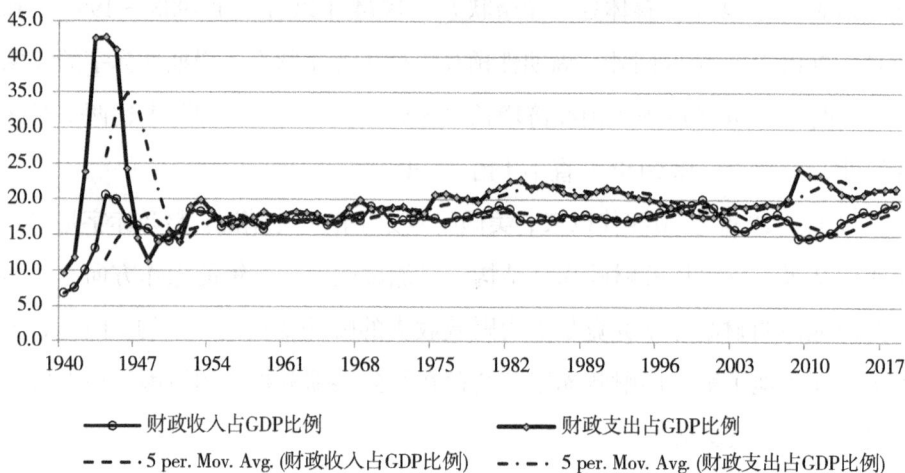

数据来源：美国国会预算办公室网站，http://www.whitehouse.gov/omb/budget/Historicals

图 2-5 美国财政收支占 GDP 比例的走势

从财政收入来看，二战后至 1980 年左右，美国财政收入占 GDP 的比例属于波动式上升的趋势。1950 年，财政收入占 GDP 的比例为 14.4%；最高时为 1969 年，达到 19.7%；1980 年时为 19.0%。1980 年以后，除克林顿时期外，美国历任总统执政期间，财政收入占 GDP 的比例却在逐渐下降。1981 年财政收入占 GDP 的比例为 19.6%，此后呈现波动式下降，1992 年为 17.5%，经过克林顿执政期间的财政巩固措施，2000 年财政收入占 GDP 的比例达到 20.6%。然而，小布什执政以后，财政收入占 GDP 的比例从 2001 年的 19.5% 迅速降至 2004 年的 16.1%，此后一段时间呈现倒"V"态势，2008 年为 17.6%，2012 年为 15.6%。2013 年以来，呈现波动的态势，2013 年为 16.7%，2015 年达到 18.0%，特朗普执政以后有所下降，2017 年为 17.2%，2019 年为 16.3%。因此，总的来说，1946—1980 年财政收入占 GDP 的比例为上升趋势；1980 年后，在公共债务规模快速扩大的两个阶段，财政收入占 GDP 的比例则是呈现不断下降的趋势。

为了更清楚全面地理解这收支占比变化背后的因素，下面进一步对财政支出结构变化展开分析。

（二）财政收入结构变化分析

根据财政收入的来源，美国财政收入可以分为个人所得税、公司所得税、社会保险税、消费税和其他（包括房地产税、关税等）。根据美国国会预算办公室的数据统计，1968年以前，个人所得税和公司所得税是美国财政收入的主要来源，二者之和占财政收入的比例一直保持在60%以上；之后，社会保障税逐步取代公司所得税的作用，与个人所得税一起构成美国财政收入的主要组成部分，由1970年的70%上升至1982年的80.8%，此后一直保持在80%以上，最高时为2009年，高达85.8%。单就个人所得税来说，二战后至今，其占财政收入的比例始终保持在40%以上，2018年达到50.6%。（见图2-6）

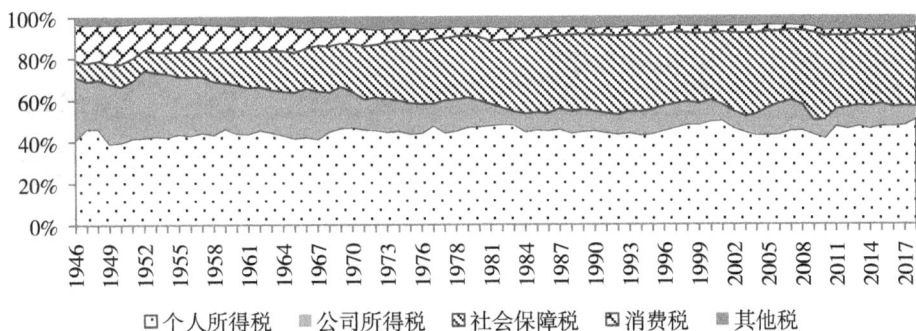

数据来源：美国国会预算办公室网站，http://www.whitehouse.gov/omb/budget/Historicals

图2-6 美国各项财政收入占总收入的比例

就各项收入占GDP比例而言，二战后至1980年间，个人所得税占GDP的比例呈现阶段式变化，1946—1952年为"V"字形，1952—1968年稳定在7.8%左右，1969—1980年呈现轻度"V"形波动，但整体占比有所上升，平均值为8.3%；1981—1992年呈下降趋势，由1981年的9.4%降至1992年的7.6%，平均值为8.3%；克林顿执政期间明显上升；小布什执政期间呈"V"形波动，平均值为8.0%；2008年以后，总体下降，平均值为6.9%。但总的来说，1946—1980年为稳中有升状态，1980年以后，在公共债务迅速扩张

的 1981—1992 年和 2001 年后为波动下降状态。社会保障税占 GDP 的比例在
1946—1988 年为不断上升的状态，由 1946 年的 1.4% 上升至 1980 年的 5.8%，
继续升至 1988 年的 6.7%，此后趋于下降，2008 年为 6.3%，2012 年为 5.4%。
公司所得税占 GDP 的比例在 1946—1980 年不断下降，由 1946 年的 5.3% 降至
1980 年的 2.4%；在 1981—1998 年呈现微弱的上升趋势，之后呈现"W"形波
动，但总体变化不大且占比较低，低于 2%。消费税占 GDP 的比例不断下降，
由 1946 年的 3.1% 降至 1980 年的 0.9%，继而再下降至 2012 年的 0.5%；其他
税收占 GDP 的比例由 1946 年的 0.5% 上升为 1980 年的 1.0%，之后较为稳定，
由 1982 年的 1.0% 略微降至 2008 年的 0.7%。（见图 2-7）

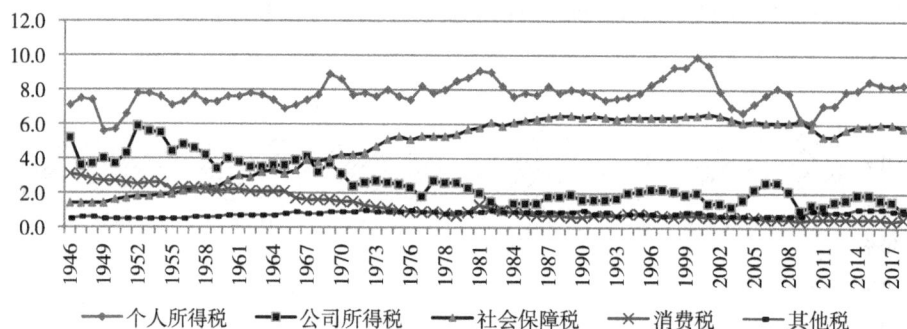

数据来源：美国国会预算办公室网站，http://www.whitehouse.gov/omb/budget/Historicals

图 2-7 美国各项财政收入占 GDP 的比例（%）

通过上述描述分析可以看出，从财政收入结构来讲，第一，个人所得税
占比在 1946—1980 年为缓慢上升的态势，但 1980 年后，除克林顿时期外，
每届政府的任期内都呈现波动趋势；第二，社会保障税占比在 1946—1988 年
为逐步上升的状态，而在 1988 年后为缓慢下降的状态；第三，公司所得税占
比在 1946—1980 年呈现明显下降的态势，在 1980 年后整体占比进一步下降，
但在该阶段内变化趋势不再明显；第四，消费税占比在 1946—1980 年不断下
降，在 1980 年后下降趋势有所减缓，基本处于平稳状态；第五，其他税收在
1946—1980 年处于缓慢上升的状态，在 1980 年后为缓慢下降的状态，但两个
时期内该税收占比都比较低。

由此看来，1946—1980年，财政收入占GDP的比例趋于上升的原因在于社会保障税占GDP的比例不断升高，个人所得税占GDP的比例稳中有升。而1980年以后税收占GDP的比例趋于下降，主要是由于个人所得税占比和社会保障税占比不断下降，但公司所得税占比进一步降低也具有一定的影响。

（三）财政支出结构变化分析

根据财政各项支出的功能，美国财政支出主要可以分为五类：国防、人力资源、物质资本、利息、其他功能。其中，人力资源支出包括教育培训和社会保障支出两大类，且社会保障支出占该项支出的90%以上。通过图2-8可以看出，人力资源和国防支出为财政支出的主要内容，二战后至今，两项支出之和占财政支出的比例一直保持在70%以上，1946—1978年总体为缓慢下降趋势，从1946年的87%降至1978年的70%；1979—2012年为总体缓慢上升的趋势，从1979年的70.2%上升至2018年的85.9%，最高时为2015年的89.3%。另外，利息支出也是财政支出的重要组成，特别是在1980—2000年，利息支出占财政支出的比例一直在10%以上，最高时达到1996年的15.4%。

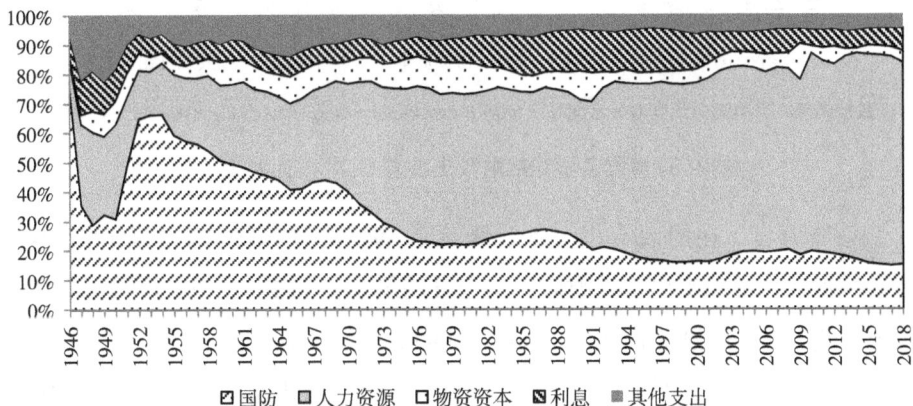

数据来源：美国国会预算办公室网站，http://www.whitehouse.gov/omb/budget/Historicals

图2-8 1946—2018年美国联邦政府各项财政支出占总支出的比例（%）

就各类支出占GDP的比例来说，1946—2018年，人力资源支出占GDP的比例为不断上升的趋势，由1946年的2.46%上升为1980年的10.33%，1992

年为 11.71%，2010 年达到 15.71%，2018 年为 14.2%；国防支出总体为下降的态势，但有阶段性的特点，1946—1980 年为下降趋势，由 19.2% 下降为 4.9%，1980 年后，由 1981 年的 5.2% 上升为 1986 的 6.2%，随后有所下降，1992 年为 4.8%，克林顿执政期间继续下降至 3.0%，2000 年后再次上升，2008 年为 4.3%，2010 年达到 4.8%；利息支出呈现波动的态势，由 1946 年的 1.8% 下降至 1966 年的 1.2%，之后有所上升，由 1980 年的 1.7% 上升为 1992 年的 3.2%，经过克林顿执政期间财政整顿后，利息支出占比逐渐下降，2018 年为 1.6%；其他支出为不断下降的状态，由 1947 的 3.4% 下降为 1980 年的 1.48%，再下降为 2012 年的 0.9%。（见图 2-9）

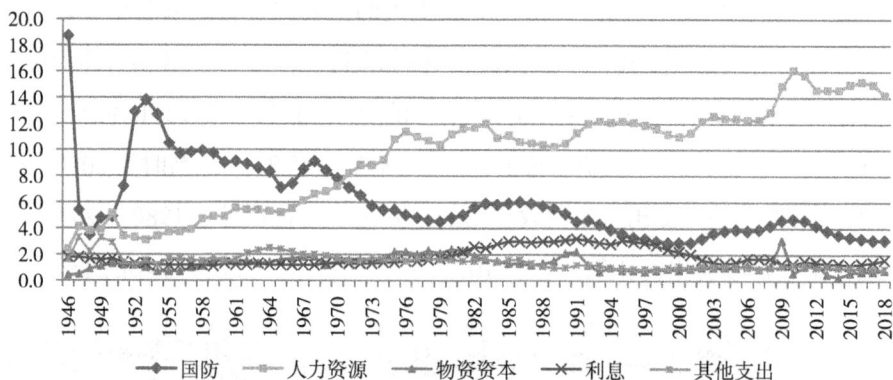

数据来源：美国国会预算办公室网站，http://www.whitehouse.gov/omb/budget/Historicals

图 2-9 美国各项功能财政支出占 GDP 的比例（%）

总体而言，在财政支出方面，无论是 1946 至 1980 年间还是 1980 年以后，尽管社会保障支出均是财政支出上升的最主要因素。但在其他支出方面，两个时期又有所区别。1946 至 1980 年期间，美国政府更注重对教育培训、物质资本、其他支出中科研等有利经济长期发展项目的财政投入；而 1980 年以后，美国政府的财政支出主要用于社会保障和利息等强制性支出和旨在维持政治军事霸权地位的国防支出，对有利于经济长远发展的财政支出项目支持力度不足。

四、财政收支失衡的基本原因

（一）个人所得税累进性质减退降低个人所得税增速

1981年里根执政以后，里根政府将原来纷繁冗杂的美国税收制度进行一系列的简化改革，特别是1986年，里根政府推动了被称为"美国第二次革命的核心"的税制改革方案，其核心思想在于："取消特惠，增进公平，扩大税基，降低税率，简化管理，促进经济增长。"（萧琛，1993）

在个人所得税方面，一是降低边际所得税率；二是减少税收分级。由原来11%—50%的十四级累进税率，逐步缩减至15%和28%两档税制，另对部分高收入者征收5%的附加税。老布什执政后，取消了原来对部分高收入者的5%附加税，税率改进为15%、28%和31%三档税制。（见表2-1）

表 2-1　美国个人所得税税率改革情况

项目	原税法	新税法		
	1986 年	1987 年	1988 年	1990 年
税率	11%—50% 十四级 累进税率	11%	15%	15%
		15%	28%	28%
		28%	33%	
		35%	28%	31%
		38.5%		

资料来源：根据喻雷、郭为伟（1987）相关研究整理

由此可见，里根税制改革以后，美国最低收入阶层税负上升，高收入阶层的税负反而减轻。另外，在税率简化和降低的同时，里根政府也提高了个人免税额。个人免税额大约提高了1倍，由税改前的1080美元提升至1989年的2000美元，1990年以后免税额根据通货膨胀指数变化进行调整。克林顿执政以后，1993年再一次进行了税制改革，对于高收入者，在31%的税率之外，又新增两级边际税率，分别为36%和39.6%，从而提高了个人所得的实际边际税率（阿兰·J.沃尔巴克，2003）。然而，布什当选总统之后，再次实施大幅

度削减税收计划，减税额度达 1.6 万亿美元，其重点在于减免个人所得税，最高边际税率从 39.6%降至 33%，最低税率从 15%降至 10%。

结合美国历年税制改革过程，Thomas Piketty 和 Emmanuel Saez（2006）对美国税收制度的累进性质进行了研究。研究结论得出，1960—1970 年，美国个人所得税的累进性质在不断加强，且各收入阶层的税率均有所提高；1970—1980 年，美国中层收入者和低层收入者的个人所得税率有所降低，而个人所得税的累进性质以及中高收入者的税率进一步提高。1980 年至今，各收入阶层的平均个人所得税税率都在下降，但高收入阶层税率的下降幅度要大于中低收入阶层，个人所得税税率的累进性质减退。例如，20 世纪 80 年代中低收入阶层（20%—80%）的下降幅度分别为 1.3%、1.6%，1.7%，而高收入以及最高收入阶层的税率下降幅度则分别为 2.5%、2.7%、3.1%、6.5%（Thomas Piketty & Emmanuel Saez，2007）。

表 2-2　1960—2004 年美国各收入阶层个人所得税平均税率（单位：%）

按收入从低到高分组　年份	0—20%	20%—40%	40%—60%	60%—80%	80%—90%	90%—95%	95%—99%	99%—100%	全部人口
1960	0.8	4.9	7.8	9.4	11.2	12.7	14.9	23.6	11.4
1970	2.2	6.2	8.9	10.6	12.2	13.7	16.1	25.7	12.5
1980	−0.3	3.4	8.6	11.7	14.2	16.5	20.1	29.3	14.1
1990	0.3	2.1	7.0	10.0	11.7	13.8	17.0	22.8	12.4
2000	−1.9	−0.4	6.4	10.1	12.2	15.1	19.6	27.7	14.6
2001	−3.9	−2.5	4.3	8.8	11.1	14.2	18.5	27.9	13.1
2004	−2.9	−3.2	3.2	7.3	9.2	11.6	16.4	20.8	11.5

资料来源：Thomas Piketty, Emmanuel Saez. *How Progressive Is the U.S. Federal Tax System? A Historical and International Perspective* [J]. *Journal of Economic Perspectives*，2007，Vol 21，No. 1

前面关于两个阶段经济发展的状况的比较得出，1946—1980 年经济增速不断加快，而 1980 年以后经济增速趋于下降。经济增速的提升结合税率的提升必然会导致 1946—1980 年个人所得税收入占比提升，而经济增速的下降结合税率的下降则会导致 1980 年后个人所得税占比的下降。另外，前述内容还指出，1980 年后，美国收入差距在不断加大，其与个人所得税累进性质减退相结合也会导致个人所得税收入占比下降。

（二）加大对企业税收的优惠力度制约企业所得税提升

回顾美国历届政府的财政政策，1946—1980 年，降低企业所得税就是政府刺激经济的一个重要手段，尤其是在 20 世纪 60 年代实施增长性财政政策的阶段。里根政府执政以后，在对个人所得税实施改革的同时，为了刺激市场供给的增加，进一步对企业生产经营方面采取了一系列的税收优惠政策。

第一，加速折旧政策。1981 年通过的《经济复兴税收法》规定，凡研究开发使用的设备折旧期为 3 年，使每年的折旧金额超过企业所增资本额，这样高科技企业每年的折旧率增多，应纳税额也就相应减少，企业从中得到实惠，有力地推动了企业固定资产在更高技术基础上进行更新。另外，提高设备的折旧率，有利于高新技术企业缩短资金运转周期，提高资金利用率，从而对于高新技术企业的发展与推动产业进步具有积极的影响。

第二，研发税收抵免。研发税收抵免最早来自 1981 年《经济复兴税收法》，即传统税收减免法，纳税人可把发生的与贸易或商业活动有关的研究或实验支出，超过前 3 年的研究与发展支出平均值的增加部分给予 25% 的抵免。该项抵免可以向前结转 3 年，向后结转 15 年。企业向高等院校和以研究为工作目的的非营利机构捐赠的科技新仪器、设备等，可作为慈善捐赠支出，在计税时予以扣除（陈柳钦，2007）。

第三，风险投资税收减免。为鼓励私人风险投资的发展，美国政府将风险投资的企业所得税率由 1970 年的 49% 降至 1980 年的 20%。具体做法是：风险投资额的 60% 可以免除征税，其余的 40% 只需缴纳 50% 的所得税，这一措施的实施使美国的风险投资在 20 世纪 80 年代初期以每年 46% 的幅度剧增。另外，私人资本为建立科研机构而捐赠的款项一律免税，企业为建立非营利性科研机构提供的资金也免交所得税（江曼鹏，2001）。

上述优惠政策实施，导致企业应税的税基减小。除此以外，里根政府还进一步降低企业所得税边际税率（见表2-3）。

表2-3 战后美国企业所得税边际税率改革情况

年份	1952—1963	1968—1969	1979—1981	1984—1986	1987	1988—1992	1993—2010
$5000 以下	30	24.2	17	15	15	15	15
$5000—20000	30	24.2	17	15	15	15	15
$20000—25000	30	24.2	17	15	15	15	15
$25000—50000	52	52.8	20	18	16.5	15	15
$50000—75000	52	52.8	30	30	27.5	25	25
$75000—100000	52	52.8	40	40	37	34	34
$100000—335000	52	52.8	46	46	42.5	39	39
$335000—1000000	52	52.8	46	46	40	34	34
$1000000—1405000	52	52.8	46	51	42.5	34	34
$1405000—10000000	52	52.8	46	46	40	34	34
$10000000—15000000	52	52.8	46	46	40	34	35
$15000000—18333333	52	52.8	46	46	40	34	38
超过 $18333333	52	52.8	46	46	40	34	35

资料来源：美国布鲁金斯城市税收政策研究中心网站，http://www.taxpolicycenter.org/TaxFacts/index.cfm

图2-10是笔者根据美国国民经济分析局公布的相关数据计算得出的企业所得税平均税率变化情况，可以看出，从1950年以来，美国企业的整体税率在不断降低，1988年以后逐步呈现平稳状态。应该说，里根推行税改以后，在税收减免措施和税率降低的共同作用下，美国企业的生产经营情况有所好转，企业所得税占财政收入以及GDP的比例呈现轻微的上升的趋势便是很好的例证。然而，由于美国的税收减免措施过于宽松，导致企业所得税的税基大幅减少，所以即使在企业经营活动好转的情况下，美国企业所得税收入也

无法提高。另外，美国的复杂的税收抵免优惠政策以及关于公司海外利润回流的税收优惠政策，导致企业所得税制度存在大量漏洞，企业偷逃税情况日益严重。①

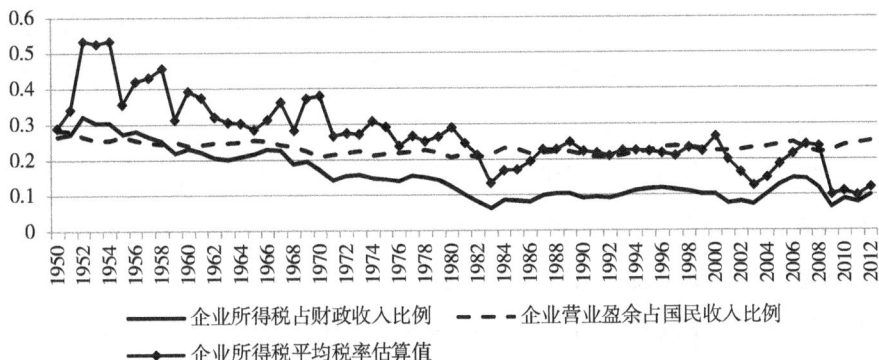

数据来源：笔者根据 BEA 数据库相关数据计算

图 2-10 企业所得税占财政收入比例、企业营业盈余占比以及企业所得税率平均值估算

（三）军事霸权思维导致国防支出居高不下

回顾二战以前美国公共债务发展的历史，可以发现，当美国进入战时阶段，由于战争支出增加，公共债务规模会迅速扩大；当战争结束以后，由于战争支出消失，美国联邦政府财政收支会呈现盈余，从而可以偿还部分公共债务，公共债务会减少。然而，根据前述关于美国财政支出结构的分析可以看出，二战以后，尽管其国防支出在美国财政支出中的比例有所下降，但国防支出仍然是美国财政的重要负担。而且，在公共债务规模增长最快的20世纪80年代前期以及2000年以后，国防支出占财政支出及GDP的比例不断上升。

二战以后至1980年，美国国防支出相对处于缓慢增长的状态，从1946年的426.8亿美元上升至1980年的1340亿美元，平均每年增长3.4%，明显小于美国同期GDP的增长速度，这一阶段美国财政赤字总体较小，公共债务增长

① 可参阅 The White House and the Department of the Treasury. *The President: Framework for Business Tax Reform*，http://www.treasury.gov/press-center/news/Pages/02222012-tax.aspx。

缓慢。然而，里根执政以后，摒弃美国战后在全球相对收缩的态势，与苏联的军备竞赛进入白热化阶段，国内，对武器装备研发制造的资金投入力度不断加大，国外，在中美洲、加勒比以及中东地区频频开展军事行动（刑洪涛，1990）。1981—1989 年，美国国防开支从 1575.1 亿美元跃升至 3035.6 亿美元，年均增长 8.5%，高于美国同期 GDP 增速。美国财政收支恶化，财政赤字不断扩大，公共债务迅速增加。

1991 年苏联解体后，美国成为唯一的军事超级大国，面对巨额的财政赤字和债务，克林顿政府适度减少了国防开支，但在亚太地区以及欧洲地区的军事部署仍在不断加强，充当"世界警察"。小布什执政以后，采取了"先发制人"的国家安全战略，再次将扩展军事实力列为首要任务，全面打造超级军事霸权。具体表现为以下六个方面：一是加快研制部署导弹防御系统；二是调整核战略，发展新型核武器；三是夺取信息优势，提升信息攻防能力；四是加强武器装备体系建设，优化兵力配置结构；五是实施新的"高边疆"战略，企图建立太空军事统治地位；六是调整全球战略部署，提升应对全球突发事件的应变能力。小布什政府实行的全面军事扩张战略，使得美国国防支出再度急剧攀升，从 2001 年的 3047.3 亿美元陡增至 2009 年的 6610.2 亿美元，年均增长 10.2%。

总的来说，二战以后，美国的军事霸权思想在不断加强，甚至不惜以发动战争的形式来达到其霸权目的。在世界总体步入和平发展的战后阶段，美国还先后发动了朝鲜战争、越南战争、海湾战争、科索沃战争、伊拉克战争、阿富汗战争等危害国际和平的军事行动。当然，需要指出的是，从美国整体国际战略来讲，军事霸权是其国际经济与政治战略的重要基础，虽然加剧了美国公共债务扩张，但也为美国带来了巨大的潜在政治经济利益。

（四）失业与贫富差距扩大导致社会保障支出高企

公共债务与财政支出结构的历史变化显示，伴随着公共债务规模的不断扩张，社会保障支出不断上升，并在 20 世纪 70 年代以后取代国防支出成为美国财政支出的最大负担。战后至 1976 年为社保支出增长最快的阶段，支出总额从 1946 年的 54.1 亿美元增加至 1976 年的 1846.8 亿美元，年均增长 12.5%。此后至 2008 年，社会保障支出增速相对缓慢，2008 年为 18403.5 亿美元，虽然年均增长 7.4%，但仍高于 GDP 同期增速。2008 年金融危机发生以后，社会保障支出增速加快，2009 年社会保障支出增加 15%，达到 20760.4 亿美元，2012 年为 22577.6 亿美元。

社会保障体系的不断完善有利于改善政府与公民的关系，增强公民权利，形成公平合理的社会体系，最终促进一国经济社会的稳定发展，是现代国家建设的战略性选择和重要内容。美国现代社会保障体系的确立始于罗斯福执政时期。面对 20 世纪大萧条的巨大冲击，罗斯福推出"新政"，其中一项重要的改革内容即是建立美国的社会保障体系。1935 年，《社会保障法》签署通过，奠定了美国社会保障体系的基本制度框架。美国《社会保障法》共有十章，保障体系覆盖了老年、失业者、妇女、儿童、残疾人等弱势群体。二战后至 20 世纪 70 年代，社会保障体系进一步发展。1950、1954、1962 年，美国政府都对社会保障法案进行了修正，社会保障体系覆盖的群体进一步扩大，并将最初的养老保险发展为养老、遗属和残障保险（OASDI）；1964 年，约翰逊执政后，推出"伟大社会计划"和"向贫困宣战"计划，再次对社会保障体系进行了全面完善，《食品券法案》通过，《社会保障法》再次得以修正，建立了医疗保险和医疗援助；尼克松上台后，继续对《社会保障法》进行了修正，并建立老年人补充保障收入计划（徐晓新等，2013）。至此，美国社会保障体系建设基本得以完善。此后，里根、布什等共和党执政期间一直努力缩减联邦政府在社会保障福利方面的支出，但大多数社会保障项目已经成为法定支出，因此，尽管减少了一些转移性福利支出，但社会保障的主体并未动摇。克林顿执政以后，曾试图推行医疗体系改革，但最终在强大的阻力下，仅仅在儿童医疗保险方面有所进展，由联邦政府拨款，为低收入家庭没有医疗保险的儿童提供保险。奥巴马执政以后，继续推动医疗体系改革，旨在使更大范围的人群能够纳入医保范围。

总的来说，当前美国的社会保障体系架构如下。

第一，社会保障项目种类。总体上看，美国的社会保障项目分为社会保险、社会救助和社会福利三大类。具体由老年、遗属和残疾保险，医疗保险，失业保险，工伤保险，住房保障，公共援助，社会福利和社会优抚等项目构成。

第二，主要保障项目保障对象及筹资。一是老年、遗属和残疾保险（social security），该保险是法定的保障项目，凡缴纳社会保障税满10年且年满65岁的公民都可享受退休养老金（简称退休金），62—65岁退休者享受部分退休金。参保者退休、残疾时，其本人及其未成年子女和配偶都会得到相应的保险金。如果参保者死亡，其未成年子女及其配偶可以得到相应的遗属保险金。资金来源为政府通过征收社会保障税（social insurance taxes）建立的社会保障基金。二是医疗保险健康体系，具体分为老年和残障健康保险（即医疗保险）、医疗援助、儿童健康保险以及包括军人医疗保险和印第安人健康保险等在内的其他保险。医疗保险的覆盖群体为美国65岁及以上老年人、65岁以下身患残疾2年以上的公民以及部分晚期肾病等重症患者提供。医疗保险分为住院保险（Part A）、补充医疗保险（Part B）、医保提升计划（medicare advantage，简称MA计划，Part C）以及2006年起实施的处方药计划（Part D）。其中，Part A 的资金来源为社会保障税的一部分组成的医疗保险基金，专款专用。Part B 的资金来源中，75%来自联邦政府的一般性财政收入，25%属于参保人员缴纳的保险费。Part C 的资金来自于参保人员自己缴费以及Part B 的保险费。Part D 的部分费用由政府一般性收入支付，剩余主要由私营健康保险机构运营和管理。[①]一般雇员在职期间不能享受住院保险待遇，只能参加民营医疗保险化解工作期间的医疗风险。医疗补助是政府向从未缴纳职业税金的穷人和收入低于贫困线的人提供医疗服务，是美国健康项目（health program）的主要组成部分，其资金来源为联邦政府和州政府共同拨款，联邦政府拨款从一般性财政收入中支取。儿童健康保险项目是以联邦政府提供项目配套资金的形式，向美国的中低收入家庭的儿童提供健康保险。这类家庭的收入没有达到享受医疗援助的条件，但是也买不起商业保险。所需资金的70%由联

───────────────────

① 详细可参阅中国财政部网站：《国际司：美国医疗保险制度介绍》，http://www.mof.gov.cn/mofhome/guojisi/pindaoliebiao/cjgj/201310/t20131025_1003317.html。

邦政府支付，资金来源为一般性税收，各州政府出资约30%。三是贫困保障（income security）项目，包括失业保险、住房保障、公共援助等多项内容。其中，失业保险由政府通过工资税的形式向雇主征收保险费，雇员个人不需要缴纳。符合条件的失业者，可以享受一定期限的失业保险待遇。其他保障项目资金主要由政府财政拨付。

第三，社会保障支出主要包括：养老保险、医疗保险、贫困保障、健康支出、退伍军人津贴与服务。其中养老保险和医疗保险的支出对象为老年人，贫困保障和健康支出的对象为贫困及失业人员。

图2-11显示了二战后美国社会保障支出的构成变化，通过支出项目可以看出，1966年以前，退伍军人津贴与服务支出不断减少，养老保险支出比例不断增加，贫困保障和健康支出比例相对稳定；1966年以后，医疗保险和健康支出比例有所增加，养老保险支出比例相对稳定，贫困保障支出比例有所减少；1980年以后，养老保险和贫困保障的支出比例相对稳定，医疗保险和健康支出的比例不断扩大。然而，在上述项目中，养老保险、医疗保险的A部分的支出增加并不会导致公共债务增加，其原因在于这两部分资金分别来自于由社会保障税设立的社会保障基金和老年保障医疗基金，这两项基金以及军人退休基金目前均是美国公共债务的持有者，目前仍处于盈余状态。在美国社会保障体系中，真正对财政造成负担的是美国的健康计划、贫困保障以及医疗保险除A部分以外的支出。也就是说，1946—1980年，社会保障支出的增加主要是因为社会保障体系不断完善，保障覆盖的人群结构不断丰富。然而，在债务负担率上升这两个阶段，时任美国政府都主张削减社会保障项目，降低社会保障支出水平。因此，这两个阶段社会保障支出的提高主要是由于符合社会保障对象的人口数量上升。

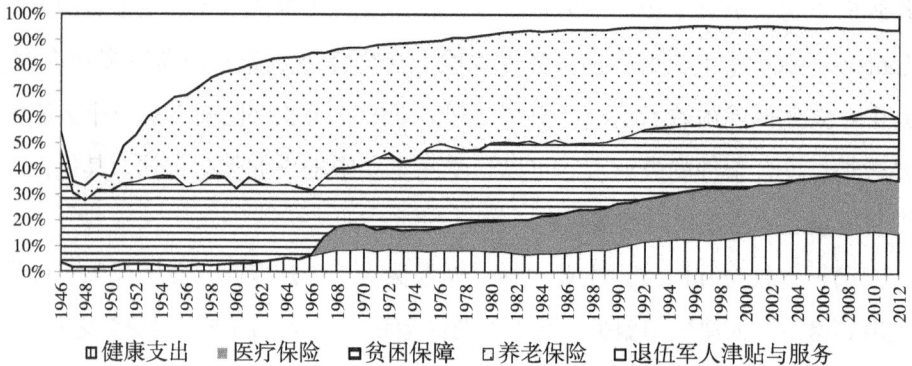

数据来源：美国国会预算办公室网站，http://www.whitehouse.gov/omb/budget/Historicals

图 2-11 1946—2012 年美国社会保障支出各子项目构成情况

1. 失业人口持续增加

图 2-12 显示了美国 1960 年以来的失业率情况，由此可以看出，1980 年以前，尤其是 1964—1973 年的 10 年间，实际失业率低于自然失业率，失业人口相对较少；20 世纪 80 年代以来，美国的失业率居高不下，失业人口数量不断上升。1981 年美国失业人口数量为 827.6 万人，1983 年急剧上升至 1069.4 万人，此后处于震荡状态；2008 年国际金融危机发生时，失业人口为 894.8 万人，失业率为 5.8%；受危机的负面影响，2009—2012 年美国失业人口数量迅速增加，2009 年为 1429.5 万人，2012 年为 1249.7 万人。然而，就失业的严重程度而言，政府公布的数据往往低估了实际的失业程度。以美国劳工统计局 2004 年 6 月发布的报告为例，公布的失业率为 5.6%，但报告同时指出，除了统计的失业人口之外，还有 160 万"接近属于"劳动力的人口，其中的 1/3 属于因工作前景黯淡而放弃找工作的人，另外 2/3 在过去的 12 个月中找过工作但在调查前的 4 周里没找，以及 470 万因"经济原因"而非自愿兼职的工人（赵准，2008）。如果将这部分群体纳入失业率统计，实际失业率会提升。

数据来源：笔者根据美国人口普查局统计数据整理

图 2-12 美国失业缺口及失业人数

美国失业情况不断加剧的原因有以下三点。

首先，经济增长低迷，产出缺口不断扩大。美国经济状况的分析表明，在债务扩张的各个时期，美国经济增速呈现下降的趋势，产出缺口不断扩大。根据奥肯定律，产出缺口的持续存在决定了美国无法实现充分就业，即实际失业率大于自然失业率。根据 CBO 的数据统计，计量结果表明，产出缺口是失业缺口[①]的格兰杰原因，产出缺口与失业缺口之间的相关系数达到 −0.96，这也与奥肯定律（Okun's Law）核心思想相一致。

其次，产业结构虚拟化加剧失业上升。20 世纪 80 年代以来，除克林顿时期外，美国经济增速都呈现下降趋势，其中一个重要的原因就在于产业结构的服务化导致劳动生产率增长的空间有限。Maddison（1989）、Bjork（1999）、张平、刘霞辉（2007）以及袁富华（2012）等人的研究也都证实了这一点。美国产业结构的变化在导致美国经济增速趋缓的同时，也进一步导致了美国失业率持续处于高位。例如，黄桂田、谢超（2011）利用 1997—2009 年美国各州面板数据实证检验得出：①美国自身的经济增长动力不足是其失业率上升和居高不下的主要原因；②美国不但存在对劳动力吸纳能力相对较强的就业促进型产业比重降低，对劳动力吸纳能力相对较弱的就业挤出型产业比重上升的现象，而且美国的产业结构还可能存在提升民众自愿失业率的问题。

---

① 失业缺口为实际失业率减去自然失业率。

最后，根据部分马克思主义经济学者的观点，新自由主义对劳动与资本之间关系的改变也助推了失业率的居高不下。在新自由主义的政策下，工会力量遭到削弱，资本在劳动力市场的统制力量加强，一方面，资本主义生产的阶级性需要用失业和不安全感来控制工人、鞭策劳动，具体方式为企业的所有者会制造"政治的商业周期"或"资本罢工"引发经济衰退，以达到提高失业率的目的（赵准，2008）；另一方面，资本所有者会通过制造失业率的上升来提高自身的谈判地位，压低工人工资，从而提高资本的利润率，改变20世纪50至70年代资本利润率不断下降的趋势。

2. 贫困人口不断增多

图2-13显示了1966年以来美国贫困人口变化情况，可以看出，1980年以前，美国的贫困人口数量和贫困率均处于不断下降的趋势；而1980年以后，美国的贫困人口数量不断上升，特别是20世纪80年代初期和2000年以后。2013年9月，美国人口普查局发布报告指出，2012年美国贫困率仍为15%，贫困人口总数达到4650万人。2012年美国官方的贫困线为四口之家的年收入23492美元，而2012年收入最低的20%的家庭年平均收入仅仅为15534美元。

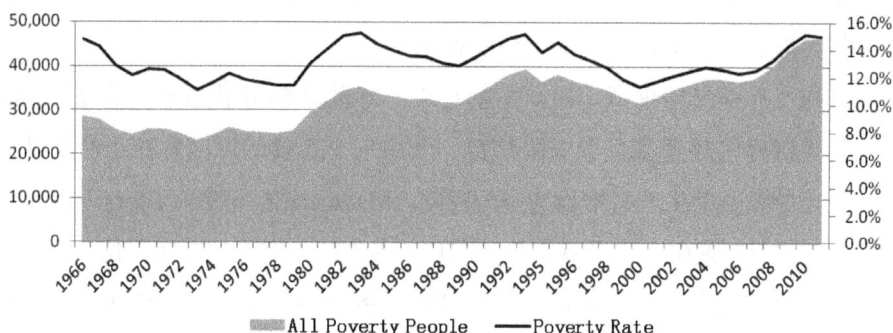

■ All Poverty People ── Poverty Rate

数据来源：笔者根据美国人口普查局统计数据整理

图2-13 美国贫困人口及贫困率

贫困人口增加一方面是因为美国长期失业率居高不下，相当一部分人由失业转贫；另一方面主要是因为其贫富差距不断扩大。20世纪80年代以来，美国的贫富差距在不断扩大。将美国家庭收入从高到低划分为五组，收入最高的20%家庭在国民收入中的占比不断上升（从1981年的41.2%上升至2012

年的 48.9%），剩余的 80% 的家庭在总收入中的占比均在下降。尤其是收入最高的前 5% 的家庭，其占总收入的比例从 1981 年的 14.4% 逐渐上升至 2012 年的 21.3%。而收入最低的 20% 的家庭在总收入中占比从 1981 年的 5.3% 到 2012 年的 3.8%，即使收入次高的 20% 的家庭在总收入中的比例在 2012 年时也只有 23%。而从实际收入来看，收入最低的 20% 家庭的平均收入在不断下降，中间三个阶层的各自平均收入增长缓慢甚至处于停滞状态，而最富裕的 20% 家庭的平均收入从 1981 年的 12.9 万美元上升至 2012 年的 20.3 万美元，最富裕的 5% 的家庭的平均收入更是从 1981 年的 18 万美元上升至 2012 年的 35.2 万美元。因此，总的来讲，在过去的 30 年间，美国越是富裕的家庭，其收入增长越快。全社会所有家庭的平均收入增长了 51%，最富的 20% 的家庭收入增长了 89%，最富的 10% 的家庭收入增长了 116%，最富的 5% 的家庭增长了 146%，而最富的 1% 的家庭增长了 241%（朱安东，蔡万焕，2012）。

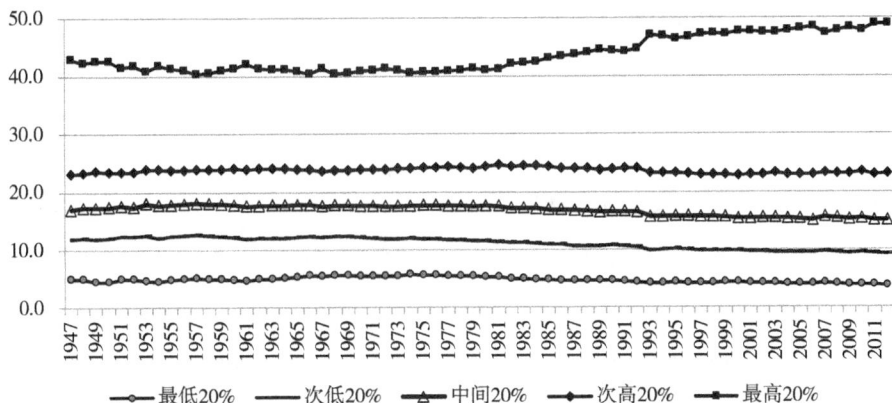

数据来源：笔者根据美国人口普查局统计数据整理

图 2-14　美国各阶层家庭收入占总收入比例

贫富差距扩大的另外一个重要的原因就在于，新自由主义政策实行以来，美国及全球金融化程度不断加深，金融业在 GDP 中的比重不断提高，高收入家庭作为资本所有者，可以更好地利用金融工具实现资本的增值。而普通劳动者则缺乏资金和专业技能，从而无法利用金融市场实现资产性收入的提升。最后，还有学者研究指出，积累的社会结构改变是 1980 年以后美国贫富差距扩大的重要原因。[①] 在新自由主义的政策条件下，积累的社会结构由二战至20世纪70年代的调节主义转向了新自由主义。在调节主义制度结构下，国家适度干预经济，工会力量不断加强，成为工资制定和政治决策中的一个重要力量，资本—劳动的关系得到调和，工人的实际工资随生产力不断增长，资本的利润率缓慢下降。在新自由主义的制度结构下，一方面，在劳资关系中，由于工会力量的削弱，资本再次取得绝对优势，工人的实际工资增长趋缓；另一方面，为了鼓励投资，政府提供了各种优惠政策，从而有利于资本的积累（鲍尔斯等，2009）。

另外，在失业人口与贫困人口增加的同时，美国的老龄化程度也在加剧。1950年，美国65岁以上人口为1304.3万人，老龄化程度为8.3%；1980年，美国65岁以上人口为2598.3万人，老龄化程度为11.3%；2010年，美国65岁以上人口增加至4079.4万人，占总人口的比例为13.1%；2018年，美国老龄化程度进一步提高至15.81%。（见图2-15）

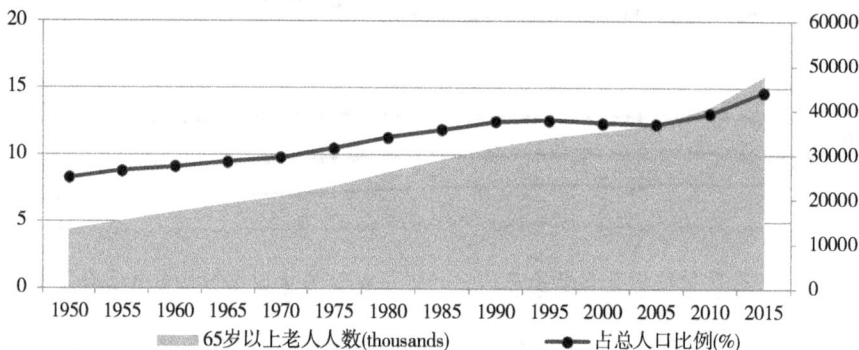

数据来源：联合国经济及社会事务部统计数据

图2-15 1950—2015年美国老龄化状况

---

① "积累的社会结构"理论（social structure of accumulation theory）由David Gordon、Richard Edwards和Michael Reich三位学者于1982年首先正式提出，如今在西方非主流经济学中越来越成为一个很有影响力的理论。其基本理念是：资本主义一个特定发展阶段的资本积累总是对应着一个特殊的社会结构，即一整套包括政治、经济、文化，以及国际、国内制度等在内的统一体。"积累的社会结构"的基本功能就是为资本积累和经济增长提供制度性支持，但其最终将走向衰落，经过较长一段时期的危机和动荡，直到一个新的"积累的社会结构"建立为止。详细可参见丁晓钦、尹兴：《积累的社会结构理论述评》，《经济学动态》，2011年第11期，第107—112页；范春燕：《21世纪"积累的社会结构"理论评析》，《马克思主义与现实》，2012年第5期，第50—55页。

最后，需要指出的是，社会保障支出特别是医疗保险与医疗救助支出，已经成为美国政府最为棘手的问题。需要特别指出的是，尽管美国财政对医疗保险及救助的支出费用特别庞大，人均支出水平几乎为世界最高，但医疗服务和质量却亟待提高，支出效率非常低下。美国的婴儿死亡率位居西方工业国家前列，人均寿命位于世界第 50 位，在经合组织的 27 个国家中位居第 23 位，每年甚至有数万人因没有医疗保险而不必要死亡（乔磊，2010）。

第二节 英国公共债务规模与财政收支演变

一、英国公共债务的起源与规模演变

从历史发展来讲，公共债务起源于西欧国家，产生的关键节点在于封建的王权国家向议会制的现代国家转变。16 世纪，奥地利的哈布斯堡王朝为了筹集对法战争的资金，利用其领地荷兰联邦议会发行债券，并将用于还本付息的税收交给荷兰议会，由此将王朝的“个人债务”转变为经由议会这一公共机构发行的“公共债务”。英国光荣革命之后，来自荷兰的威廉王子继承英国王位，将荷兰发行公共债务的制度引入英国，由此英国公共债务得以出现（赵柯、李刚，2017）。第一次工业革命完成以前，连续不断的战争导致英国公共债务负担率在波动中不断上升，马拉塔第三次战争结束时，英国公共债务负担率达到历史高点 260%。此后由于工业革命完成，推动英国经济实力不断增强，因此债务负担率持续走低，第一次世界大战爆发前夕，1914 年英国债务负担率为 25.3%。然而，两次世界大战的爆发推动英国债务负担率陡增，第二次世界大战结束时，英国债务负担率达到 237%。（见图 2-16）

──── 英国光荣革命后至二战后公共债务负担率走势

资料来源：Reinhart, Camen M. and Kenneth S. Rogoff. *From Financial Crash to Debt Crisis*[R]. NBER Working Paper 15795, March 2010

图 2-16 1692—1945 年英国公共债务负担率走势

二战结束以来，英国公共债务的发展大致经历了以下五个阶段（见图 2-17）：

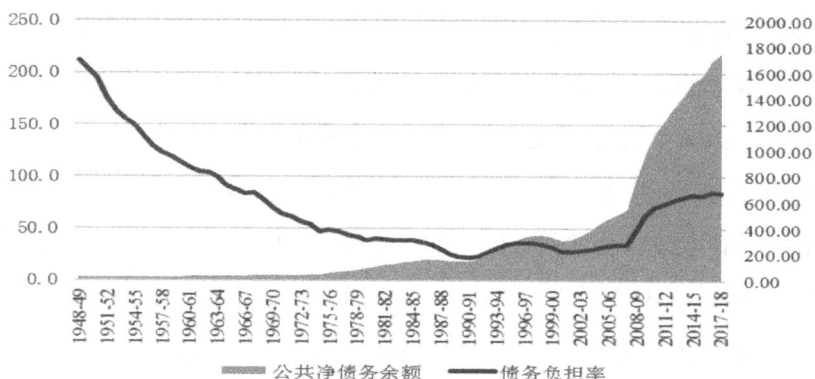

▨▨▨ 公共净债务余额 ━━━ 债务负担率

数据来源：Office for Budget Responsibility. *Economic and Fiscal Outlook*[R]. March 2019

图 2-17 1948—2018 年英国公共债务余额及债务负担率走势

第一，1948—1984 年，公共债务余额呈现稳步增长的态势，但债务负担率显著下降。这一段时间财政政策的总体指导思想为凯恩斯主义，但 20 世纪 60 年代以后稍微有所调整。1948—1949 年，英国公共净债务余额为 245.1 亿英镑，1983—1984 年为 1392 亿英镑，年均增长 5.1%，债务负担率从 1948—1949 年的 211.6% 降至 1983—1984 的 38.9%。

第二，1984—1990年撒切尔夫人执政后期，公共债务余额规模稳中有降，公共债务负担率进一步降低。1985—1986年英国公共净债务余额为1571.0亿英镑，1989—1990年债务余额为1448.6亿英镑，年均下降2%，债务负担率从1985—1986年37.1%降至1989—1990年的21.8%。

第三，1991—1997年，公共净债务余额与债务负担率再次攀升阶段。1991—1992年，英国公共净债务余额为1632.5亿英镑，1996—1997年公共净债务余额上升至3382.2亿英镑，年均增长15.7%，债务负担率从22.9%回升至36.9%。

第四，1998—2007年，公共净债务余额规模与债务负担率比较稳定的阶段。1997—1998年英国公共净债务余额为3520.7亿英镑，2006—2007年稳步增至5117.1亿英镑，年均增长4.2%，债务负担率从36.7%微降至34.4%。

第五，2008年国际金融危机以来，为了应对金融危机的冲击，公共净债务余额显著增加，债务负担率短期激增后逐步趋于稳定。2007—2008年英国公共净债务余额为5486.8亿英镑，2017—2018年上升至17510.8亿英镑，年均增长12.3%；债务负担率从35.2%上升至2013—2014年的80.2%，2017—2018年进一步升至84.7%。

二、英国财政赤字总量及结构的历史演变

自1948年以来，英国的公共债务总体经历了从基本稳定到大幅上升的转变（见图2-18）。

1948—1984年，公共债务规模稳步增长阶段，财政赤字占GDP比例的平均值为1.7%，1975—1976年达到最大值6.3%；平均财政赤字规模26亿英镑，1983—1984年达到最大值118亿英镑。其中值得注意的是1973—1981年，财政赤字占GDP的比例均高于《马斯特里赫特条约》规定的3%国家安全线。

1985—1990年，公共债务规模稳中有降阶段，财政赤字占GDP的比例同样也呈直线型下降趋势，且其年平均值为1.2%，其中1984—1985年的财政赤字占GDP比例为3.3%。

1991—1997年，公共债务规模再次攀升阶段，财政赤字占GDP的比例经

历了倒"V"形转弯,由 1990—1991 年 0.9% 的起点上升至 1993—1994 年峰值 6.6%,随之又下降至 1997—1998 年的 0.9%,该阶段财政赤字占 GDP 的年平均值为 4.2%。

1998—2007 年,公共债务规模处于较稳定阶段,此时的财政赤字占 GDP 比例由 1997—1998 年的 0.9%,下降至 2000—2001 年的最低值,然后又一路上升到 2004—2005 年的 3.5%,该阶段财政赤字占 GDP 的年平均值为 1.3%。

2008 年国际金融危机的发生,使得财政赤字急剧上升,此时的财政赤字占 GDP 比例也远超《马斯特里赫特条约》规定的 3% 国家安全线,其中 2009—2010 年达到 20 世纪 90 年代以来的最高值 9.9%,2008—2018 年财政赤字占 GDP 的年度平均值高达 5.5%。

综上可得,财政赤字与公共债务规模的变化轨迹基本相同,财政赤字的扩大伴随着公共债务规模的增加,而财政赤字的减小,也与之伴随的是公共债务规模的相对平稳。

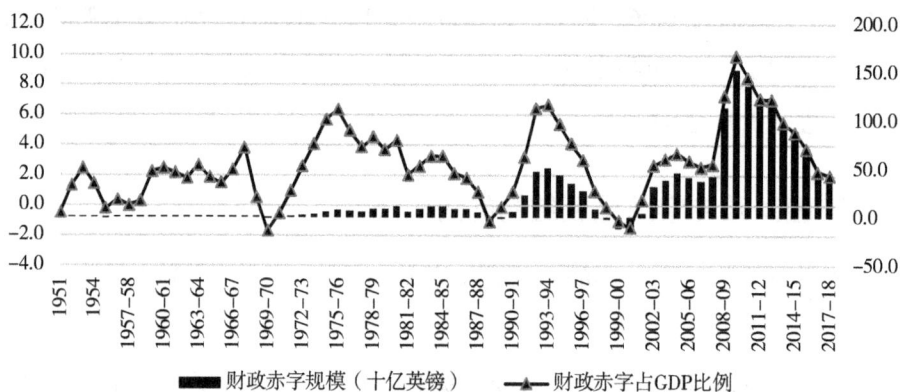

财政赤字规模(十亿英镑)   财政赤字占 GDP 比例

数据来源:Office for Budget Responsibility. *Economic and Fiscal Outlook* [R]. March 2019

图 2-18 1951—2018 年英国财政赤字规模及占 GDP 的比例

依据政府的宏观调控职能,可以将财政赤字分为经常性赤字和投资性赤字。所谓经常性赤字,我们一般将其以公共财政的概念来理解,即为社会提供公共产品与公共服务的政府分配行为,是与市场经济体制相适应的一种财政管理体制。公共财政主要着眼于满足社会公共需要,弥补"市场失效"缺陷，在市场经济条件下，市场在资源配置中发挥基础性的作用，但也存在市场自身无法解决或解决得不好的公共问题。比如，宏观经济波动问题、垄断问题、外部性问题等，解决这些问题，政府是首要的"责任人"。也就是说市场无法解决或解决不好的，属于社会公共领域的事项，公共财政原则上就必须介入，而经常性赤字的发生也就意味着社会公共的服务支出大于公共收入。对于投资性赤字的理解，即以政府为主体，将其从社会产品或国民收入中筹集起来的财政资金用于国民经济各部门的一种集中性、政策性投资。那么投资性赤字的发生也就是过高将筹集到的财政资金用于外部效应较大的公用设施、能源、交通、农业以及治理大江大河和治理污染等有关国计民生的产业和领域。对于经常性赤字和投资性赤字的理解，可以帮助我们更好地分析英国的财政赤字结构。

由图 2-19 可知，英国的财政赤字构成中投资性赤字总是大于经常性赤字，且二者同变化。具体来看，经常性预算呈波动型变化，1948 年至 1974 年为经常性赤字阶段，在 1970 年达到最大值，占 GDP 的比例达到 8%；随后在 1976 年至 1987 年间，处于盈余阶段，该阶段整体财政盈余占 GDP 比例在 1% 左右；撒切尔执政期间，1988 年至 1991 年间，经历了小幅度的经常性赤字，占 GDP 比例最大值为 2%；随后的梅杰政府期间，经常性赤字盈余在 1995 年占 GDP 的比例达到 5%，随后又经历了赤字阶段；在 2004 年布莱尔政府期间，经常性赤字盈余呈倒"V"形变化，在 2010 年占 GDP 比例达到最大值 6.5%。至此，经常性预算经历了三起三落的变化，长期的经常性赤字表明英国政府在市场经济的调节下，公共税收的增长低于公共服务支出的增长速度。对于投资性预算，除了 1989 年至 1991 年间和 1999 年至 2003 年间两个阶段呈投资性赤字，其余年份均处于盈余阶段，投资性赤字占 GDP 的比例在 2002 年达到最小值 2.3% 左右，投资性盈余在 2011 年达到最大值 8%，投资性盈余的存在说明政府对较大外部效应的财政资金支出处于长期紧缩状态。（见图 2-20）

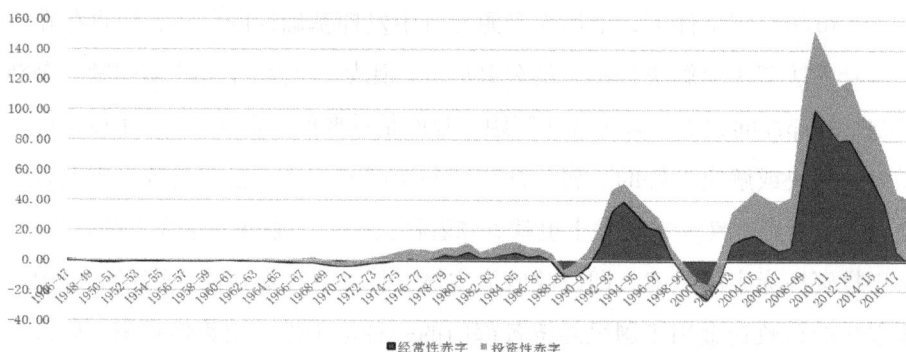

数据来源：Office for Budget Responsibility. *Economic and Fiscal Outlook* [R]. March 2019

图 2-19　英国经常性赤字和投资性赤字构成

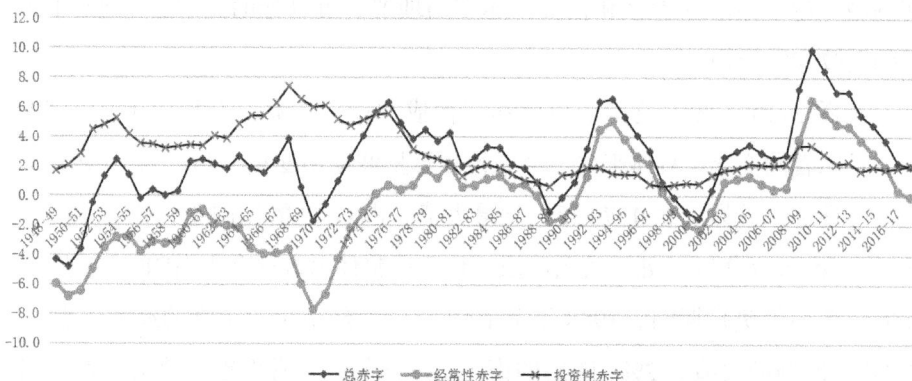

数据来源：Office for Budget Responsibility. *Economic and Fiscal Outlook* [R]. March 2019

图 2-20　英国财政赤字占 GDP 的比例

以上是从宏观层面对英国的财政赤字的情况进行分析，这对于理解公共债务规模扩张的原因还不充分，需要我们从财政收支的结构方面进行更深层次的分析。

三、英国财政收支总量及结构的历史演变

（一）财政收支总量变化趋势

二战以后至今，从财政支出来看，英国公共财政支出占国民收入的整体趋势较为平稳，1951—2018 年财政支出占 GDP 的总体比例在 34.1% 和 46.4%

之间波动，年度平均值为 39.2%，最低的年份是 1999—2000 年，最高的年份
是 1975—1976 年。1951—1967 年，财政支出呈弱"U"形变化，1951 年至
1957 年，财政支出占 GDP 的比重由 41% 下降至 35.5%，下降幅度为 5.5%，
1958 年至 1967 年，财政支出占 GDP 的比重由 35.5% 上升至 43.2%，上升幅度
为 7.7%，即该年段整体涨幅为 2.2%，且年度财政支出占 GDP 的比重为 38.3%；
1968 年至 1972 年财政支出占 GDP 的比重呈线性下降趋势，整体下降幅度为
3%，财政支出占 GDP 的平均比重为 39.9%；1973—1980 年间整体呈倒"U"形
变化趋势，其中 1975—1976 年为最大值，财政支出占 GDP 的比重为 46.4%，
该年段财政支出占 GDP 的平均比重 43%；1981—1982 年财政支出占 GDP 的
比重为 43%，1990—1991 年为 34.7%，即从 1981 年至 1991 年总体呈下降趋
势，降幅达 8.3%，该年段的财政支出占 GDP 的平均比重为 39.2%；1992 年至
2010 年财政支出占 GDP 的比例呈曲折形上升趋势，1996 年底布莱尔政府执政
时，公共财政支出占国民收入的比例为 35.3%，1999—2000 年下降至 34.1%，
受金融危机的影响，2009—2010 年财政支出占国民收入的比例达到 44.9%，
该年段的平均比重为 37.5%；2011 年至 2018 年财政支出占 GDP 的比重呈直线
下降趋势，由 2010—2011 年的 44.7% 下降至 2017—2018 年的 38.5%，降幅为
6.2%，年平均比重为 41.2%。（见图 2-21）

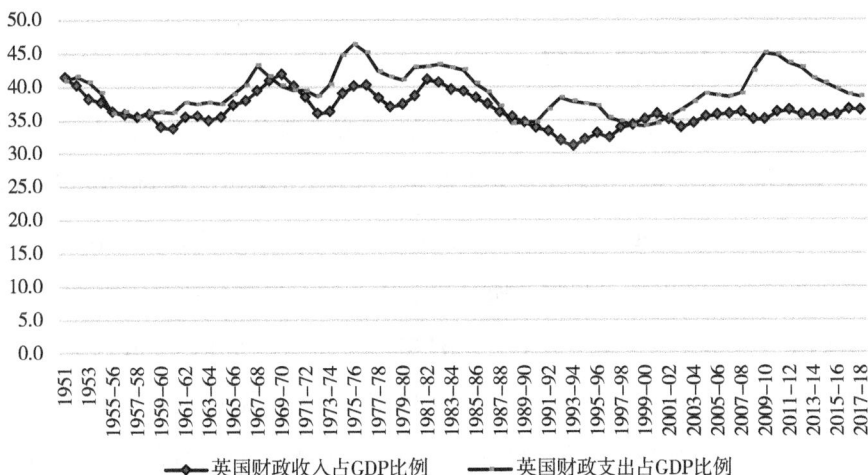

数据来源：Office for Budget Responsibility. *Economic and Fiscal Outlook*[R]. March 2019

图 2-21 1951—2018 年英国财政收支占 GDP 的比例

从财政收入来看，自1951年至2018年财政收入占GDP的总体比重在31.1%（1993—1994）和41.9%（1969—1970）之间波动，且其各时期的趋势与财政支出占GDP比重的走势基本一致，财政收入占GDP的年度平均比重为36.5%。1951年至1961年，财政收入占GDP的比重呈线性下降，从1951年的41.4%到1961—1962年的33.7%，降幅为7.7%，该年段的财政收入占GDP的年度平均比重为36.9%；相对于上一阶段，1963年至1970年则呈线性上升，1969—1970年财政收入占GDP的比重达到最大值41.9%，涨幅为8.2%，整体较1951年至1961年上升0.5%的比重；1971年至1982年财政收入占GDP的比重呈"W"形，其中1970—1971年、1972—1973年、1976—1977年、1978—1979年、1981—1982年财政收入占GDP的比重分别是40.1%、36%、40.2%、37%、41%，该年段财政收入占GDP的年度平均比重为38.5%；1983年至1994年间，财政收入占GDP的比重呈直线下降，由1983—1984年的39.6%下降至1993—1994年的31.1%，实现最大降幅9.9%，其财政收入占GDP的年度平均比重为36%；1995年至2018年财政收入占GDP的比重呈曲线形上升，截至2018年，财政收入占GDP的比重达到36.4%，涨幅为5.3%，年度平均比重为35.1%。

（二）财政收入结构变化分析

依据财政收入的来源，英国的财政收入主要分为八大类别：收入与财产所得税、生产税、其他经常性税收、资本所得税、强制性社会贡献（mandatory social contribution）、利息与股息收入、租金和其他转移性收入、总的结业盈余。其中收入与财产所得税、生产税和强制性社会贡献为收入的主要来源，占总收入的84%以上，2007年达到最大值93.13%。收入和财产所得税由1946年的48.83%降至2018年的35.17%，生产税由1946年的36.2%变化至2018年的37.92%，尽管在整体上前者占财政收入的比例高于后者，但在1992年至1997年和2011年至2018年两个时间段，后者较高于前者，且其年度平均高 1.91% 和 2.64%,对于强制性社会贡献占财政收入的比例是稳定增长状态,由 1946 年的 4.8% 上升至 2018 年的 18.63%,即该期间内强制性社会贡献对财政收入的占比大约扩大 3.9 倍。(见图 2-22)

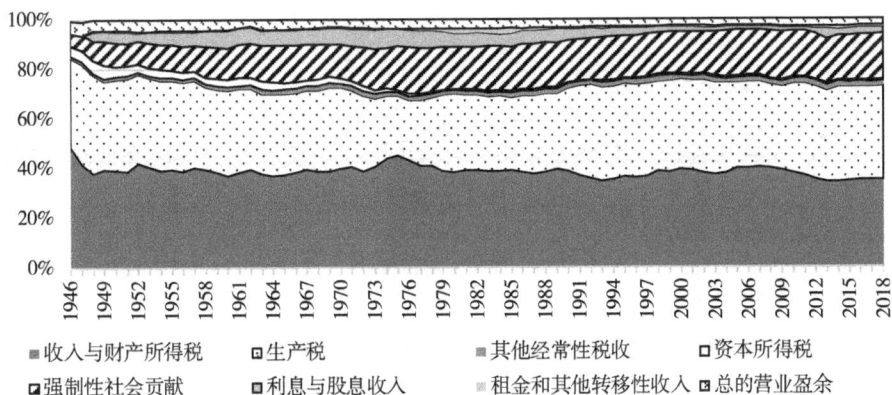

数据来源:Office for Budget Responsibility. *Economic and Fiscal Outlook*[R]. March 2019

图 2-22 英国各项财政收入构成变化

从各类收入占 GDP 的比例来看,收入与财产所得税整体呈波动型下降的变化。1949 年至 1958 年降幅猛烈,由 13.25% 降至 11.54%;1959 年至 1982 年经历了两个"W"形变化过程,其中 1959 年至 1967 年呈小"W"形,先降至 1960 年的 10.13%,接着上升至 1962 年的 11.64%,再次下降至 1964 年的 10.25%,最后上升至 1967 年的 12.50%,该期间平均变化幅度为 1.64%;1970 年至 1982 年呈大"W"形,由 1970 年的 13.32% 降至 1972 年的 11.38%,接着上升至 1975 年 14.28%,再次下降至 1979 年的 11.22%,最后上升至 1982 年的 12.76%,该期间平均变化幅度为 2.36%;1983 年至 1993 年为跳跃式下降,降幅为 2.51%;1994 年至 2015 年呈"M"形,由 1994 年的 10.46% 上升至 2000 年的 13.01%,接着下降至 2003 年的 11.78%,随后上升至 2007 年的 13.27%,最后下降至 2014 年的 11.25%。(见图 2-23)

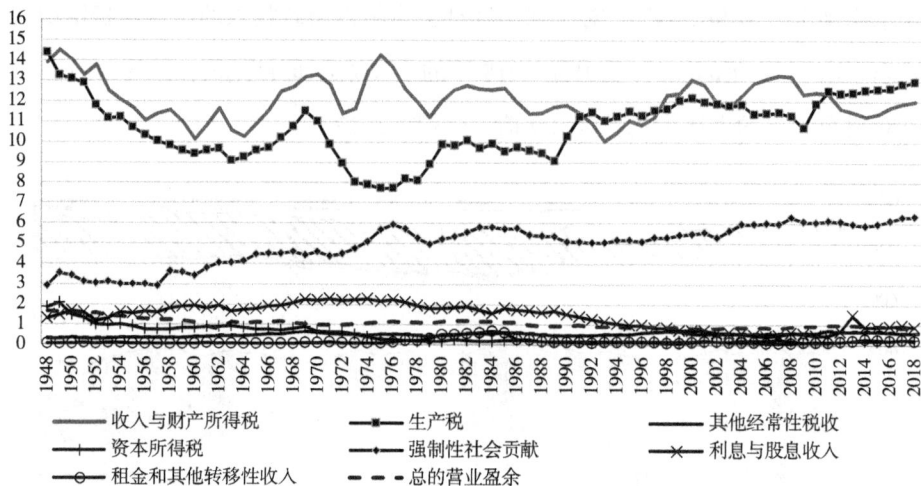

数据来源：Office for Budget Responsibility. *Economic and Fiscal Outlook*［R］. March 2019

图 2-23 英国各项收入占 GDP 的比例

生产税占 GDP 的比例总体呈跳跃式下降，变化年份相比于收入与财产所得税而言有相同也有不同，相同点在于 1948 年至 1963 年均是下降幅度较大，生产税占 GDP 比例由 14.40% 降至 9.7%；1964 年至 1969 年为上升阶段，比重由 9.22% 上升至 11.49%。不同点在于 1970 年以后。生产税总体呈波动型下降，而收入与财产所得税呈波动型上升，其中 1970 年至 1980 年，生产税占 GDP 的比例呈倒"V"形变化，由 1970 年的 11.49% 降至 1976 年的 7.72%，再升至 1980 年的 9.86%。

强制性社会贡献占 GDP 的比重呈稳中上升的变化，从 1948 年的 2.89%，上升至 1976 年的 5.93%，平均值为 3.36%；从 1977 年的 5.72% 上升到 2018 年的 6.36%，平均值为 5.62%。

利息与股息支出占 GDP 的比重为先上升后下降的走势，1948 年至 1974 年，比重由 1.33% 上升至 2.29%，涨幅为 0.96%；1975 年至 2018 年，由 2.15% 降至 0.89%，降幅为 1.26%。

总的营业盈余和资本所得税占 GDP 的比例都逐渐减小，不同的是前者下降幅度较为平稳，而后者降幅较大。总的营业盈余占 GDP 的比重由 1948 年的

1.66% 下降至 2018 年的 0.87%，该期间的年度平均值为 1.07%；资本所得税占 GDP 的比重由 1948 年的 1.86% 下降至 2018 年的 0.25%，年平均值为 0.48%，较总的营业盈余低 0.59%。

其他经常性税收占 GDP 的比重为缓慢增长型，年平均占比为 0.51%；租金和其他转移性收入占 GDP 的比例可以分为三个阶段，第一阶段，1948 年至 1975 年平稳阶段，年平均占比为 0.08%；第二阶段呈倒 "U" 形变化，由 1976 年的 0.15% 上升至 1984 年的 0.7% 随之下降至 1989 年的 0.13%；第三阶段同样成平稳状态，年平均占比为 0.16%，是第一阶段的 2 倍。

综上所述，就财政收入结构而言，1991 年前，收入与财产所得税占 GDP 的比重最大，但在 1991 年至 1997 年和 2011 年之后，逐渐被财产税占比超过，但从总体上来看，二者占 GDP 的比重是下降的，因为与此同时，强制性社会贡献不断增加，成为财政收入的第三类主要来源，在一定程度上代替了前两者对财政收入的贡献。

（三）财政支出结构变化分析

从财政支出功能方面看，英国的财政支出主要包含七大类：商品与服务支出（goods and services expenditure）、补贴（subsidy）、社会净福利（social net welfare）、经常性海外净拨款（regular overseas net appropriation）、政府间经常性净拨款（intergovernmental regular net appropriation）、其他经常性拨款（other recurrent grants）、基于增值税和国民收入对欧盟的贡献支出（contribution to the EU based on VAT and national income）、利息和股息支出（interest and dividend payments）。其中商品与服务支出、社会净福利和政府间经常性净拨款构成了英国财政支出的重要组成部分，占全部财政支出的 68.22% 以上，该三项支出总和占财政支出总额的比例呈缓慢上升状态，年度平均值达到 81.57%，其中 1991 年达到最大值 87.79%，2018 年为 84.96%；此外，补贴占财政支出的比重降幅较大，1948 年所占比重达到 16.22%，2014 年补贴支出仅占财政支出的 1.02%，二者比值高达 16 倍；其他经常性拨款占财政支出的比重为先降后升再降的走势，最大值为 2002 年的 5.5%。（见图 2-24）

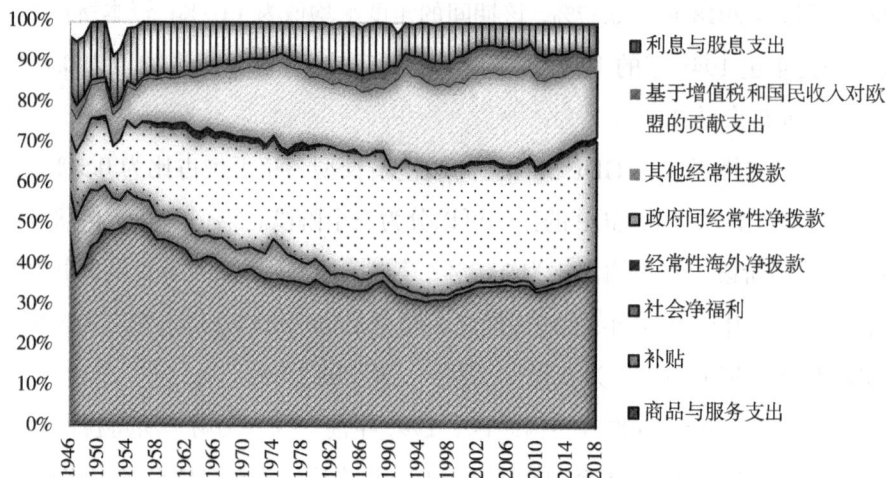

数据来源：Office for Budget Responsibility. *Economic and Fiscal Outlook*［R］. March 2019

图 2-24 各类财政支出构成变化

就各类支出占 GDP 的比例来看，商品与服务支出占 GDP 的比重呈波动态势，由 1948 年的 12.17% 上升至 1952 年的 15.3%（达到峰值）。随后波折型下降至 1979 年的 9.97%，最后又上升至 2018 年的 12.29%。其中值得注意的是，在 1979 年至 2018 年期间，商品与服务支出与社会净福利二者的变化趋势取向一致，具体来看，商品与服务支出占 GDP 的比重由 1979 年的 9.97% 上升至 1982 年的 11.18%，接着下降至 1989 年的 9.48%，随之上升至 1992 年的 10.60%，接着再次下降至 1998 年的 9.49%，随之再次上升至 2009 年的 12.9%，最后第三次降至 2018 年的 12.29%，而整个阶段社会净福利的变化趋势完全相同。

社会净福利和政府间经常性拨款二者总体上均呈上升趋势，但二者在 1982 年至 2010 年期间呈反向变化。社会净福利呈 "M" 形走势，而政府间经常性拨款呈 "W" 形变化，具体来说，在 1982 年、1989 年、1993 年、2000 年和 2010 年这五年社会净福利占财政支出的比重分别为 10.24%、7.82%、10.46%、8.79% 和 11.09%；政府间经常性拨款占财政支出的比重分别为 5.05%、4.02%、7.42%、6.01% 和 8.04%，从数据中也可以更直观地看到该期间的涨幅方向完全相反。

利息与股息支出和补贴二者占 GDP 的比例均为下降趋势，其中利息与股息支出占比由 1948 年的 4.49% 降至 2018 年的 2.41%，降幅为 2.08%；补贴占比由 1948 年的 4.81% 降至 2018 年的 0.74%，降幅为 4.1%，由此可以看出，后者降幅约为前者的 2 倍，即英国后期在补贴上的支出较少。

经常性海外拨款占 GDP 的比例总体来说较小，在 1948 年至 1955 年期间，除了 1950 年和 1951 年占 GDP 的比例分别为 0.12% 和 0.09%，其余均为负值，此后其 1991 年再次下降至 –0.38%，2018 年达到 –0.56%。

其他经常性拨款总体来说占 GDP 的比重具有阶段性特点，1948 年至 2010 年由 0.67% 缓慢上升至 1.8%，随之在 2011 年至 2018 年由 1.53% 下降至 0.82%。

1973 年，英国加入欧盟，1979 年英国的财政支出多了基于增值税和国民收入对欧盟的贡献支出，当年占 GDP 的比重为 0.36%，1979 年至 1995 年间，基于增值税和国民收入对欧盟的贡献支出对 GDP 的占比持续增加至 0.78%，1996 年至 2018 年间由 0.76% 又降至 0.56%。

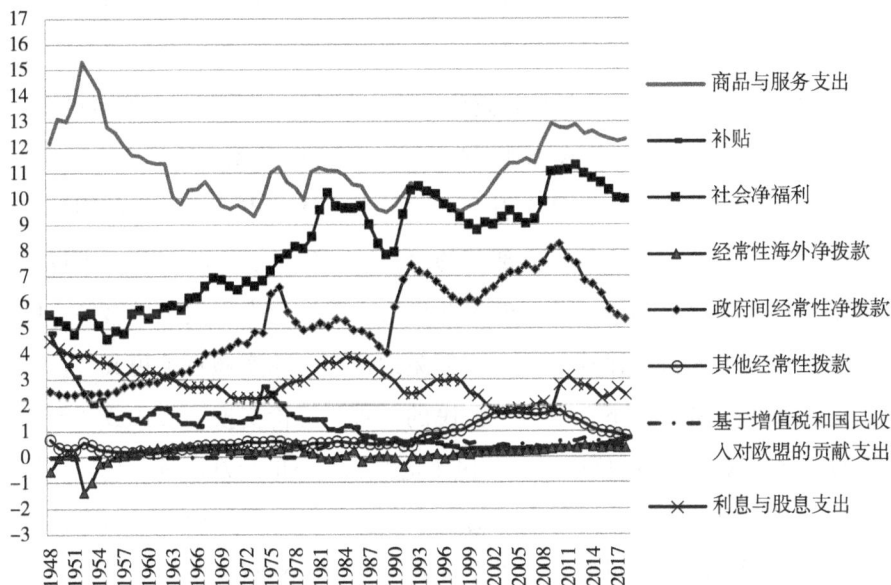

数据来源：Office for Budget Responsibility. *Economic and Fiscal Outlook* [R]. March 2019

图 2-25 英国各类财政支出占 GDP 比例

从以上分析中可得知，以财政支出的角度而言，英国的商品与服务支出是财政支出的重要部分，其次的社会净福利和政府间经常性拨款二者所占比例均较大，但总体来说可以分为两个阶段，1948 年至 1978 年为第一阶段，该阶段商品与服务支出呈下降趋势，而社会净福利与政府间经常性拨款呈上升趋势；1979 年至 2018 年为第二阶段，该阶段，商品与服务支出和社会净福利二者变化趋势一致，而政府间经常性拨款则与二者呈反向变化。比重方面总体来说，商品与服务支出高于社会净福利和政府间经常性拨款，且后两者之间会因对一方的支出比重加大，而缩减对另一方的支出，致使二者在不同的时间段两项财政支出占比是相对稳定状态。

四、财政收支失衡的基本原因

（一）高额公共支出下的低征税效应

在政治体制方面，英国是西方代议制民主的发祥地，也是世界上较早实行普选制的国家。在这样的背景下，公众则更愿意倾向于对自己受益更大的一方，即选民希望政府实行扩张性财政政策，加大对公共商品与服务的支出，而不愿政府过多地增加税收来弥补财政赤字，增加财政盈余。

从商品与服务支出的角度来看，财政平衡意味着市场或私人部门消费的公共商品和服务的价值应与私人部门的付款是一致的，这既要求在市场经济条件下政府切实尊重和保护公民的消费权力，为纳税人提供优质服务，同时也要求纳税义务人按法律规定及时足额缴纳税金，切实履行纳税义务。简言之，这是市场经济条件下，政府与公民的一种"等价交换"形式或"契约精神"的建立。基于这样的原则，反观民主选举制度下的公众心理，公民交出经济权力，换取政治权力，使其个人的经济利益能够得到保护，但细思公民换取政治权利背后的真正目的，不难发现其实是为了获取更大的经济利益。因为他们往往会低估商品和服务的"直观成本"，从而反感政府的"高税收"基准。这样的双方不统一情况，最终会导致政府将更多的财政资金用于公民更偏好的商品与服务，同时降低税收，满足选民的心理。长此以往，这种高额商品与服务支出下的低征税现象，会使得财政赤字逐渐增加，此时政府为了弥补财政赤字，只能进行超额的债务融资。

（二）社会矛盾加剧导致社会福利制度持续增加

英国的福利制度在世界上至今都是比较具有完备性和代表性的，如前文所述，1946 年至今，英国的社会净福利完成了从 0.59 亿到 2018 年 213 亿元的支出额，截至 2018 年，社会净福利占 GDP 比重达到 10%。具体来说，英国的现代福利制度的建立源于 1942 年《贝弗里奇报告》，该报告囊括了医疗、失业、卫生、教育、养老等多层次全方位的社会福利制度。该报告中主要提出了三个原则：一是普享性原则，即社会保障的覆盖范围由原来的贫困阶层扩大至所有公民；二是统一性原则，即政府通过国民收入再分配的方式统一实施社会保障制度；三是均一性原则，即从"摇篮到坟墓"的全民保障体系。这一报告是建立在国家的积极发展是为了增进所有公民的福利而存在的。

继《贝弗里奇报告》的问世，英国政府急需解决二战后国家的贫穷、失业、疾病等现象，相继出台了一系列相关政策来改善和完善国家社会福利保障体系，具体可以将其分为以下两个阶段。

第一阶段，1945—1979 年福利国家政策的推行、继续和发展时期。1946 年至 1948 年当时的艾德礼政府实施了一系列的社会立法，如《国民保险法》、《国民医疗保健法》及《国民救济法》等，意在顺势进一步打造更为完善的"福利国家"；1951 年起保守党执政的 13 年间，社会福利政策更为完善，且建立了以社会保障、个人社会服务和国民医疗卫生服务三位一体的社会福利保障体系；1965 年颁布了《剩余劳动力付酬法》，同年公民的养老津贴每周提高了 12 先令 6 便士；1966 年出台了《社会保障管理法》，此外政府着手改革了英国的社会保障机构，于 1968 年将"国民健康部"与"社会保障部"合并成立"健康与社会保障部"；20 世纪 70 年代初，希思政府为解决失业问题，把经济上虚弱的罗尔斯·罗伊斯公司和克莱德造船厂收归国有；1976 年英国出现经济危机，被迫中断完善二战后英国福利政策。但总的来看，从二战后到 20 世纪 70 年末，政府一直在着力出台相关政策，延续"福利国家"的发展（蒋道霞，2017）。

第二阶段，1979年至2007年社会福利私有化、多元化的改革和完善期。1979年8月撒切尔夫人上台执政，她吸收了新自由主义理论作为福利制度改革的指导思想，涵盖了养老金、医疗健康、失业保障、公共住房和教育五项改革领域。养老金方面，一方面将养老金直接与零售物价指数（RPI）挂钩，改变以往的以平均工资水平和零售物价指数（RPI）较高者为基准，另一方面降低发放养老金的基数，将计算基础从收入最好的20年改为以一生平均收入为基础计发；医疗健康方面，一直以来，医疗支出占财政支出的比例就处于较高水平，然而较高的医疗支出并没有改变效率低下、医疗落后等现状，所以改革首先加强对全科医生的资格认定，提高医疗水准与服务，其次加大医院自主权，改变政府管制模式，最后扩大私人医疗规模，同时鼓励公立医院实行商业化经营模式，提升行业间的竞争；失业保障方面，政府积极创造就业机会，既鼓励老年人提前退休，为年轻人释放更多就业岗位，同时也加大对贫困落后地区的就业补贴，还推出就业培训计划，使公民掌握更多的技术，以更好地适应时代发展；公共住房方面，一改原有的公房使用制度，提倡公房私有化，这一改革大大增加了公房购买率，同时也减少了很大一部分住房补贴，缩减了财政支出；教育方面，中小学教育的补贴有所下降，同时减少了高等教育助学金费用预算，推行助学贷款替代助学金的教育费用。梅杰政府时期英国经济陷入了新一轮的不景气状态，导致了社会福利开支的增加。1997年布莱尔执政时期，展开了新一轮的社会福利改革之路，该改革以社会民主主义者吉登斯的"第三条道路"作为指导思想，主要在失业救济、养老金、国民医疗和其他社会保障体系中进行改革。失业救济方面，布莱尔政府将青年人失业作为失业救济改革的重中之重，一方面延续了撒切尔改革的技能培训和就业指导政策，同时也鼓励青年失业者积极参与公益性岗位的工作，此外也帮助单亲家庭和残疾人实现就业；养老金方面，首先提高了最低养老金标准，其次将养老金的重心向低收入群体倾斜，使其也得到最大保障，最后提出风险共担养老金计划；国民医疗方面，加大对医疗保障的投入，健全医疗保障体系，增加就医场所，推行更为方便快捷的医疗费用支付方式，定期对医疗机构进行评估；其他社会保障体系方面，如恢复最低工资保障制度，加强对贫困家庭儿童的保护，加大福利监管，严打骗取政府福利津贴的行为等措施（王萌，2017）。撒切尔政府和布莱尔政府一系列相关政策切合了当下的社会发展需要，稳固了社会秩序。

　　总的来说，自撒切尔夫人改革以来，英国社会福利体系由"普遍性原则"改为"有选择性原则"，核心在于重点照顾低收入者和丧失工作能力的人，因此社会福利支出上升的原因在于低收入人群增加以及失业人口居高不下。从前述英国公共扩张的历史趋势来看，20世纪80年代以来，除撒切尔夫人第一届执政和布莱尔执政时期，英国公共债务总体处于不断扩张的趋势，其中，快速上升的主要两个时间区间为1990—1996年以及2007—2013年。从失业率的变化来看，上述这两个时间都处于失业率高企的阶段。从英国的贫困人口来看，二战后，英国贫困人口比率趋于下降，但20世纪80年代以来英国贫困人口不断上升，1980年英国贫困率为16.7%，1990年为17.1%，2000年上升至18.3%。进入21世纪后，贫困率继续增加，2017年上升至20%以上，贫困人口数量达到1430万人。贫困率上升的重要原因一方面在于失业率居高不下（见图2-26），另一重要原因在于收入分配差距扩大。根据皮凯蒂的研究，二战后至20世纪70年代，欧美等发达国家的收入差距呈缩小态势，20世纪80年代以后不断扩大，在欧洲各国中，最不平等的案例是英国，前10%的人收入占比达到40%。

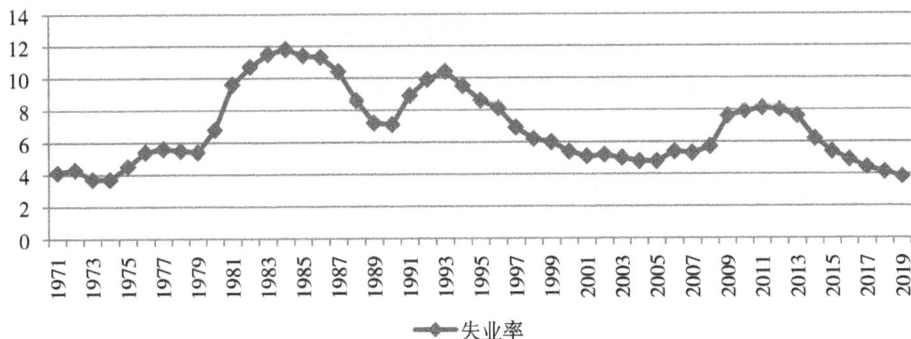

数据来源：英国统计局网站，https://www.ons.gov.uk

图 2-26　1971—2019 年英国失业率趋势

（三）地方对中央的过度依赖导致中央财政支出增加

英国作为典型的单一集权财政体制国家，由英格兰、苏格兰、威尔士和北爱尔兰地理区域组成。从英国的财政划分体系来看，主要由三级政府构成中央—郡（市）—教区或镇，郡级及其以下政府统称为地方政府。根据英国财政部的统计分析报告可得知，近几年英国中央政府支出约占总支出的76%，地方财政支出约占23%，剩余1%多为国有企业支出（黄景驰，蔡红英，2016）。

英国政府间的转移支付主要包括两个层次：第一，中央政府对英格兰、苏格兰、威尔士和北爱尔兰四个地区的财政拨款，此项拨款主要依据各地区的人口比例。第二，中央政府对地方政府的转移支付和补贴，主要分为三类：营业税返还（不指定用途）、资本性补贴和经常性补贴。其中资本性补贴主要包括中央支持的资本性支出和用于地方基础设施建设的中央支出补贴；经常性补贴分为不规定用途无条件转移支付的收入支持补贴，以及其他规定用途的如教育、治安、住房建筑、公路维护等专项补贴。然而由统计数据可知，每年英国地方政府的总收入中有58%—74%是由中央政府的转移支付和各种补贴组成。由此可以看出，地方收支的缺口较大，进而造成了对中央政府的过度依赖。英国中央政府一方面需要担负着国防、外交、社会保障、医疗等国家层面的财政支出，另一方面还要给予地方政府巨额补助。中央赋予地方政府补助的同时也赋予其相应的责任，由地方政府负责执行相关的公共服务职能，但其却未能建立充分的制度体系以保证资金的合理运用，从而使得中央财政资金的效用低下，继而地方政府则需更多的政府补贴来完成原有的既定目标，长此以往的循环，势必会对中央政府造成巨大的财政压力。

第三节　日本公共债务规模与财政收支演变

一、战后日本公共债务规模演变

第二次世界大战时，日本实行对外的军事扩张战略，期间战争所需军备费不断增长，尽管战争期间日本国内实施了增税政策以增加财政收入，但面对疯狂增长的军备开支仍是难以为继，为筹措军费，日本政府大量发行公债弥补资金缺口。1945 年二战结束，日本宣布投降，战争对日本经济造成近乎毁灭性打击，基础设施损毁严重，物资严重匮乏，生产崩溃，通货膨胀严重，同时伴随严重财政赤字。为恢复经济，抑制通货膨胀，在美国的主导下日本实行了"道奇计划"，确立了平衡预算原则，停止发行国债，不再以公债作为其财政收入来源，日本国债相对规模开始下降，但就战后 70 余年日本公共债务变化趋势而言，日本公共债务规模总体在不断上升，直到今时成为全球债务负担率最高的国家。公共债务规模的变化与财政预算理念、政策制定与实施效果以及国内外经济形势密不可分，日本战后公共债务规模的变化大体可分为五个阶段：

第一，战后至 1964 年，公共债务相对规模不断下降阶段。二战时，日本财政服务于对外侵略的军事目的，不断增加国债发行，战后日本破败，财政赤字严重，根据 IMF 统计数据显示，1946 年日本债务负担率为 55.98%，占当年国民生产总值的一半。面对满目疮痍的国家，日本政府将经济恢复作为首要目标，同时确立财政预算平衡思想，如其出台的《财政法》第四条规定"国家的岁出，必须以公债或借款以外的岁入作为其财源"。日本解决财政赤字和通货膨胀问题，得益于将公债排除在财源之外的举措以及经济恢复，债务负担率不断下降，到 1964 年，日本债务负担率仅为 4.44%，几乎要完全摆脱债务。

第二，1965 年至 1970 年，公共债务规模略有上升阶段。20 世纪 60 年代初期日本公共债务形势一片向好，然而 1965 年出现转变，由于日本政府对经济发展形势判断失误，虽然财政仍奉行平衡预算原则，仍于战后首次发行了赤字国债，不过随着经济形势好转，以及财政健全改革，到 1970 年建设国债发行额逐年下降，1970 年日本债务负担率为 11.95%。

第三，1971 年至 1987 年，公共债务相对规模平稳增长阶段。通过战后 20多年的努力，日本经济高速发展，20 世纪 70 年代进入先进国家之列，开始向"高福利型国家"转变，期间财政预算理念也发生了重大变化，由不发行国债的预算平衡原则转为允许出现财政赤字的周期性预算平衡原则再到新自由主义财政，伴随着经济高速增长，债务负担率也开始攀升，自此正式拉开日本国债发行和债务增长的大幕。根据 IMF 统计数据计算，1971 年日本公共债务余额为 9.08 万亿日元，债务负担率为 14.18%，到 1987 年债务余额为 261.5 万亿日元，债务负担率达 72.46%，17 年间翻了 5 倍。

第四，1988 年至 1991 年，公共债务相对规模略有下降阶段。20 世纪 80年代受新民主主义思想影响，日本政府进行一系列财政改革，向"小政府"转型，针对长期财政赤字问题进行财政重建，包括进行行政改革削减财政支持、进行税制改革、减少国债发行额，并于 1991 年消灭了赤字国债，但仍有建设国债。通过努力，20 世纪 80 年代末期日本债务负担率有所下降，从 1988 年的70.35% 下降到 1991 年的 66.49%，降幅约 4%，但绝对额仍然上涨，由 272.89万亿日元上升至 318.35 万亿日元，相对以往增长速度放缓。

第五，1992 年至 2018 年，公共债务相对规模高速增长阶段。受泡沫经济崩溃影响，1992 年日本债务负担率重新上升为 71.22%，债务余额达 349.91万亿日元，面对严峻的经济形势，为恢复经济增长，日本政府重新选择了传统的凯恩斯主义需求管理政策，扩大财政支出及减税，财政收支缺口则通过发行国债来弥补，加之从 20 世纪 90 年代开始长期经济增长低迷，债务负担率除偶有降低外一路飙升，1996 年首次超过 GDP，达 102.29%，债务余额达537.85 万亿日元。2009 年债务负担率更是超过国民生产总值的两倍多，达到210.25%，根据 IMF 的统计数据计算，2018 年日本债务负担率为 238%，债务余额为 1306.39 万亿日元。

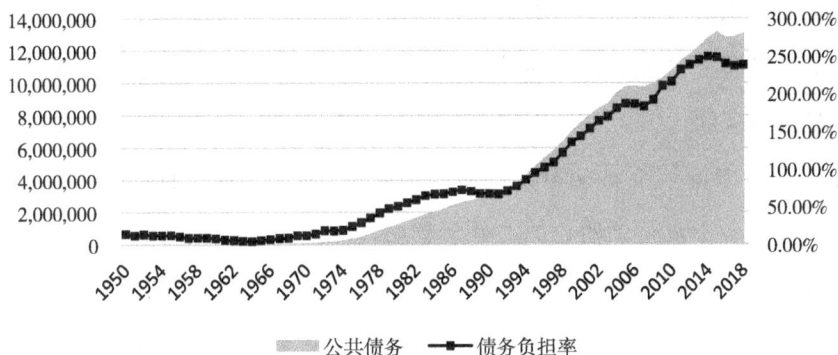

资料来源：IMF 网站，https：//www.imf.org/external/index.htm；日本内阁网站 https：//www.cao.go.jp/；《战后日本经济社会统计》

图 2-27　1950—2018 年公共债务额及债务负担率（单位：亿日元）

截至 2018 年 12 月，日本政府债券和国库券的持有者结构如图 2-28 所示。

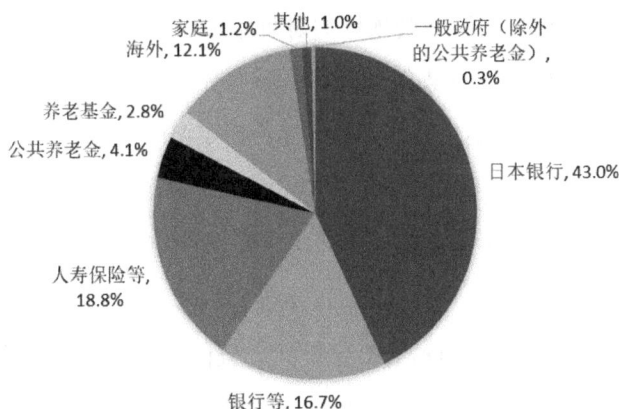

资料来源：日本财务省网站，https：//www.mof.go.jp/

图 2-28　日本政府债券和国库券的持有者结构

二、日本财政赤字的历史演变

债务规模增长背后必然是政府财政失衡、入不敷出，当财政收入无法支撑财政支出时，发行国债无疑是最直接、最便捷的弥补收入不足的手段。纵观战后日本财政收支状况，有效验证了这一点，债务规模不断增长的背后是财政赤字的不断增加，日本财政赤字的历史演变历程与公共债务规模变化进程也是相对应的。

第一，1946年至1964年，财政盈余阶段。这一阶段，日本财政受平衡预算制度约束，不发行国债，加之处于战后经济恢复及增长时期，税收增长稳定，财政收入大于财政支出，财政处于盈余阶段，平均财政盈余1914.86亿日元，平均财政盈余占GDP比重为1.75%，此期间日本公共债务相对规模也在不断下降。

第二，1965年至1974年，财政略有赤字阶段。1965年日本政府对经济形势出现误判，政策失误，不得不以补充预算的方式发行赤字国债以弥补财政收入不足，这也是战后首次发行国债，1965年财政赤字1471.20亿元，占当年GDP的0.45%。随后在1966年即停发赤字国债，但仍发行建设国债，由于日本在20世纪60年代仍奉行平衡预算的财政思想，加之"伊奘诺景气"，税收收入大幅上升，政府支出形势得到改善，财政赤字规模逐年下降，1966年财政赤字5726亿日元，占GDP比率为1.5%，到1970年财政赤字下降为756.79亿日元，占GDP的0.1%，可以说几乎完成财政重建目标。但是随着20世纪70年代的到来，日本的财政预算理念发生转变，转为凯恩斯主义财政思想，不再追求单年度的预算平衡，而是采取有计划公债政策，实行周期性预算平衡，1971年日本政府发行国债11871.40亿日元，较前一年度增加3倍多，财政赤字7774.12亿日元，占GDP的0.93%。但总体而言财政赤字压力不大，因为1972年和1973年日本GDP保持了超过8%的较高增长，1973年财政甚至出现2174.75亿日元的盈余，财政赤字占GDP比重平均仅有0.63%，而日本公共债务相对规模在20世纪60年代中期至20世纪70年代中期也基本保持平稳，呈缓慢上升态势。

第三，1975年至1985年，财政赤字增大阶段。20世纪70年代顺应国民需求，日本向"高福利型国家"转型，同时为应对经济增长降速，进行税制改革，实行减税，加大财政支出，不断扩大的财政收支缺口则由国债来弥补，财政赤字由 1975 年的 46679.8 亿日元增加到 1980 年的 135345.6 亿日元，赤字率由 3.04% 上升到 5.47%。进入 20 世纪 80 年代，日本开始进行新民主主义改革，财政上削减开支，寻找新税源增加收入，进行财政重建，希望摆脱对财政赤字的依赖，然而最初效果并不明显，赤字率虽有所下降，但 1985 年仍为 3.42%，财政赤字额 113200 亿日元。11 年间平均赤字率 4.32%，财政赤字总额达 115.6 万亿日元，与之相对应，日本公共债务相对规模也在稳步上长。

第四，1986 年至 1991 年，财政赤字下降阶段。财政重建中期目标失败后，日本政府放弃了"不增税重建财政"的原则，开征消费税以补充税收收入，同时进行民营化改革，加之经济形势好转，1986 年至 1991 年财政赤字有所好转，从 84060 亿日元降至 42860 亿日元，下降近一倍，赤字率也由 2.42% 降至 0.9%，基本达成财政重建目标，此期间公共债务负担率也在近 3 年间有所下降。

第五，1992 年至 2018 年，财政赤字扩张阶段。20 世纪 90 年代开始，日本经济增长速度明显不比以往，经济进入长期低迷时期，受先后经济危机和大地震以及日本社会老龄少子化的影响，财政支出整体呈现不断扩大的走势，税收增长乏力，财政赤字规模急剧增加，虽然在 2012 年至 2015 年赤字率有所降低，但总体是上升趋势，1992 年财政赤字为 85670 亿日元，赤字率 1.74%，2009 年达到高峰为 458141.81 亿日元，赤字率 9.365%，此后逐年有所降低，2015 年降至 309733.17 亿日元，赤字率 5.83%，但最近两年又开始上升，根据 IMF 的预测，2020 年日本的赤字率预计达到 7.0%。20 世纪 90 年代至今日本债务规模是在不断扩大，债务负担率更是一路飙升。

从财政赤字与债务规模同步变化可以看出，持续的财政赤字导致日本债务规模不断增加，当赤字降低时，债务规模也会随之平稳。（见图 2-29）

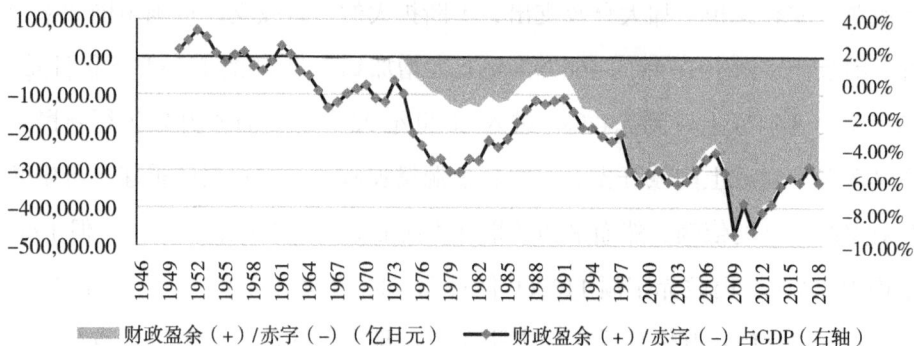

资料来源：日本财务省网站，https://www.mof.go.jp/；万得数据库

图 2-29 日本历年一般会计财政赤字及占 GDP 的比例

三、日本财政收支总量及结构的历史演变

（一）财政收支变化趋势

从财政收入来看，二战后，1950 年至 1970 年，日本政府财政收入占 GDP 比重呈现波折式下降的走势。1950 年财政收入占 GDP 比重为 18.16%，1970 年财政收入占 GDP 比重为 11.14%，下降 7.02%，财政收入占 GDP 平均比重为 13.39%；1971 年至 1983 年除 1975 年财政收入占 GDP 平均比重有所下降外，整体呈现稳步上升的态势。1971 年财政收入占 GDP 比重为 11.93%，1983 年财政收入占 GDP 比重为 17.77%，涨幅达 5.84%，财政收入占 GDP 平均比重为 15.58%；1984 年至 1997 年，日本政府财政收入占 GDP 比重再次表现为波折式下降的过程，但整体下降幅度较 1950 年至 1970 年相比较为平稳。1984 年财政收入占 GDP 比重为 16.92%，1997 年财政收入占 GDP 比重为 15.01%，下降幅度仅为 1.91%，财政收入占 GDP 平均比重为 15.87%；1998 年至 2000 年，财政收入占 GDP 比重略有上升，分别为 17.01%、18.16% 和 17.73%；2001 年至 2008 年，财政收入占 GDP 比重较为平稳，上下小幅度波动，除 2007 年低于 16%，为 15.90% 外，其余年份均在 16% 以上，其中 2004 年和 2008 年超过 17%，总

体财政收入占 GDP 平均比重为 16.66%；2009 年至 2018 年，财政收入占 GDP
比重整体呈现下降趋势。2009 年财政收入占 GDP 比重为 21.88%，2011 年略有
回升，达到 22.38%，此后一路走低，根据日本财务省公布的数据显示，2018
年一般会计财政预算收入占 GDP 比重为 17.80%，10 年间下降 4.08%。（见图
2-30）

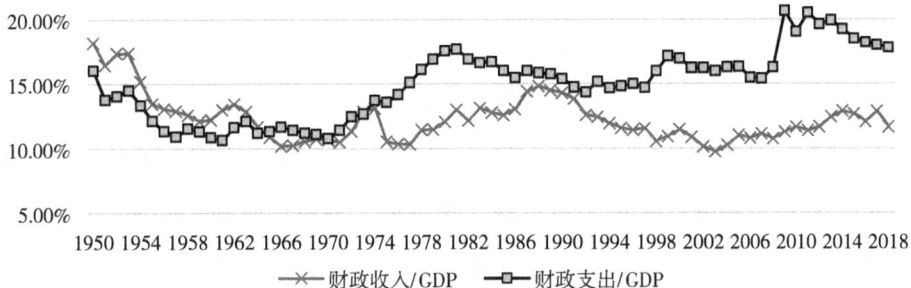

资料来源：根据 IMF、日本内阁府、日本财务省网站相关资料以及王琥生，赵军山编著的《战后
日本经济社会统计》整理而得

图 2-30　日本一般会计财政收支占 GDP 比例的走势

　　从财政支出来看，战后日本政府财政支出占 GDP 比重各时期走势基本
与财政收入走势相同。1950 年财政支出占 GDP 比重为 16.04%，1970 年财
政支出占 GDP 比重为 10.78%，下降 5.26%，财政支出占 GDP 平均比重为
12.05%；1971 年财政支出占 GDP 比重为 11.44%，1981 年财政支出占 GDP
比重为 17.66%，涨幅达 6.22%，财政支出占 GDP 平均比重为 14.68%；1982
年财政支出占 GDP 比重为 16.91%，1998 年财政收入占 GDP 比重为 15.99%，
下降幅度仅为 0.92%，财政支出占 GDP 平均比重为 15.54%；1999 年至 2008
年除 1999 年财政支出占 GDP 比重超过 16%，为 17.13% 外，其余年份均在
16% 上下浮动，10 年间财政支出占 GDP 平均比重为 16.22%；2009 年至 2018
年间，除 2011 年和 2015 年财政支出占 GDP 比重有所回升外，整体呈现下
降趋势，2009 年财政收入占 GDP 比重为 20.63%，根据日本财务省公布的数
据显示，2018 年一般会计财政预算收入占 GDP 比重为 17.80%，10 年间下降

2.83%。

（二）财政收入结构变化分析

从财政收入来源看，日本一般会计财政收入可分为税收和邮票收入、发行国债收入和其他收入（包括政府企业的利润和收入、政府财产清算收入、杂项收入、上一年盈余结转等）。根据日本财务省统计数据显示，税收是日本财政主要收入来源，发行国债则作为弥补财政收入不足的手段。日本税收主要由所得税、公司税、消费税、酒税和其他税收（包括遗产税、烟草税、汽油税、机动车重量税、关税、印花税、电力发展税等）构成，其中所得税、公司税和遗产税属于直接税，消费税、酒税和其他税收属于间接税。日本税制以直接税为主，战后直接税税收占总税收比重总体呈现上升趋势，1989 年达到顶峰，占比 74.20%，而所得税和公司税作为直接税的主要构成，贡献了大多数税收来源，1946 年至 1989 年，所得税占总税收收入平均比例为 33%，公司税占总税收收入平均比例为 26.97%，合计占总税收的 6 成；间接税中酒税则是税收的主要贡献因素，1946 年至 1989 年间酒税占总税收收入平均比例为 9.86%。1989 年税制改革，日本政府为引进新财源，开征消费税，自此消费税接棒酒税成为间接税中主要财源，1989 年间接税占总税收收入比例为 5.72%，经过逐年增长，2016 年更是接近总税收收入的近 3 成，达到 29.22%，消费税的增长在一定程度上代替了公司税的作用，1990 年至今，公司税总体呈现下降趋势，占总税收收入平均比例 22.32%，较上一时期减少4.65%，近年占总税收比例更是不足 20%，而所得税在这一时期依然保持对税收收入较为稳定的贡献，占总税收收入平均比例与上一时期持平。（见图2-31）

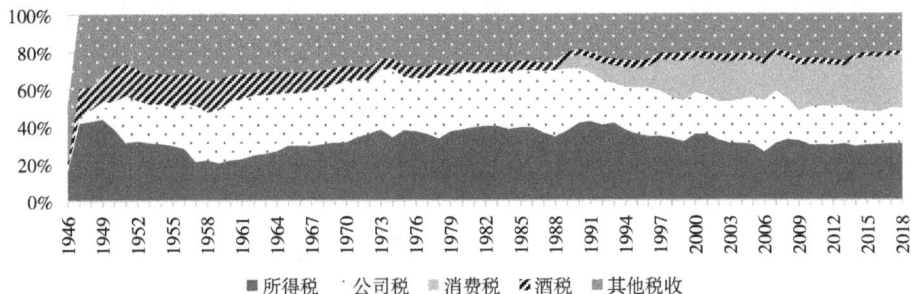

■所得税　公司税　消费税　酒税　■其他税收

资料来源：日本财务省网站，https://www.mof.go.jp/

图 2-31　日本一般会计各项税收收入占总税收的比例

就各项税收占 GDP 比例而言，战后至 1991 年，所得税变化呈现"W"字形结构；1991 年至 2010 年波折型下降，1991 年为 5.59%，2010 年为 2.60%，降幅达 2.99%；2010 年至 2018 年呈现缓慢上升的态势，2018 年根据日本财务省的预计可达 3.47%，9 年间平均值为 3.12%。

公司税占 GDP 比例战后整体呈现稳中有降的规律，至 1991 年，平均值为 3.34%；1991 年至 2018 年，平均值为 2.26%。

消费税占 GDP 比例变化大体可分成三个阶段。1989 年至 1999 年为上升期，1989 年消费税占 GDP 比例为 0.78%，1999 年升至 2.01%，翻了一倍以上；1999 年至 2013 年为平稳期，此期间，消费税占 GDP 比例一直保持在 2% 左右浮动，平均值为 1.97%；2013 年至 2014 年为跳跃式增长后至今保持平稳，2013 年消费税占 GDP 比例为 2.15%，2014 年跃升至 3.12%，增长近 1%，此后保持在 3.2% 左右，整个期间平均值为 3.03%。

酒税占 GDP 比例在战后由明显降低转为缓慢下降。战后至 1988 年期间，降幅较为明显，由 1950 年的 2.67% 降至 1988 年的 0.57%；1988 年至今下降速度放缓，由 0.57% 降至 2018 年的 0.24%，近年基本保持平稳。

其他税收方面，就占 GDP 比例而言，经历了波折式下降、平稳过渡再到波折式下降的过程，由 1950 年的 4.09% 降至 1973 年的 2.90%，之后保持平稳，之后由 1996 年的 2.60% 降至 2018 年的 2.33%。

1950 年至 2018 年日本一般会计各项税收收入占 GDP 的比例如图 2-32 所示。

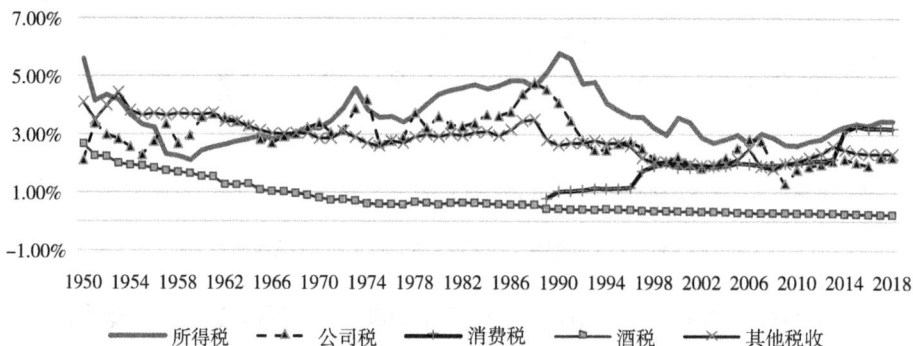

图 2-32 日本一般会计各项税收收入占 GDP 的比例

从上述变化分析中可以看出，就税收收入结构而言，所得税占比在战后初期大幅下降后又重新恢复，20 世纪 90 年代再次降低，近年缓慢上升，虽然波动相对较大，但仍是税收的主要来源；消费税自实行以来总体不断增长，到如今成为第二大税源，并在一定程度上顶替了公司税的作用。

（三）财政支出结构变化分析

从财政支出功能方面看，日本一般会计财政支出可划分为社会保障支出、科教文支出、国债支出、地方财政支出、国防支出、公共事业支出和其他支出（包括中小企业补助、能源成本、经济合作支出等）七大项。社会保障支出、国债支出、地方财政支出和公共事业支出是日本政府一般会计支出的重要组成部分，其整体支出占财政总支出额比例在战后不断上升，由最初的四成扩大到如今的近八成，其中社会保障支出和国债支出增长较为明显，1958 年二者占总支出的比例分别为 9.18%、5%，到 2018 年分别上升为 33.75%、23.85%，而公共事业支出则呈现先上升后下降的趋势，1958 年公共事业支出占总支出的比例为 15.25%，到 1972 年上升至 21.98% 后逐年降低，2018 年该数值为 6.12%，相比而言对于地方财政的拨付款支出则保持了相对平稳态势，占总支出的比例上下浮动幅度较小，最低值出现在 1999 年，为 13.98%，也是唯一低于 15% 的一年，1990 年则到达最高值，为 23%，战后平均值为 18.49%。（见图 2-33）

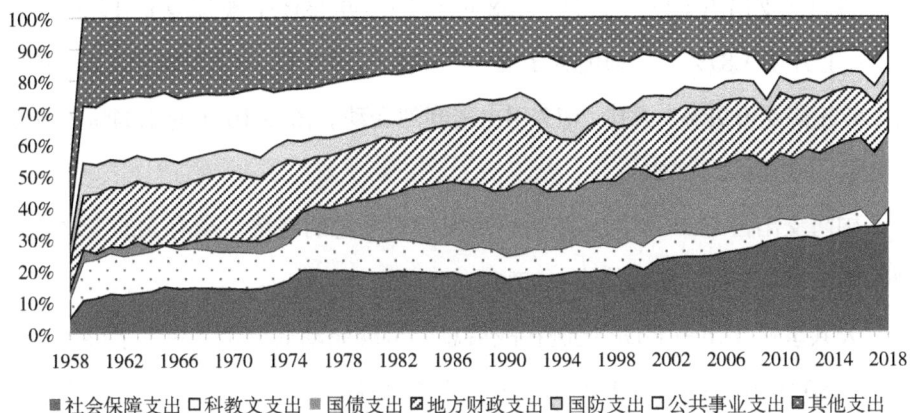

资料来源：日本财务省网站，https://www.mof.go.jp/

图 2-33 日本一般会计财政各项支出占总支出的比例

就各项支出占 GDP 比例而言，1958 年至 1972 年，社会保障支出的变化呈现缓慢上升的趋势，1958 年社会保障支出占 GDP 的比例为 1.06%，1972 年升为 1.74%，平均值为 1.48%；1972 年至 1991 年呈现倒 "U" 字形变化，先上升到 1982 年达到峰值 3.29%，后下降到 1991 年为 2.54%，均值为 2.85%；1991 年至 2008 年恢复缓慢增长，到 2008 年社会保障支出占 GDP 的比例升至 4.33%，涨幅 1.79%；2008 年至 2009 年经历跳跃式增长，由 4.33% 跃升至 5.87%；2009 年至 2018 年基本保持平稳，占 GDP 的比例在 6% 左右徘徊。

国债支出占 GDP 比例在 1958 年至 1975 年较低，1966 年最低为 0.11%，1975 年最高仅为 0.72%，均未超过 1%；1975 年至 1987 年开始快速增长，1987 年达到最高值 3.28%，上升 2.56%，平均值为 2.22%；1987 年至 2004 年在 3% 上下不断波动，仅在 2000 年超过 4%，达到 4.07%，平均值为 3.13%；2004 年至 2018 年表现为缓慢增长，2004 年国债支出占 GDP 的比例为 3.36%，2018 年为 4.25%，平均值为 3.92%。

地方财政支出占 GDP 比例整体呈现波折式上升的趋势，1958 年至 1974 年较为平稳增长，由 1.94% 升至 3.00%，此后 30 多年间不断波动，但幅度不大，平均值在 2.99%。

科教文支出占 GDP 比例在 1958 年至 1979 年整体呈现缓慢上升趋势，由 1.48% 上升至 1.87%，平均值为 1.52%；1979 年至 2018 年呈现缓慢下降趋势，由 1.87% 降至 0.98%，其中 2017 年出现剧烈变动，由 2016 年的 1.04% 骤降至 0.10%，平均值为 1.27%。

国防支出占 GDP 比例在战后一直保持着平稳的态势，未有大的变动，比例保持在 1% 左右，平均值为 0.93%。

公共事业支出占 GDP 比例在战后总体呈现波动式的倒"W"字形。1958 年至 1980 年不断波动，由 1.76% 上升至 2.79%，平均值为 2.29%；1980 年至 1991 年波动下降，降至 1.55%，平均值为 2.13%；1991 年至 1993 年再次波动上升至 2.77%，平均值为 2.09%；1993 年至 2018 年波动下降，2018 年公共事业支出占 GDP 比例为 1.09%，平均值为 1.75%。

其他支出方面，就占 GDP 比例而言，1958 年至 1970 年不断波动下降，由 3.44% 降至 2.61%，平均值为 2.90%；1970 年至 1980 年比例上升，升至 3.30%，平均值为 3.03%；1980 年至 1992 年再次下降至 1.79%，平均值为 2.56%；1992 年至 2008 年在 2% 上下波动，平均值为 2.03%；2008 年至 2018 年呈现倒"V"字形，波动较为明显，2009 年骤升至 3.75，此后几经波动，2018 年降至 1.71%，平均值为 2.49%。（见图 2-34））

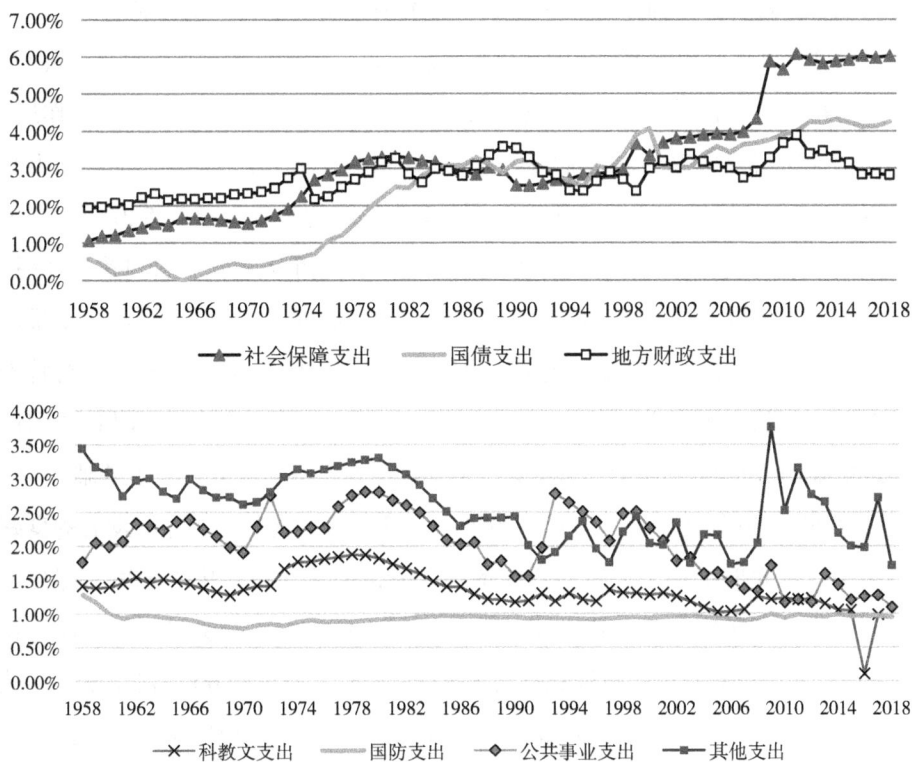

资料来源：日本财务省网站，https：//www.mof.go.jp/；IMF网站https：//www.imf.org/external/index.
htm；日本内阁府网站https：//www.cao.go.jp/

图 2-34　日本一般会计财政各项支出占 GDP 的比例

从上述变化分析中可以看出，长期以来，社会保障支出是日本财政支出
扩大的重要原因，其次尽管日本国债利息较低，但由于基数庞大，对于国债
还本付息等支出也是导致财政支出增长的原因之一。

四、财政收支失衡的基本原因

（一）减税政策导致财政收入减缓

在现行的日本的财政收入体系中，税收和国债发行收入是财政收入的主
体，二者占财政收入的九成。自二战结束后，日本税制经历了一系列调整，

最初以"夏普劝告"为蓝本，根据战后日本国情制定了日本税收制度。

"夏普劝告"以公平课税为原则，确立以个人所得税为中心的直接税制，对所得税和法人税进行改革，加征富裕税，降低间接税在税收体系中的作用；降低个人所得税税率，将起征额从 1.5 万日元提升至 2.4 万日元，原有 2 万日元以下 20% 到超过 500 万日元 85% 共 14 个等级的税率调整为 5 万日元以下 20%、30 万日元以上 55% 的 8 级累计税率；为避免个人和法人科目重复征税，仅保留一般所得课税，35% 税率，设立分红扣除制度；实行"蓝色收入申报制度"，给予满足条件者以税收优惠。此后，又对产业税进行了修订，实行特别折旧制度，给予大企业以优惠。一系列减税和税收措施是基于当时日本国情制定实施的，有利于加速资本积累，为战后日本经济的恢复打下了基础。

20 世纪 50 年代中期，日本开始进入经济高速发展时期，经济发展的良好势头给日本政府带来了大量的税收增长，所谓取之于民，用之于民，部分增加的税收被用于支持大规模减税政策的施行，日本的税收负担率一直保持在低水平。20 世纪 50 年代减税总额为 8383 亿日元，20 世纪 60 年代年度平均减税超过 1000 亿日元，直到 20 世纪 70 年代初期，虽然大规模减税政策持续施行，但财政收支并未呈现太大的压力。

两次石油危机的爆发，使得日本经济遭受冲击，经济增长速度有所放缓，财政政策也对此作出相应调整，由 1975 年开始真正意义上迈入赤字财政阶段，放开了对国债发行的管制。同时，为刺激经济增长，税收政策也随之进行调整。产业税方面，废除了 20 世纪五六十年代实行的一些用于振兴出口的税收制度；企业租税方面，废除部分企业租税特别措施，以促进税收公平，同时，对一些产业投资给予相应税收优惠；提高法人税基本税率；间接税方面，提高印花税和部分汽车相关税收的税率。总的来看，这一时期的税收政策变化不大。

施行赤字财政后，政府发债规模和财政赤字相继扩大，日本政府希望摆脱对赤字债券的依赖，进行财政重建，于 20 世纪 80 年代后期迎来了两次大的税改。1987 年 9 月，将个人所得税税率由 10.5%—70%、15 档调整为 10.5%—60%、12 档；在所得扣除中增设了配偶特别扣除；调整居民存款利息税收制度，废除小额存款免税制度（65 岁以上老人保留）；对利息收入采取分离课税等；同年 12 月再次调整，个人所得税税率由 10.5%—60%、12 档改为 10%—50%、5 档，股票等让渡收益原则上课税化，废除资产所得的综合课税制度；法人所得税税率由 42% 下调为 40%（1990 年再次下调为 37.5%），废除分红税率、降低法人间红利收入的所得扣除比例，调整国外税额扣除制度，限制与取得土地有关的借款利息计入成本；遗产、赠予税方面提高各种扣除，最高税率由 75% 降为 20%，扩大减轻配偶者负担的措施；间接税方面废除物品税、砂糖消费税、入场税和通行税（中央税），废除电器税、煤气税和木材交易税（地方税），增设消费税，税率为 3%，废除按种类课税制度，实行按价课税的酒税，将香烟消费税改名为烟税，降低税率，一律按量课税。如此这般，加之调整财政支出的配合，到 1991 年完成财政重建，但建设国债仍在发行，财政赤字依旧存在。

20 世纪 90 年代，由于遭受泡沫危机的冲击，日本经济衰退，经济持续低迷使税收收入减少，甚至出现税收收入负增长。为振兴经济，日本政府实施了大规模的扩张性财政政策，于 20 世纪 90 年代再次实施了一系列的减税政策。1994 年村山内阁减轻一般劳动者的所得税，主要包括两方面：一是降低了个人所得税的累进程度，相对扩大了较低税率的适用范围和提高了个人所得税的起征点，将日本标准家庭（一对夫妇加两个孩子）的起征点从 327.7 万日元提高到 353.9 万日元；二是强化消费税，将消费税税率从 3% 提高到 4%，外加 1% 的地方消费税，实际税率为 5%，同时取消了某些消费税减免措施，扩大了消费税简易课税制度的适用范围，废除了消费让与税。1999 年小渊内阁制定 6 万亿日元的减税计划，将个人所得税最高税率由 50% 下调为 37%、个人住民税最高税率由 15% 下调为 13%，同时按照个人所得税减税比率 20%、个人住民税减税比率 15% 的比例减免个人所得税；通过降低基本税率来减免法人税；其他减税措施。然而，税收政策的调整并没有能彻底挽救日本经济，政府债务规模和财政赤字加大。

进入 21 世纪，日本经济形势、财政赤字依旧严峻。2003 年税改决定于 2004 年将取消配偶特别扣除优惠措施；公司税减税 1.4 万亿日元，主要包括对

IT 业的税收优惠、用于支持研发和对中小企业的税收扶持；消费税方面，小规模业者消费税免税销售额由 3000 万日元降为 1000 万日元，符合使用简易征税制度的小规模业者的年销售额从不超过 2 亿日元降为 5000 万日元；将遗产税和赠与税的最高税率由 70% 降至 50%，遗产税税率档次和赠与税税率档次分别由 9 级和 13 级均减至 6 级。2006 年税改将个人所得税累进税率由 4 档调为 6 档、最低税率由 10% 下调为 5%、最高税率由 37% 上调为 40%，特定年金的源泉征收率由 10% 降低为 5% 等；扩大对中小企业税收优惠的范围；其他税种的调整。2012 年安倍再度出任日本首相，"安倍经济学"随之出台，税收政策上，消费税税率由 5% 上调至 8%，并计划于 2019 年 10 月再次上调至 10%；个人所得税累进税制调整为 7 档，最低税率 5%，最高税率由 40% 提升至 45%；遗产税的起征点由 5000 万日元降至 3000 万日元；免除对祖父母大额赠与的征税，免除对 1500 万日元以上的个人利用信托银行账户管理等教育基金的征税；对于企业施行减税政策优惠，安倍上台的 2012 年法人税的基本税率为 30%，年所得金额 800 万日元以下的中小企业适用 18% 的优惠税率，从 2013 年开始法人税基本税率下调为 25.5%，年所得金额 800 万日元以下的中小企业优惠税率下调为 15%，2015 年基本税率下调为 23.9%，2016 年进一步下调为 23.4%。

持续的以减税为主的税制改革一定程度上使得日本经济短暂复苏，但减税政策并不能从根本上解决问题。其原因在于，其一，日本经济症结是人口老龄化、金融市场僵化导致的结构性问题。其二，日本政府和居民债务负担较大，减税政策不具备可持续性，对居民消费的刺激作用也受到一定的制约。

（二）老龄化与高失业率导致社会保障支出攀升

日本人口年龄结构的划分分为 3 个阶段，0—14 岁、15—65 岁和 65 岁以上，其中 15—65 岁为劳动力人口，0—14 岁为少龄人口，65 岁以上为老龄人口，后两者属于从属人口，即在生活上需要依靠劳动力人口。战后日本人口年龄结构构成在 70 年间发生了重大转变，1947 年 0—14 岁、15—65 岁和 65 岁以上人口数占总人口比例分别为 35.3%、59.9% 和 4.8%，此后，少龄人口比例不断下降，劳动力人口比例先升后降，老龄人口比例不断攀升，2017 年数值分别为 12.3%、60.0% 和 27.7%。联合国对人口老龄化的判断标准为一国或地区 65 岁及以上人口数量占总人口比例大于 7%，而日本早在 1970 年便超过这一标准，达 7.1%，进入老龄化社会，现如今老龄化指数高达 225.4，人口老龄化问题十分严重。与之相对应的人口结构发展则是"少子化"，战后日本人口自然增长率总体呈现下降趋势，1947 年人口自然增长率为 3.10%，而 2011 年以来人口则一直是负增长，2019 年人口自然增长率为 –0.21%。老龄少子化程度的不断加剧必然导致社会保障支出的不断扩大，日本社会保障支出按部门分为医疗保健、养老金和福利及其他三大项。

日本医疗保健制度建立的最初尝试是 1927 年颁布的《健康保险法》，它主要是面向体力劳动者的保障举措，政府负担保险费用的 10%。1938 年日本政府出台《国民健康保险法》，面向对象为农民和一般市民，初期自愿原则参保缴纳保险费用，国库按人数给予保险组织补贴，后改为强制参保，医疗费用国家按 50% 补贴。1956 年石桥湛山内阁提出，为促进国民生活稳定、提高国民生活质量，我们的目标是要促进医疗全民皆保险制度早日实现，推动国民健康保险的普及工作，充实包括生活保护、失业对策、疾病教治等在内的社会福利政策内容。同时还将为设置老龄年金和母子年金做充分准备。到 1961 年日本基本形成全民参保体制，并由国家出资 70% 给予补贴。20 世纪 70 年代，随着日本进入老龄化社会，老龄人口医疗费用支出逐渐增长，给日本财政造成压力。20 世纪 80 年代日本政府老年人医疗制度进行改革，然而并不足以抑制医疗支出的快速增长，且老龄人口医疗费占国民总医疗费用比例由 1982 年的 19.8% 增长到 1985 年的 25.2%。随着日本老龄少子化程度日益加深，劳动力人口比重的下降，医疗费用中需要政府补贴的部分不断加大，尽管日本政府有意改变此种局面，多次调高医疗保险自费比例，如 20 世纪 90 年代将自费比例由 10% 上调至 20%，2008 年开始 70 岁以上 75 岁以下老人医疗费有自负比例由 10% 上调为 20%，但终究不能抵消老龄人口急速增长带来的财政支出压力，2017 年日本一般会计预算支出中医疗支出占社会保障支出的 36.24%，占总支出的 12.08%。

养老金在日本也称为年金制度，最初也是针对劳动者设立了《劳动者年金保险法》，规定10人以上企业劳动者强制参加，国库负担10%的保费。1944年更名为《厚生年金保险法》，并将强制参保人员范围扩大到包括5人以上企业和女性职员，进行遗属年金终身制等改革。二战后，日本颁布了新的《厚生年金法》，将养老金领取年龄由55岁调整为60岁，国库负担比例由10%上调为15%，然而《厚生年金法》存在一定缺欠，如资金储备不足和受益群众覆盖面小等。1959年日本出台了《国民年金法案》，将农民、小企业员工和个体经营者纳入保险范围，并从65岁开始支付年金，到1961年形成全民参保的保险制度。20世纪70年代，为顺应国内对社会保障改革的呼声，日本政府采取了浮动式年金制度，上调厚生年金和国民年金的支付水平，而老年人人口比重的上升加重了国库的负担。20世纪80年代，受经济增速放缓和财政压力，日本政府下调了年金支付水平，并上调厚生年金领取年龄，一定程度上缓解了年金支出压力。进入20世纪90年代，经济停滞带来失业率上升、企业效益下滑，从而社会保证收入降低，加之老龄化程度越来越高，此时政府不得不加大对社会保障资金的补贴。进入21世纪，年金"空洞化"问题日益严重，国民对年金制度产生怀疑而滞纳保险费，代际内受益与负担不公平等使得年金收入增长缓慢，同时领取年金人口数量上升，年金支出增加，年金缺口增大。为解决一系列问题，2009年民主党上台后，将政府负担的年金比例由36.5%提升至50%，每年增加支出约2.5万亿日元。

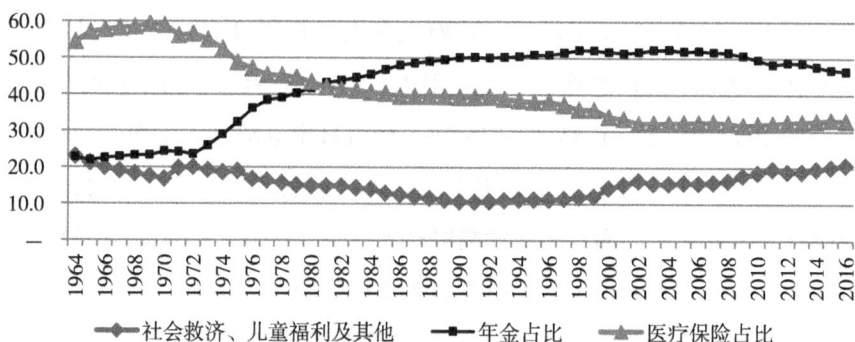

数据来源：日本国立社会保障・人口问题研究所网站，http://www.ipss.go.jp/ssj-db/e/ssj-db-top-e.asp

图2-35 日本社会保障三大类支出占比

　　福利及其他主要包括护理保险、失业保险、社会救济及儿童福利。总的来讲，这四类保障主要针对低收入人群。其中，护理保险主要是面向低收入阶层的老人提供公共护理服务；失业保险旨在为劳动者失业时提供必要的经济援助；社会救济是对生活困窘者进行经济援助；儿童福利制度旨在帮助解决有抚养儿童家庭的生活困难。二战后，日本政府先后颁布《生活保护法》《儿童福利法》和《残疾人福利法》以对特定人群进行福利救助，由此开始构建社会福利制度。此后，又陆续针对精神薄弱者、老年人群体、单亲母亲颁布了相关的福利法规。在社会保障支出占财政支出比例不断上升的情况下，从这三项占总体社会保障支出的比例来看，福利及其他支出占比在20世纪90年代以后不断上升。其主要原因除日本社会的老龄化之外，日本经济泡沫破灭之后，经济增长陷入"失去的二十年"，失业率不断上升是关键因素。失业率居高不下，导致失业保险支出不断加大，低收入家庭不断增大，从而需要救济的人群不断增加。日本失业率走势如图2-36所示。

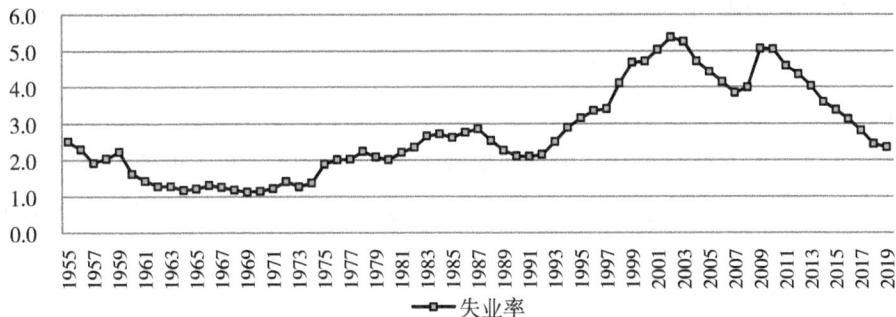

数据来源：OECD 数据库

图2-36　日本失业率走势

（三）地方交付税制度加剧中央财政负担

　　通常，我们将政府的权力分为两类，一类是财权，一类是事权。日本作为世界经济强国，长期以来政府对经济发展的干预力度很大，属于"中央集权"国家，就行政划分而言，自上而下分为中央、都道府县和市町村三级。

二战后，基于"神户劝告"①，出台了《地方自治法》，对事权进行了明确划分，中央政府只负责地方政府无法执行或不能有效执行的事务，为保证地方自治，实行基层政府优先原则，也就是说基层政府能够履行的事务优先由基层政府履行，大量具体的行政事项由地方政府完成；在财权划分上，中央政府则掌握大部分财权。财政上，中央和地方政府的主要收入来源都是税收，即中央税和地方税。战后日本实行的是分税制，即每一级行政单位都有自己的税种。但就税源而言，国税最为充足，且中央政府掌握税制修改权，地方税源较弱，自主财源的地方税收仅占财政收入的三成，因而人们也将日本的地方自治称为"三分自治"，对中央政府权力有"三分事权，七分财权"的形容。日本中央政府和地方政府税收收入分配的比例为3:2，而支出则为2:3，因此，为弥补地方收支缺口，设立了中央向地方的转移支付制度，其中主要一项便是地方交付税制度。

日本于战后1954年开始实行地方交付税制度，即为考虑统筹调整地方政府之间财政来源的不均衡性，确保所有地方政府都有相应的财源来维持一定的行政服务水平，将本应纳入地方政府的税收作为中央税由中央政府代替地方政府进行征收，再根据一定的合理标准在地方政府间进行分配。在这一点上，可以说地方交付税是"中央政府代替地方自治体征收、由地方自治体共享的、固定的财政来源"。根据《地方交付税法》规定，地方交付税总额由所得税、法人税和酒税收入的32%、消费税收入的29.5%以及烟税收入的25%组成，但实际操作中会根据地方政府财政状况进行相应调整（贾康、王桂娟，120-121）。经过长期的经济发展，地方自主税收收入虽然较初期有所增加，变为"四分自治"，但受整体经济环境影响和分税制限制，加之纳税人对于税负不公平和地方政府挥霍浪费的不满，难以在税收上取得更大进展，长期以

---

① 神户劝告：1949年，以美国哥伦比亚大学教授夏普为首的日本税制调查团向日本政府提出了一个著名的方案——"夏普劝告"。"夏普劝告"体现的财政分权内容主要是：明确三级行政政府的事权；划分中央收入和地方收入，使各级政府都有独立的税收来源；对转移支付制度进行改革，减少国库支出金，建立地方平衡给付税。为了把"夏普劝告"中提出的改革思想具体化为可操作的方案，日本政府于1949年12月设立了地方行政调查委员会，并于次年12月提出了"地方行政调查委员会关于行政事务再分配的劝告"，即"神户劝告"。

来中央财政向地方财政转移支付金额（地方交付金为主）占日本政府一般会计总支出的两成左右，1990年达23%，近年日本政府有意降低转移支付占比，但比例也在15%以上，地方交付金支出已经成为继社会保障支出和国债还本付息支出后的第三大支出项。

（四）债务依赖模式推升还本付息支出

严格意义上讲，战后日本国债的发行是从1975年开始的。初期日本奉行均衡预算思想，《财政法》规定不以公债发行作为财政收入来源，虽然为应对经济形势，1965年打破这一规定，发行了赤字国债，但于次年即停发。此后到1970年间也曾少量发行建设国债，但规模较小，绝大部分日本文献并不以此作为战后日本发行赤字国债的起点（张淑英，1999）。进入20世纪70年代，随着经济发展，日本财政预算原则发生转变，转向凯恩斯主义怀抱，采用积极的公债政策，从1975年开始正式发行国债，此后国债发行成为日本财政的重要组成部分。根据日本财务省国债概要，政府债券可分为普通政府债券和财政投融资特别会计债券，普通政府债券又分为建设国债、特例国债（赤字国债）、养老金特例国债、复兴债及借贷债券，其中复兴债是基于东日本大地震，为经济复兴于2011至2015年间发行。普通政府债券和财政投融资特别会计债券的偿还和利息支付财源有所区别，财投债的偿还和利息支付来源于财政融资的贷款回收金，而普通国债则以税收收入作为偿还和利息支付财源，即日本财政预算一般会计支出中国债费支出项。随着日本国债发行犹如滚雪球般越来越大，财政一般会计支出中用于国债还本付息支出也越来越多，如今已经成为仅次于社会保障支出的第二大支出项。1975年国债刚刚发行支出，普通国债的加权平均利率为7.43%，国债还本付息支出1.1万亿日元，占一般会计财政支出的5.28%，仅过了4年，到1979年这一比例翻了一倍，达到11.28%，到1987年更是突破20%，然而值得注意的是，在此期间普通国债的加权平均利率总体则是在下降的，1979年为7.18%，1987年为6.48%，此后更是一路走低，到2017年更是跌破1%，加权平均利率仅为0.95%，然而恰恰相反，国债还本付息支出占一般会计支出比重总体则在上升，2017年达到

22.95%，数额达 22.5 万亿日元，根据日本财务省发布的 2018 年预算，这一比例将升高至 23.85%，数额预计为 23.3 万亿日元，这一数值意味着日本政府要拿出当年近一半的税收用于偿还到期国债和支付利息，国债还本付息支出已经成为日本财政的一项巨大负担。从加权平均利率和国债还本付息支出的反向变动规律也反映出日本债务高速增长的现实。

第四节 延伸问题：社会保障支出与失业率关系辨析

2008 年国际金融危机之后，随着欧洲主权债务危机、美国财政悬崖等问题的不断发酵，社会保障制度再次成为国际社会各界关注的焦点。国际舆论普遍认为，欧洲社会的福利制度加剧财政负担，却无法有效提高劳动参与率与劳动生产率，导致缺乏足够的财政收入以支持高福利支出，从而导致这些国家通过借债的形式来维持福利支出。诸如日本东京大学教授罗萨里奥·拉拉塔认为，当前很多福利国家都遭遇了经济增长放缓的问题，造成这一问题的原因与繁杂的社会福利保障制度密不可分。这些国家陷入了高福利—高税收—高成本—高失业率—低投资—经济低增长的恶性循环，导致经济发展大不如前。对此类观点，一些学者进行了反驳，但至今仍然莫衷一是。笔者认为，这一争论的症结在于社会保障制度对劳动力失业产生了何种影响。

一、研究进展评述

国外直接聚焦社会保障对失业影响的研究相对较少，多数研究主要着眼于社会保障对劳动力供给的影响，主流观点认为社会保障支出导致失业率上升。Danziger 等（1981）早期的研究认为，失业保险会导致低就业和低产出，丧失了经济效率。近期的研究结论并没有明显的转变。Braeuninger（2005）引入工会在工资谈判中的作用，构建了一个世代交叠模型，其研究指出社会保障会从养老保险和失业保险两个角度推动工资的上升，从而加剧失业。失业上升导致收入下降，进而通过储蓄率降低、人力资本投资下降对经济增长带来负面影响。Iturbe-Ormaetxe（2015）从社会保障税经济归宿的角度分析得出，一方面社会保障税大部分实际由企业承担，提高了企业的用工成本从而减少劳动力需求；但另一方面，对劳动者而言，社会保障税意味着未来的福利，由此提升劳动力供给，因此导致失业增加。

国内对于社会保障影响失业的研究与国际研究发展相类似，主要集中于引入国外理论或数理模型来分析中国社会保障各分支项目对劳动力供给的影响，鲜有直接研究社会保障对失业影响的成果。既有研究总体属于定性的分析。例如，郑功成（2008）从宏观层面对劳动就业与社会保障的协调发展进行了论述，认为两者之间具有相互促进的作用。中国社会保障学会理论研究组（2017）认为，社会保障在促进就业方面可有所作为。在定量研究方面，林治芬（2015）采用相关性分析的方法对中国社会保障与就业、失业之间的关系进行定量剖析，指出现行社会保障政策与促进就业之间不协调，社会保障加剧失业。徐晓莉等（2012）通过建立误差修正模型对中国失业保险支出与城镇失业率的相互关系进行研究，认为失业保险支出的增加会导致城镇失业率的增加。刘新等（2010）在分析了社会保障支出影响就业机制的基础上，运用时间序列经济计量技术，对1978—2008年中国就业量、社会保障支出、资本投入、技术进步和工资水平五个变量之间的关系进行了实证研究，发现社会保障支出虽然与就业存在正相关关系，但并不是就业量的格兰杰（Granger）原因，即对就业不存在显著的促进效应。

通过上述文献梳理，总体可以得出，尽管我国少数学者从定性研究的角度出发，认为社会保障与劳动力就业理论上应该实现相互协调、相互促进的发展。然而，国外的数理分析以及国内的实证分析却表明社会保障支出导致失业率上升。但笔者认为，上述研究存在一定的缺憾。国外的数理模型分析多数直接将社会保障税当作企业的劳动力成本，单单从劳动力支出水平这一个方面来衡量劳动力成本。其一般认为，社会保障税率越高，劳动力成本自然越高，那么劳动力需求也就越少，从而加剧失业。但这种处理与衡量的方式有所偏颇，因为劳动力成本是一个相对而非绝对的概念，它应该是企业对劳动力支付的报酬与劳动力生产率之间的一种比较关系。也就是说，上述处理方式忽略了这样一个事实：社会保障支出会对人力资本积累产生影响，人力资本会影响劳动生产率，劳动生产率的变化会对劳动力成本产生影响。如果社会保障支出、人力资本积累、劳动生产率提升是依次促进的关系，那么社会保障支出的增加就可以通过劳动生产率的提升来降低企业的劳动力成本，从而加大对劳动力的需求。国内文献实证分析选取的数据样本一般局限于中国国家层面的数据，样本量较小且计量方法相对简单，故其所得结论的精准度有待提升。

二、理论辨析

（一）社会保障支出与企业对劳动力的引致性需求

社会保障通过调节收入分配有利于社会消费需求的增加，从而可以导致厂商对劳动力的引致需求上升。在此方面，新古典经济学家Friedman（1957），Ando和Modigliani（1963）从消费者选择理性出发分别提出的持久收入假说和生命周期假说最具代表性。根据现代生命周期假说，理性的消费者将根据效用最大化原则安排一生的消费与储蓄。消费不是现期收入的函数，而是消费者一生收入的函数。积累型和现收现付型的社会保障制度，均可以通过影响居民的储蓄行为和未来收入预期变化而对其消费行为产生作用。社会保障制度可以平滑消费者的收入，使人们对未来预期更加乐观，在一定程度上代替个人实现了跨期消费规划所要进行的储蓄，这就会使居民倾向于减少自己的预防性储蓄而增加即期消费，对释放居民的储蓄具有积极作用。

从马克思主义政治经济学理论来看，私有制下的市场经济具有收入差距扩大的内在趋势，从而导致相对贫困人口的不断增加，最终表现为社会生产无限扩大与居民需求相对缩小之间的矛盾。郑功成（2010）分析指出，社会保障调节收入分配的功能不只局限于传统认识中的再分配领域，而是在初次分配、再分配以及第三次分配中都可以发挥作用。社会保障是调节收入分配的综合性手段、最佳切入点和立竿见影的有效工具。王延中、龙玉其（2013）对社会保障调节收入分配的作用机理进行了详细的探讨。而高霖宇（2011）对部分发达国家的实证研究表明，社会保障的水平与收入分配差距负相关，即社会保障水平越高，居民的收入分配差距越小，反之越大。在社会保障调节社会收入分配的前提下，结合边际消费支出理论，可以得出社会保障支出有利于消费需求的增加。

（二）社会保障支出与企业的实际劳动力成本

一种主流的观点认为，企业的社会保障支出会增加用工成本。这是一种静态和片面的观点。社会保障支出是企业劳动力账面成本的一部分，而简单地用账面成本去衡量企业劳动力成本的大小是不科学的。衡量企业的实际劳动力成本大小应使用单位产出所要付出的劳动力成本，即平均劳动报酬／劳动生产率。

从动态和一般均衡的视角出发，社会保障支出会对人力资本形成产生影响，人力资本水平与劳动生产率密切相关，从而会影响企业对劳动力的需求。如果社会保障水平的提升有利于人力资本积累，进而推动劳动生产率提高，会对劳动力需求产生两方面的影响：其一，劳动生产率上升意味着生产的实际劳动力成本下降，导致劳动力需求增加，即"成本效应"；另一方面，劳动生产率上升也意味着生产同等数量的产品所需要的劳动力减少，从而减少劳动力需求，即"替代效应"。劳动生产率对劳动力需求的净效应取决于成本效应和替代效应的比较。

社会保障与人力资本投资之间的关系主要包括以下方面：第一，养老保障可以降低人力资本投资的不确定性，提升人力资本投资收益，从而促进人力资本投资。具体而言，人力资本投资的未来收益是不确定的，而且无法通过市场交易分散风险，而社会保障可以提供一种保险机制，即通过养老金获得人力资本投资的报酬，从而能够刺激人力资本投资。在现收现付制下，父母向子女进行人力资本投资可以通过养老金收回，人力资本投资的力度越大，子女的收入越高，缴纳的社会保障税越多，则提升父母养老金水平的空间越广；在积累制下，个人的养老金水平与其在职期间的工资水平有关，高工资意味着较高的养老金待遇，工资水平又取决于人力资本水平，因此养老金积累属性的增强有利于推动自身的人力资本投资。第二，医疗保险为劳动者的健康保障提供了一定支持，可以减少劳动者的个人医疗支出，为劳动者进行人力资本投资减轻财务压力。当然，与上述观点不同的是，有学者认为，除了纯粹的利他动机以外，由于依赖子女的赡养，父母才愿意为子女教育投资，而社会保障制度削弱了父母对子女养老的依赖，从而会降低父母对子女的教育投入。

（三）社会保障税与企业的实际成本担负

一种普遍的观点认为，随着社会保障水平的提升，企业需要为雇员缴纳的社会保障税费会增加，从而导致劳动力成本上升，减少劳动力需求。然而，根据税收归宿（tax incidence）的基本原理可以得出，社会保障税究竟是由劳资双方的哪一方承担，要取决于劳动力的需求弹性和供给弹性。如果相对于劳动力需求弹性，劳动力供给弹性较大，那么社会保障税的直接效应是提高企业的用工成本，从而减少用工需求；如果劳动力的需求弹性相对较大，那么社会保障税则主要由劳动者自己承担，不一定会显著推动企业用工成本的增加，但会影响劳动力的供给。社会保障税费究竟会对劳动力供给产生怎样的影响，还取决于一国社会保障体系的制度设计。就养老保险来说，在积累制的模式中，由于所缴税费未来会以某种福利的形式补偿给劳动者，社会保障对劳动力供给的消极影响较小，甚至具有积极影响；在现收现付制的模式中，由于个人缴纳的税费用于支付上一代人的福利，社会保障税或将对劳动力供给产生消极的影响。然而，即使在现收现付制的条件下，如果微观的制度设计是就业导向型的，那么养老保障税费也未必会对劳动力供给产生负面影响。此外，当前学术界对医疗保险和失业保险与劳动力供给之间的关系并没有一致的观点。

总体而言，如果获得社会保障权利的资格能够以参与劳动力市场和社保缴费记录为前提条件，具有就业导向性，那么社会保障将有利于劳动力供给提升。当然在制度具体设计的过程中，必须充分考虑社会保障的"兜底"功能，一定范围内的"非商品化"是社会保障的基本属性。

（四）社会保障的"道德风险"与失业率

还有一种流行的观点认为，社会保障制度存在"道德风险"，即福利国家的高福利体系具有所谓的"养懒人"效应，从而导致失业率的上升。这种观点存在一个基本的数学逻辑争议。如果社会保障抑制劳动力供给的积极性，则导致劳动力供给减少或者说劳动参与率下降，那么这部分劳动者将从失业率统计的基数中剔除。假设所谓"懒人"的数量为 z，包含"懒人"的劳动力数量为 y，就业人数为 x，假设 x/y=a，这些"懒人"在退出劳动力市场之前的就业比例为 b，那么这些"懒人"退出劳动力市场后，就业率由 x/y=a 变为

$$\frac{x-bz}{y-z}=a\frac{y-\dfrac{b}{a}z}{y-z}$$，即就业率下降与否取决于 a 和 b 的关系。如果 b>a，则就业率下降，失业率上升，也就意味着高福利养"懒人"导致失业率上升；如果 b<a，则就业率上升，失业率下降，即高福利养"懒人"反而导致失业率下降。

综上所述，从理论的视角来讲，社会保障对失业的影响结果存在不确定性，最终效应取决于各项机制的综合作用。由此，本书下面以 OECD 国家为研究对象，运用实证研究的方法，进一步揭示社会保障的失业效应。

三、实证分析

（一）变量选择与模型设定

本书对社会保障失业效应的考察主要通过分析社会保障支出对失业率的影响来实现。由于失业率与经济增长速度、劳动生产率、劳动参与率、劳动力成本等重要指标具有密切的关系，因此我们将这些指标作为控制变量。本书实证所用数据来自 OECD 网站统计数据库，取值范围为 OECD35 个成员国 1980—2015 年的数据，但由于各国各项指标的数据可获得性不同，最终有效样本量为 860 个。其中，失业率以 ur 表示；社会保障支出为社保支出占 GDP 的比例，以 sc_gdp 表示；经济增长率以 g 表示；劳动参与率以 lfpr 表示；劳动生产率以 lpdy 表示，劳动力成本以 lc 表示。在数据处理过程中，un、sc_gdp、g、lfpr 的取值均为去除百分号之后的绝对数值，lpdy 为不变价格条件下的工人每小时产生的 GDP（GDP per hour worked），lc 为每单位劳动力每小时工作获得补偿的增长率，包含工资、薪金和雇主的社会保障支出。

　　根据经济学的基本理论，失业率和社会保障支出两个经济指标具有以下特点：第一，均属于经济发展中的内生变量；第二，失业具有"回滞效应"，社会保障支出具有"刚性"特点和"棘轮效应"；第三，基于不同的理论分析，两者之间的关系也不同。基于上述特点，本书采用面板数据向量自回归模型（PVAR）分析社会保障支出与失业之间的关系。PVAR 不依赖于任何先验的经济理论，将所有变量均视为内生，能够分解出各个冲击对变量的影响，从而得到排除其他因素干扰的影响因子，最终真实反映出各变量之间的"纯粹"关系。

　　模型设定如下：

$$Z_{it}=\beta_o+\sum_{j=1}^{p}\beta_j Z_{it-j}+f_i+d_t+e_{it}$$

　　其中，$Z_{it}=$（un_{it}, sc_gdp_{it}, g_{it}, $lfpr_{it}$, $lpdy_{it}$, lc_{it}）是基于面板数据 6×1 的变量向量，i 代表各成员国，t 代表年份，p 表示滞后期数，β_o 表示截距向量，β_j 表示滞后变量的系数矩阵，f_i 为个体效应，d_t 为时间效应，e_{it} 为随机干扰项。

　　实证思路如下：第一，基于前述的理论分析，首先对失业率、社会保障支出、经济增长率三个变量进行三变量 PVAR 分析，考察它们之间的作用；第二，分别增加劳动生产率、劳动参与率、工资水平等指标进行四变量的 PVAR 分析，以此考察社会保障支出分别与劳动生产率、劳动参与率、工资水平之间的关系。第三，1990 年以来大部分 OECD 国家相继采取了一系列措施对社会保障制度进行改革，因此本书将选择 1990—2015 年的数据对失业与社会保障的关系进行分析，进而与前述结果进行比较，以反映社会保障制度改革对失业的影响。第四，由于 OECD 国家的社会保障体制并不相同，本书还将对不同类型的国家组合分别进行实证检验，以此反映不同的社会保障制度条件下，社会保障支出与失业的关系。

　　本书采用 Stata 13.0 软件进行估计，利用世界银行 I. Love & L. Zicchino（2006）的 PVAR 程序及连玉君（2010）的 PVAR2 程序实现。PVAR 的实证分

析步骤主要包括样本平稳性检验、滞后阶选取、GMM 估计、脉冲响应方程、方差分解、格兰杰因果检验。

（二）实证研究结果

单位根检验显示，在 1% 的显著性水平下，除经济增长率 g 之外，其余五个变量均为非平稳变量，对此本书采用 HP 滤波的方式消除各个变量的趋势值，以 sc_cyc、ur_cyc、g_cyc、lfpr_cyc、lpdy_cyc、lc_cyc 分别取代 sc_gdp、ur、g、lfpr、lpdy、wage 进行检验。根据 AIC、BIC 与 HQIC 规则，最优滞后阶数为 2 阶。在估计模型参数之前，本文采用前向均值差分法（即 Helmert 转换）和去除组内均值法分别消除个体效应和时间效应。

1. 经济增长率、失业率、社会保障支出三变量 PVAR 分析

利用 GMM 方法估计的 g_cyc、ur_cyc、sc_cyc 三变量 PVAR 结果如表 2-4 所示。

表 2-4 g_cyc、ur_cyc、sc_cyc 三变量 PVAR 结果

变量	（1） h_g_cyc	（2） h_ur_cyc	（3） h_sc_cyc
L.h_g_cyc	0.315*** （0.0819）	−0.115*** （0.0302）	−0.0594*** （0.0212）
L.h_ur_cyc	0.174 （0.158）	1.029*** （0.0702）	−0.0260 （0.0502）
L.h_sc_cyc	−0.0209 （0.148）	0.137** （0.0580）	0.920*** （0.0563）

注：*** $p<0.01$， ** $p<0.05$， * $p<0.1$。

从表 2-4 的回归结果可以得知，当经济增长率为响应变量时，滞后期的社会保障支出和就业率的作用不显著；当失业率为响应变量时，滞后一期的经济增长率对失业率的作用为负，滞后一期的社会保障支出对失业率的作用为正，也就是社会保障支出推动失业率上升；当社会保障支出为响应变量时，滞后一期经济增长率对社会保障支出的作用为负，滞后期的失业率对社会保障支出的作用不显著。

PVAR 模型的估计结果显示系统各变量间的直接关系，但彼此的动态变化关系还需运用脉冲响应函数进行检验。PVAR 的脉冲响应是某一变量的正交化新息列对系统中其他变量及自身的冲击所作的动态反映。本文采用蒙特卡罗（Monte-Carlo）200 次模拟定义脉冲响应函数的标准差，对应生成 5%—95% 的置信区间。此外，由于 PVAR 程序采用的是 Cholesky 分解方法，系统变量的顺序不同会导致结果产生较大差异。为此，本书根据三个变量的特性，将系统变量顺序设置为 g_cyc、ur_cyc、sc_cyc，其脉冲响应函数结果如图 2-37 所示。

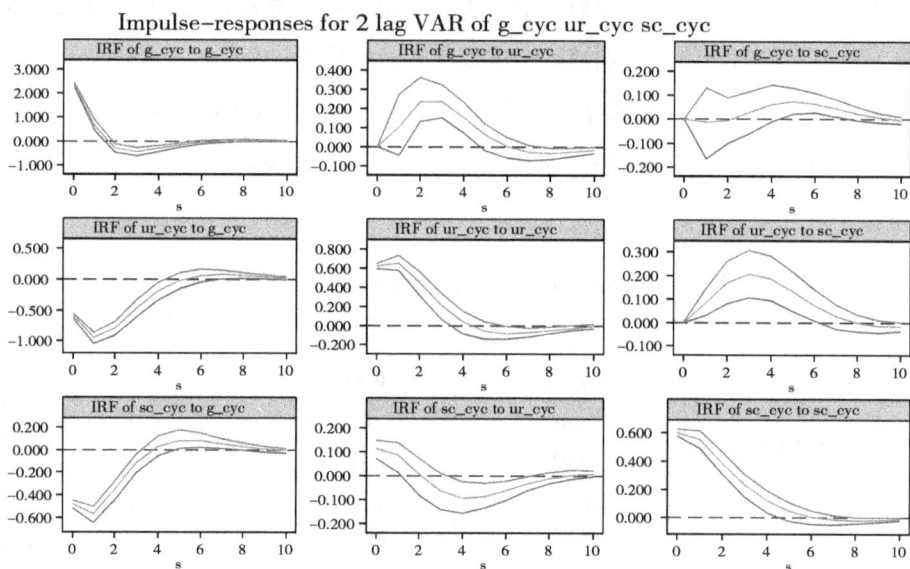

图 2-37 g_cyc、ur_cyc、sc_cyc 三者的脉冲响应函数

从脉冲响应结果可以得知，社会保障支出对失业率的冲击显著为正，且呈现先增强后减弱的趋势，在第三期达到最大值，第六期后逐渐趋于 0，即社会保障支出增加会导致失业率上升；经济增长率对失业率的冲击显著为负，这符合奥肯定律。经济增长率对社会保障支出的冲击效应显著为负，在第三期之后逐渐收敛至 0，即经济增长速度上升，导致社会保障支出占 GDP 的比例下降；失业率对社会保障支出的当期冲击为正，第一期以后就不再显著，也就是说，从统计结果来讲，失业率上升导致当期社会保障支出增加，但对后期的社会保障支出影响不显著。

2. 经济增长率、失业率、社会保障支出、劳动参与率等四变量 PVAR
分析

利用 GMM 方法估计的 g_cyc、ur_cyc、sc_cyc、lfpr_cyc 四变量 PVAR 结
果如表 2-5 所示。

表 2-5　g_cyc、ur_cyc、sc_cyc、lfpr_cyc 四变量 PVAR 结果

变量	（1） h_g_cyc	（2） h_ur_cyc	（3） h_sc_cyc	（4） h_lfpr_cyc
L.h_g_cyc	0.317*** （0.0868）	−0.112*** （0.0326）	−0.0605*** （0.0225）	0.0128 （0.0116）
L.h_ur_cyc	0.151 （0.159）	1.038*** （0.0725）	−0.0269 （0.0509）	−0.0580** （0.0279）
L.h_sc_cyc	0.0199 （0.155）	0.129** （0.0599）	0.897*** （0.0567）	−0.0821*** （0.0298）
L.h_lfpr_cyc	−0.228 （0.175）	0.0117 （0.0612）	0.0379 （0.0499）	0.849*** （0.0561）

注：*** $p<0.01$，** $p<0.05$，* $p<0.1$

从表 2-5 的 GMM 估计结果来看，失业率与社会保障之间的关系并没有
显著的改变，与三变量的回归结果基本一致。当劳动参与率作为响应变量时，
滞后一期的社会保障支出和失业率对劳动参与率的作用为负，即社会保障支
出和失业率上升均导致劳动参与率下降。滞后一期的劳动参与率对经济增长
率、失业率、社会保障支出的作用不显著。

根据四个变量的特性，将系统变量顺序设置为 lfpr_cyc、g_cyc、ur_cyc、
sc_cyc，其脉冲响应函数结果如图 2-38 所示。

Impulse-responses for 2 lag VAR of lfpr_cyc g_cyc ur_cyc sc_cyc

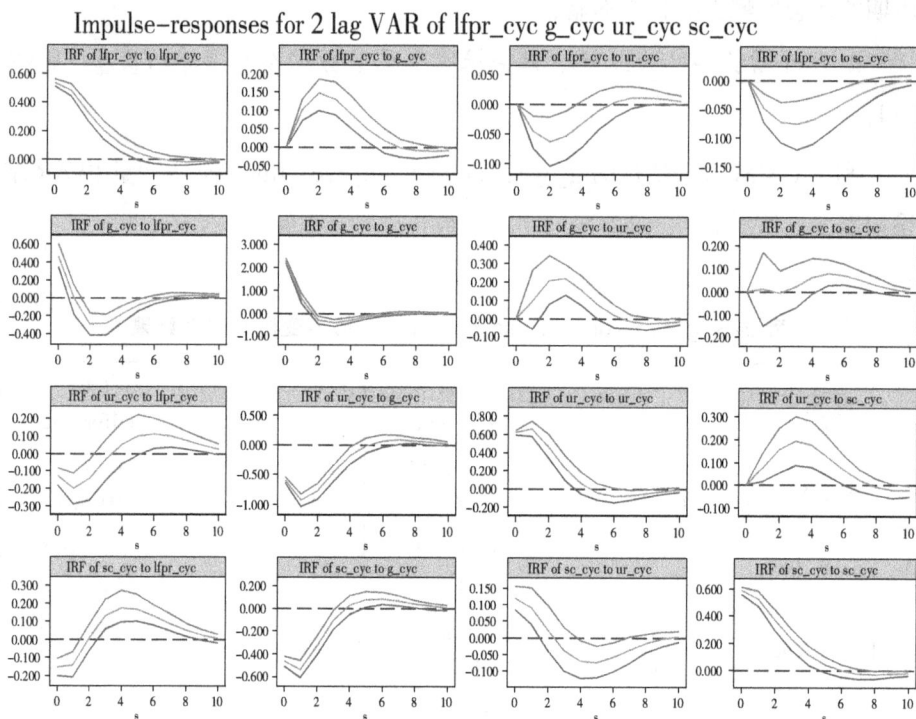

Errors are 5% on each side generated by Monte-Carlo with 200 reps

图 2-38 g_cyc、ur_cyc、sc_cyc、lfpr_cyc 四变量的脉冲响应函数

从脉冲响应来看，当失业率作为响应变量时，经济增长、社会保障支出与失业率之间的动态关系与三变量条件的脉冲结果基本一致。劳动参与率对失业率的冲击为负，即面对来自劳动参与率的一个正交化新息，失业率会下降，但只局限于当期。当劳动参与率作为响应变量时，社会保障支出对劳动参与率的冲击效应为负，在第三期后逐步收敛，也就是说，社会保障支出上升，导致后期的劳动参与率下降；经济增长率对劳动参与率的冲击效应为正，在第二期滞后逐步收敛，即经济增长率增加，将推动劳动参与率上升。

3. 经济增长率、失业率、社会保障支出、劳动生产率等四变量 PVAR 分析

利用 GMM 方法估计的 g_cyc、ur_cyc、sc_cyc、lpdy_cyc 四变量 PVAR 结果如表 2-6 所示。

表2-6 g_cyc、ur_cyc、sc_cyc、lpdy_cyc 四变量 PVAR 结果

变量	（1） h_lpdy_cyc	（2） h_g_cyc	（3） h_ur_cyc	（4） h_sc_cyc
L.h_lpdy_cyc	0.952*** （0.0700）	−0.113 （0.183）	−0.0574 （0.0600）	−0.122* （0.0660）
L.h_g_cyc	−0.00857 （0.0212）	0.328*** （0.0924）	−0.101*** （0.0333）	−0.0367 （0.0251）
L.h_ur_cyc	−0.00351 （0.0402）	0.222 （0.168）	1.049*** （0.0746）	0.00759 （0.0564）
L.h_sc_cyc	0.129*** （0.0450）	−0.0741 （0.151）	0.132** （0.0577）	0.907*** （0.0562）

注：*** $p<0.01$，** $p<0.05$，* $p<0.1$

从 GMM 估计结果来看，失业率与社会保障支出之间的关系与上述两个回归结果基本保持一致。当劳动生产率作为响应变量时，滞后一期的社会保障支出对劳动生产率的作用显著为正，即社会保障支出增加将促进劳动生产率提高。滞后一期的经济增长率和失业率对劳动生产率的作用不显著。

根据四个变量的特性，将系统变量顺序设置为 lpdy_cyc、g_cyc、ur_cyc、sc_cyc，其脉冲响应函数结果如图2-39所示。

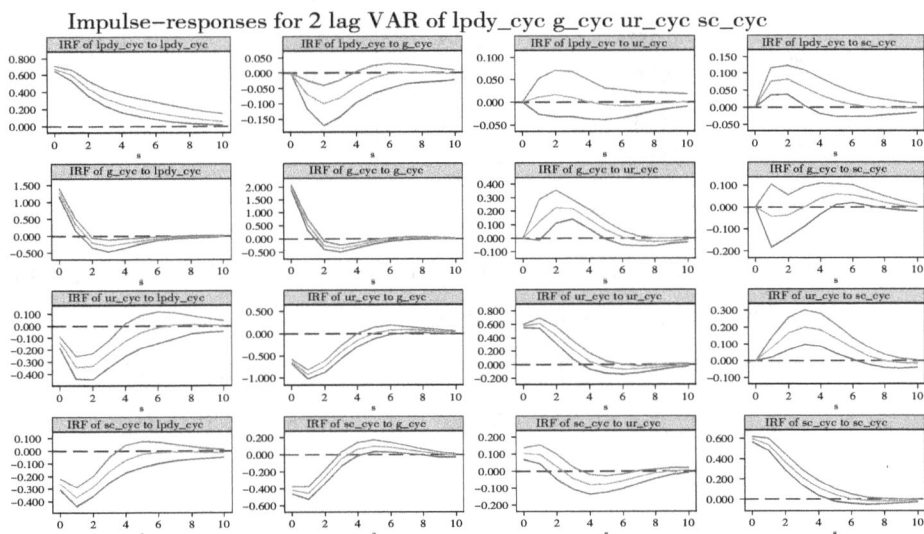

图2-39 g_cyc、ur_cyc、sc_cyc、lpdy_cyc 四变量的脉冲响应函数

从脉冲响应来看，当失业率作为响应变量时，经济增长率和社会保障支出对失业率的动态冲击效应仍然与前述结果基本一致。劳动生产率对失业率的动态冲击为负效应，且在第二期达到最大值，之后逐渐收敛，即劳动生产率上升会降低失业率。这说明劳动生产率提高的"成本效应"超过"替代效应"，有助于降低失业率。当劳动生产率作为响应变量时，社会保障支出对劳动生产率的冲击为正效应，在第二期达到最大值，之后逐渐收敛。

4. 经济增长率、失业率、社会保障支出、劳动力成本等四变量 PVAR 分析

利用 GMM 方法估计的 g_cyc、ur_cyc、sc_cyc、lc_cyc 四变量 PVAR 结果如表 2-7 所示。

表 2-7 g_cyc、ur_cyc、sc_cyc、lc_cyc 四变量 PVAR 结果

变量	（1） h_g_cyc	（2） h_ur_cyc	（3） h_sc_cyc	（4） h_lc_cyc
L.h_g_cyc	0.401*** （0.0995）	−0.130*** （0.0346）	−0.0829*** （0.0272）	0.351*** （0.112）
L.h_ur_cyc	0.230 （0.183）	1.046*** （0.0858）	−0.0276 （0.0564）	−0.446*** （0.167）
L.h_sc_cyc	0.258 （0.183）	0.0793 （0.0716）	0.868*** （0.0690）	0.240 （0.226）
L.h_lc_cyc	0.0238 （0.0603）	−0.0205 （0.0218）	−0.00213 （0.0128）	0.271*** （0.0775）

注：*** $p<0.01$，** $p<0.05$，* $p<0.1$

根据表 2-7 的 GMM 估计结果可知，在加入劳动力成本作为控制变量的情况下，社会保障支出与失业率的相互作用在方向上仍然与前面的估计结果保持一致，但在统计学意义上，社会保障支出对失业率的影响没有通过显著性检验。[①] 劳动力成本对失业率的影响同样不显著。劳动力成本作为响应变量时，

───────────────

① 其主要原因在于，与其他指标的数据可获得性不同，多数国家 20 世纪 80 年代的劳动力成本数据都不可获得，因此包含劳动力成本的有效样本量减少很多，1990 年之后的数据样本比例大大提升。这一结果与后面的异质性检验结果比较一致。

滞后一期的失业率对劳动力成本的作用为负，即失业率上升，导致下一期的劳动力成本下降，这符合基本的经济学原理。滞后一期社会保障支出与劳动力成本的关系并不显著，这在一定程度上驳斥了社会保障支出会增加劳动力成本的观点。

根据四个变量的特性，将系统变量顺序设置为 lpdy_cyc、g_cyc、ur_cyc、lc_cyc，其脉冲响应函数结果如图 2-40 所示。

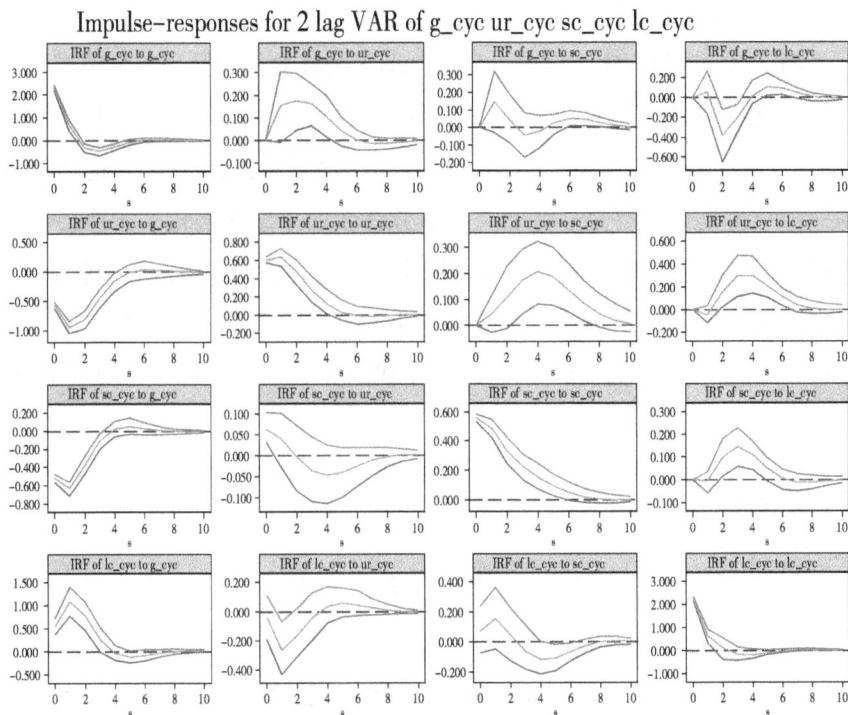

Impulse-responses for 2 lag VAR of g_cyc ur_cyc sc_cyc lc_cyc

Errors are 5% on each side generated by Monte-Carlo with 200 reps

图 2-40　g_cyc、ur_cyc、sc_cyc、lc_cyc 四变量脉冲响应

从脉冲响应来看，经济增长率对其他三变量的动态冲击效应都比较显著，对失业率和社会保障支出的冲击效应均为负，对劳动力成本的冲击效应为正；社会保障支出、失业率和劳动力成本三者之间的相互冲击效应不显著。

综合上述四个角度的实证结果可以得出，社会保障支出上升会导致劳动参与率下降、劳动生产率上升，但对劳动力成本的影响并不显著；劳动参与率下降会导致失业率上升，但劳动生产率上升会降低失业率，劳动力成本对失业率的作用不显著；社会保障支出增大会加剧失业，但失业率上升也会导致当期社会保障支出增加。对此，笔者认为，其合理的解释只能是社会保障制度的确存在"道德风险"，也就是说由于社会保障制度的存在，使得一部分本来可以就业的劳动者退出劳动力市场，从而导致失业率上升。尽管社会保障支出增加有利于劳动生产率提高，从而可以降低失业率，但并不能消除社会保障制度"道德风险"带来的负面效应。

然而，20 世纪 90 年代以来，OECD 国家的社会保障呈现出大范围的"再商品化"改革趋势，其主要表现为增强市场因素和个人责任，削弱国家因素和政府责任，即提升个人福利获取水平与市场之间的联系程度。这种改革趋势的一个结果是，具有完全劳动能力的劳动者如果想获得较高的社会福利保障，必须积极参与劳动力市场，加大劳动力供给，这增加了他们的就业压力。为了更好地揭示当前社会保障制度与失业率之间的关系，需要对上述实证结果进行异质性检验，即剔除 20 世纪 80 年代的数据，针对 OECD 国家 1990 年以来的数据进行分析。

（三）异质性检验

利用 GMM 方法估计 1990—2015 年 g_cyc、ur_cyc、sc_cyc 三变量 PVAR 结果如表 2-8 所示。

表 2-8 g_cyc、ur_cyc、sc_cyc 三变量 PVAR 结果

变量	（1） h_g_cyc	（2） h_ur_cyc	（3） h_sc_cyc
L.h_g_cyc	0.386*** （0.100）	−0.121*** （0.0384）	−0.0760*** （0.0259）
L.h_ur_cyc	0.0933 （0.175）	1.073*** （0.0808）	−0.00613 （0.0515）
L.h_sc_cyc	0.282 （0.182）	0.110 （0.0750）	0.865*** （0.0657）

注：*** $p<0.01$，** $p<0.05$，* $p<0.1$

表2-8的GMM估计结果表明，剔除20世纪80年代的数据之后，经济增长率对失业率、社会保障支出的影响与前述估计结果基本一致，但滞后一期的社会保障支出对失业率的影响不再显著。进一步做脉冲响应分析，其结果如图2-41所示。

Impulse-responses for 2 lag VAR of g_cyc ur_cyc sc_cyc

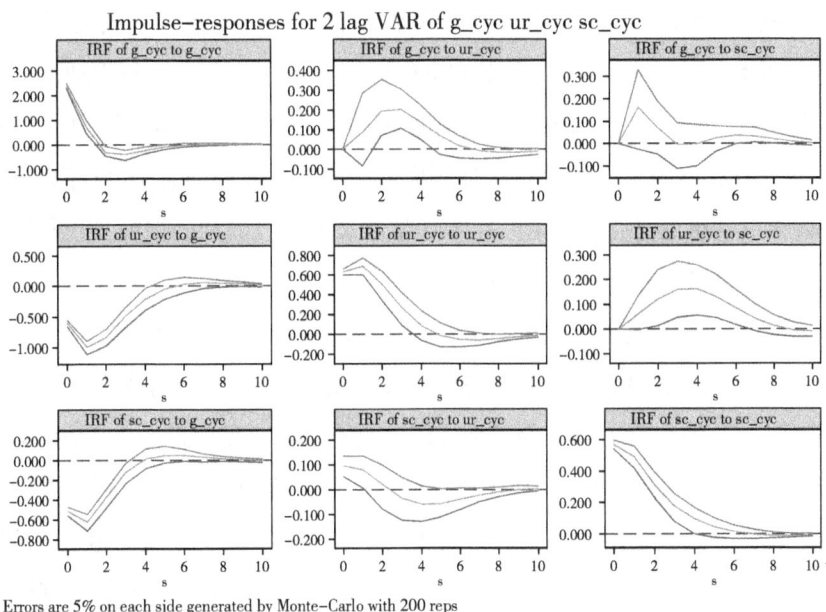

Errors are 5% on each side generated by Monte-Carlo with 200 reps

图2-41 1990—2015年 g_cyc、ur_cyc、sc_cyc 三变量脉冲响应结果

从脉冲响应结果来看，当失业率作为响应变量时，面对来自社会保障支出的一个信息冲击，失业率会上升，但置信区间的下限取值并不显著大于0，因此这种影响并不显著。此外，笔者在以上基础上增加了劳动参与率、劳动生产率、劳动力成本等变量进行检验，结果与三变量的检验结果一致。同时，社会保障支出对劳动参与率、劳动生产率、劳动力成本的影响与包含20世纪80年代数据的检验结果亦一致，即社会保障支出增加导致劳动参与率下降、劳动生产率提高。值得一提的是，四变量的异质性检验结果显示，劳动生产率提高仍有助于降低失业率，但劳动参与率对失业率的冲击效应不再显著。由此可以表明，20世纪90年代以来，OECD国家进行的社会保障制度"再商品化"改革有效降低了社会保障制度的"道德风险"，社会保障支出增加不会加剧失业。

四、结论与启示

综上所述，社会保障与失业之间的关系一直是学术界争论的话题。我们在对一些主流的观点进行理论辨析的基础上，以 OECD35 个成员国 1980—2015 年的数据为考察样本，运用 PVAR 模型方法对社会保障与失业之间的关系进行了实证研究。与当前的主流观点不同，本书的研究结果认为，20 世纪 80 年代，社会保障支出的确存在加剧失业的效应，然而随着 1990 年以来的社会保障制度"再商品化"改革，在统计学意义上，当前社会保障支出尽管仍无法显著提振就业，但也不再加剧失业。

基于本书的定量分析结果，上述结论的原因在于，在 20 世纪 80 年代，社会保障支出上升会从两个方面影响失业，一是导致劳动参与率下降，劳动参与率下降导致失业率上升，即社会保障制度存在"道德风险"；二是推动劳动生产率上升，劳动生产率上升导致失业率下降，即社会保障有利于人力资本积累，能够提升劳动生产率，而劳动生产率提高的"成本效应"超过"替代效应"。综合来看，社会保障支出增加导致失业率上升表明，尽管社会保障支出上升有利于劳动生产率提高，从而可以降低失业率，但并不能消除社会保障制度的"道德风险"带来的负面效应。1990 年以来，OECD 国家普遍进行了社会保障"再商品化"改革，有效降低了社会保障制度的"道德风险"，社会保障支出与失业率上升之间的关系不再显著，即社会保障支出增加不会加剧失业。

然而，需要指出的是，得益于 OECD 国家的社会保障制度改革，当前的社会保障制度没有加剧失业，但并没有对就业产生正面的效果，而且仍然存在降低劳动参与率的效应。因此，发达国家的确存在一定程度的"高福利陷阱"，社会保障制度还存在较大的改革空间。对此，我国的社会保障制度在改革深化的过程中，要切实基于经济社会发展的基本情况以及居民、企业和财政等方面的财务状况，以保障人民的基本生活为目标，充分发挥社会保障制度的"兜底"作用，合理确定社会保障项目和水平，从而防止社会保障制度建设进程脱离经济社会发展和社会结构的实际情况、超出财政承受能力，避免我国重蹈一些国家陷入"高福利陷阱"的覆辙。

小 结

综上所述，财政收支失衡是美、日、英三个发达国家公共债务风险不断扩大的直接原因。在财政支出方面，社会保障支出不断攀升导致财政负担不断加大是三个国家共有的特点，但就社会保障支出结构而言，三个国家的背景原因有所差异，其中失业率居高不下、老龄化加剧是三个国家的共同因素，其中日本老龄化压力是日本面临的核心问题，而收入分配差距扩大、贫困率不断上升则是导致美、英社会保障支出不断扩大的另一内在原因。在财政收入方面，在收入分配恶化和减税政策的共同作用下，发达政府财政收入占GDP 的比例不断下降，但需要指出的是，在发达国家中日本收入分配差距相对较小。

另外，针对学术界争论的社会保障体系与失业率上升之间的关系问题，本研究在理论辨析社会保障对失业影响机制的基础上，以 OECD35 个成员国1980—2015 年的数据为考察样本，运用 PVAR 模型方法对社会保障制度的失业效应进行了实证分析。研究结果显示，20 世纪 80 年代社会保障支出增加会加剧失业；但随着 1990 年以来的社会保障制度"再商品化"改革，社会保障制度的"道德风险"有所减弱。当前社会保障支出不再加剧失业，但失业的确是社会保障支出不断高企进而导致政府公共债务风险扩大的原因。

然而，财政收支失衡是财政职能发挥的结果，因此为了能够更加清楚地认识主要经济体财政收支失衡的原因，深刻理解公共债务风险扩的制度性因素，必须进一步分析各国的财政预算理念及财政政策变化。

第三章 公共债务规模扩张的制度性反思

第一节 财政预算理念的演变

所谓财政预算理念，就是政府预算结果所依赖的准则是什么，是否可以有赤字，何时可以有赤字以及财政赤字可以有多大的政府理财观念，也可以称之为财政赤字观（李翀，2011）。政府具有什么样的财政预算理念，决定了其财政政策操作的总体方向，也决定了一国政府可以接受的公共债务规模。财政预算理念的转变通常会伴随着财政政策思想的转变。回顾历史，以美国为代表的发达经济体的财政预算理念有过五次重要的转变。

一、第一次转变：预算平衡到赤字财政

财政预算理念的第一次转变发生在20世纪30年代，由平衡预算转为赤字财政。在此之前，以马歇尔等人为代表的传统古典经济学理论一直在西方经济学界占据主导地位。在传统古典经济学思想的影响下，世界各主要国家的政府恪守财政收支平衡的原则，认为经济体系可以依靠市场自发的力量实现供求平衡和充分就业的均衡状态，政府只是充当"守夜人"的角色。1929年资本主义大萧条爆发后，面对市场的持续低迷、企业投资的不断萎缩以及失业率的上升，当时的美国总统胡佛恪守传统的财政思想，坚持预算平衡，拒绝动用更多的政府资金来挽救濒临崩溃的宏观经济，并指出"国家的福利要求保持联邦政府财政政策的完善。……我们正处于这样一个阶段上，在这个阶段上，联邦财政将不允许承担任何义务来从政府的正常收入中扩大开支"（胡国成，1989）。胡佛的放任主义没能战胜大萧条，企业和市场并没有像以往一样在危机中自我修复。美国以及欧洲的资本主义国家在危机的泥淖中越陷越

深。面对日益严重的经济形势，民众开始斥责政府的不作为，人们开始重新认识政府与市场的关系，并对传统的经济学思想产生质疑。1936 年，英国经济学家凯恩斯出版了《就业、利息和货币通论》，质疑传统的财政政策思想，明确地提出政府应该直接干预经济，采用扩张的财政政策——即赤字财政的方法克服经济衰退。凯恩斯认为，在经济萧条时期，政府应该采用扩张性的财政政策去刺激总需求。

凯恩斯的政策思想在是否应该有财政赤字这个问题上实现了突破，但财政赤字是否应该常态化、财政赤字的规模究竟应该有多大等问题，凯恩斯并没有给予说明（李翀，2011）。对于凯恩斯思想的实际作用，一些学者认为，在 20 世纪 30 年代真正运用凯恩斯上述思想来克服经济衰退的国家并不多，即使美国"罗斯福新政"的反危机手段也可能仅仅是对凯恩斯理论主张无意识地实践尝试（王志伟、毛晖，2003）。但毋庸置疑的是，罗斯福新政以及其他西方资本主义国家的反危机措施符合凯恩斯思想的主张。罗斯福新政事实上成为凯恩斯的赤字财政思想应对经济衰退的效果的首次政策实践和效果检验。

二、第二次转变：赤字财政到周期性预算平衡

财政预算理念的第二次转变发生在 20 世纪 40 年代后期，由赤字财政进一步发展成为周期性预算平衡。周期性预算平衡是指，在经济处于衰退阶段，实际生产总值低于充分就业的产值（潜在产值），政府应该扩大财政支出，采用赤字财政的方法刺激经济，随着经济复苏，财政收入得到提高；当实际产值达到甚至超过充分就业状态下的潜在生产总值时，政府支出减少，财政收支出现盈余。由此，政府可以借助充分就业状态下的财政盈余弥补经济衰退条件下的财政赤字，实现财政预算的周期性平衡。即，财政预算不需要每年都实现收支平衡，只需要在一个经济周期内实现平衡就可以，其目的在于熨平经济周期，实现持续的充分就业。周期性预算平衡的赤字观是政府实施补偿性财政政策（compensatory fiscal policy）的必然结果。补偿性财政政策思想最初由凯恩斯主义的主要推动者——美国经济学者阿尔文·汉森在其 1941 年出版的著作《财政政策与经济周期》中提出，并在其 1947 年出版的著作《经

济政策与充分就业》中进一步完善。所谓补偿性财政政策，又称"相机抉择的财政政策"或"周期性平衡的财政政策"，即当经济步入衰退阶段时，政府采取扩张性的财政政策，通过降低税收、增加政府支出等措施刺激总需求，促进经济复苏；当经济步入繁荣阶段时，政府采取紧缩性的财政政策，通过减少政府支出、增加税收等方式防止经济过热，抑制通货膨胀。

补偿性财政正式作为美国政府的财政政策取向的标志为1946年《就业法案》的通过。该法案最初由当时的美国国会议员穆里于1945年1月提出，因此也称为"穆里法案"，1945年9月28日由参议院表决通过，至此美国官方第一次明确指出为应对经济衰退和失业所导致的财政失衡是正确的财政政策，摒弃了年度财政预算平衡的财政观念。[①]就业法案的推动者大多受凯恩斯观念的影响，为了防止二战后的美国经济陷入萧条，认为促进充分就业、维护经济稳定应该成为联邦政府的主要责任。在汉森的理论支持下，法案的推动者认为，如果预计经济产值低于充分就业的水平，政府应该允许足够的财政赤字刺激经济以实现潜在经济产出；如果关系倒转，政府则实施财政紧缩，实现财政盈余，将经济产出降至潜在水平。这种实现经济稳定的方法则称为"补偿性财政"（C. J. Santoni，1986）。补偿性政策成为20世纪50年代美国政府财政政策的主要基调。

三、第三次转变：周期性平衡到充分就业预算

财政预算理念的第三次转变发生在20世纪60年代，由周期性的预算平衡进一步发展成为充分就业预算。充分就业预算最早来源于1947年美国经济发展委员会[②]提出的概念——"充分就业预算盈余（full employment budget

① 参见 Alvin H. Hansen: *Economic Policy and Full Employment*，McGraw-Hill Book Company，1947: 112-114。罗斯福执政期间美国政府虽然产生了事实上的赤字财政，但从财政理念上，罗斯福是"财政平衡论者"，美国的官方文件也一直强调年度财政平衡，财政赤字可以说是一种对现实经济情况的"妥协"。

② 美国经济发展委员会（Committee for Economic Development，简称CED）成立于1942年，属于非营利、无党派组织，其经济主张是"保守的宏观经济学"，认为应该运用财政政策对总需求进行管理，但对财政政策应该加以一定的限制。CED对美国的经济政策发展具有重要影响，是"马歇尔计划"、"布雷顿森林协定"以及《1946年就业法案》等重要决策的主要贡献者。

surplus）"。1956 年，美国经济学者布朗在其论文中进一步发展了这一概念，并用它来分析美国 20 世纪 30 年代的财政收支情况，并认为当时的联邦赤字主要是财政自动稳定器调节的结果，而不是源于积极的财政支出。所谓充分就业预算盈余，就是指按照既定税收制度，在实现充分就业的条件下财政收入与财政支出的差额。1962 年，以沃尔特·赫勒和詹姆斯·托宾为代表的肯尼迪总统经济顾问委员会首次在国情咨文中引入该概念，并对该概念进行了更为详细的阐述； 1964 年的年度报告开始运用充分就业盈余的思想对美国政府的预算计划进行分析（Arthur M. Okun & Nancy H. Teeters，1970）。随着应用的不断深入，充分就业预算盈余逐渐成为经济研究者和美国财政当局估量财政政策的态势、测度财政政策的效力以及制定财政政策的依据之一（李扬，1987）。充分就业预算的主要论点是，"不同发展时期社会投资水平不同，为实现充分就业所要求政府追加的投资也不同，投资的赤字或结余应当依据这种客观需求来设计。同时，还应当区别积极的赤字和消极的赤字。在就业不足、生产下降时，预算收入减少，入不敷出，这时出现的赤字是消极的赤字；为达到充分就业，政府减少税收、增加投资支出所导致的赤字是积极的赤字，因为它终将为政府带来更多的收入。政府的任务就是审时度势，准确核算，以实现充分就业为目标来进行预算收支的设计，而不是采取仅以保证预算结余为目标的单纯财政观点。"（陈宝森，2007）简单地说，充分就业预算是指，只要国民生产总值低于充分就业（失业率为 4%）下产值，政府就应该采取扩张性的赤字财政政策刺激经济，只要在充分就业的条件下达到预算平衡即可。

这一转变标志着财政由传统预算平衡型财政向功能财政的彻底转变，意味着财政预算不再着眼于年度均衡或者周期性均衡，财政政策脱离了传统"预算平衡"的约束框架，充分发挥其宏观调控功能以实现充分就业和经济稳定增长，财政赤字可以常态化。针对这种财政预算理念，曾经在艾森豪威尔执政时期担任过总统经济顾问委员会主席的伯恩斯指出，政策应该是增长取向的而不是周期取向的；最重要的问题是实际产出与潜在产出之间的缺口是否存在。当缺口存在时，应该使用财政赤字和货币工具来促进扩张；倘若在刺激过程中没有形成向上的较大的通货膨胀压力，那么必须保证刺激足以填补缺口。[①]

与此财政预算理念相对应的是，政府采取增长性的财政政策。所谓增长性的财政政策，就是政策的制定以实现充分就业和经济稳定增长为目标，政府应该采取更为弹性的财政政策，减小经济波动，实现充分就业，使得经济能够在潜在趋势上运行。其与补偿性财政政策的区别在于，补偿性财政政策是反危机式的，在经济回升时期财政政策会适度收缩；而增长性的财政政策是增长导向的，即使在经济复苏阶段，只要实际产出水平低于潜在产出水平，也要实施扩张性的财政政策刺激经济。

之所以实施这种转变，其原因在于，虽然相比战前而言，二战以后美国经济取得了很大发展，但赫勒等（1962）认为，直至1961年，美国政府并未实现《1946年就业法案》所指定的经济目标，战后15年间美国共经历了四次经济衰退（1948—1949年；1953—1954年；1957—1958年；1960—1961年），每次持续时间约为13个月。从经济产出来看，按照1961年的不变价格计算，20世纪50年代美国的GNP缺口达到1750亿美元；从失业率来看，大约三分之二以上时间的失业率均在4%以上，1960年1月失业率甚至到达7%。对此，赫勒（1969）指出，"潜在GNP与实际产值之间的缺口不断扩大，正是长期实施补偿性财政政策的后果。因为补偿性财政政策要求政府在经济危机之后增加税收和削减开支，以弥补政府财政预算在应对萧条时所产生的赤字。而这种为弥补财政赤字所采取的增税减支政策，则对经济的持续复苏造成了一种'财政阻力'。"（王志伟、毛晖，2003）因此，赫勒等人认为，政府需要采取更为弹性、扩张的财政政策，通过改变税基和支出项目来刺激经济，而不能仅仅依赖于财政自动稳定器的作用。增长性的财政政策成为美国政府20世纪60—70年代的主要政策基调。

① 转引自李翀：《财政赤字观和美国政府债务的分析》，《经济学动态》2011年第9期，第104—109页。

四、第四次转变：充分就业预算到上限管理准则

财政预算理念的第四次转变发生在 20 世纪 80 年代，强调财政预算平衡逐渐取代充分就业预算成为美国等发达经济体政府追求的目标，并最终发展成为上限管理准则。所谓财政预算准则，就是设定一个财政赤字上限或公共债务警戒线，只要没有达到上限或触及警戒线，那么财政赤字的规模就是可以承受的。其中，1991 年 12 月，在荷兰举行的欧洲共同体首脑会议上所签订的《马斯特里赫特条约》中所规定的标准最具代表性：即各国的财政赤字须控制在 GDP 的 3% 以下；公共债务余额占 GDP 的比例保持在 60% 以下。该标准后来成为世界主要经济体认定的标准。但除此之外，美国还对财政赤字和公共债务上限的具体额度做出明确规定。

与这种财政预算理念相对应，美国财政政策理念由增长性财政政策转向为减税政策，即由"需求管理"转向"供给管理"，意味着政府的政策理念由凯恩斯主义向新自由主义转变。这种转变的背景在于，20 世纪 70 年代滞胀的发生使得凯恩斯主义理论受到质疑。西方经济界反思认为，政府长期使用扩张性的财政政策是滞胀发生的主要原因。供给学派认为，通过扩张性的财政政策来增强需求不一定造成实际产量增长，反而会导致货币供应量增加，从而推动物价上涨，储蓄率下降。这样必然会引发利率上升，影响投资的增长与生产设备更新，在这种情况下，生产就会出现停滞或下降的局面，从而形成"滞胀"（王志伟、毛晖，2003）。因此，减少政府干预、降低财政赤字的政策导向得到越来越多的认可。美国总统卡特在 1980 年的《总统经济报告》中指出，为了应对通胀，必须采取紧缩的预算政策，通过降低政府支出和放弃减税来降低财政赤字。20 世纪 80 年代以后，供给学派占据了西方经济学的主流地位，其政策主张也被美英等西方主要国家的政府采纳，主要强调：政府应该减少干预经济；减少政府支出实现财政收支平衡；减税，特别是降低边际税率以刺激生产。

五、第五次转变：上限管理原则到量入为出准则

第五次转变发生20世纪90年代中后期，量入为出准则取代里根时期以减税为主要特征的财政预算平衡原则。根据该准则，即每当政府增加大笔开支的同时，必须在其他项目上削减开支或增税，以保持收支平衡，除了参院以超过60%的票数通过的特殊开支项目。量入为出的准则在小布什执政以后于2002年失效。小布什执政期间的财政准则与里根执政期间的财政准则较为类似，名义上是预算平衡的原则，实际上主要采取减税制度和债务上限管理的原则。奥巴马执政以后，量入为主的预算准则得以恢复，但相比克林顿时期有很大的调整。其核心特征是：财政预算总体保持跨期平衡的原则，一定时期内某些政策导致赤字上升需要在另一个特定时期通过其他政策得以弥补融资，但诸如立法通过的紧急支出项目、社会保障支出等并不受此限制。量入为出的准则并没有为总体的预算设立数字限制，而是注重程序性规则，并在事实上采取债务上限管理的原则。

克林顿执政时期，美国政府的财政政策由供给学派的减税政策改变为需求刺激与税收改革并重的"第三条道路"。所谓"第三条道路"，既反对新自由主义倡导的政府对经济完全放任自由，也反对传统凯恩斯主义式的政府过度干预经济，而是坚持政府须对经济进行适度干预，尤其是通过财政手段，以促进充分就业和经济增长。这种思想具备新凯恩斯主义的特点。具体体现在政策方面，就是短期内采取赤字财政政策刺激经济，促使经济增长，增加就业；但在长期内调整税收结构和财政支出结构，逐步减少财政赤字，同时适当增加公共投资，以促进经济稳定增长。政策发生转变的原因在于，尽管在供给学派政策主张的指导下，美国在滞胀后一段时期内经济稳定增长，然而，从1989年初至1990年第3季度连续七个季度，经济增长逐步停滞，在最后两个季度内GDP甚至绝对下降，1991年的经济增长率为负增长。另一方面，在经济疲软的条件下，政府干预比不干预的政治风险要小很多。

第二节　美国财政政策实践与公共债务扩张

一、赤字财政政策（1929—1944）

上述财政政策理念在美国政府的财政政策实践中得到了很好的贯彻。面对 20 世纪 30 年代经济大萧条，罗斯福采取了赤字财政政策，被称为"罗斯福新政"。罗斯福新政的具体内容主要包括：第一，开设大量的公共工程项目，以工代赈，促进就业；第二，整顿银行业，加强金融监管，改造银行体系，增强了国家对银行的管理和控制；第三，通过《农业调整法》和《国家产业复兴法》为国内农业生产和工业生产提供良好的市场机制和政策条件；第四，建立美国的社会保障体系，通过《社会保险法》《全国劳工关系法》《公用事业法》《公平劳动法》《税收法》等一系列法规调整劳动关系和社会收入分配，完善劳动力市场机制。罗斯福新政持续了六年时间（1933—1938），新政结束后，美国进入战时经济状态。在二战期间，罗斯福采取了以下财政政策：一方面运用税收杠杆约束消费者的购买力；另一方面，运用赤字预算支持战时生产（陈宝森，2007：126）。战时美国的联邦税率大幅度提高，个人收入在普通个人所得税之外还要加增附加税，且免征点大幅降低，适用最高税率从 1939 年的 500 万美元所得降至 1944 年的 20 万美元所得；公司利润的标准税率从 1939 年的 19% 提高至 1943 年的 40%。然而，尽管税率大幅度提升且联邦财政收入有所提高，但联邦收入远落后于联邦支出增长速度，1942—1944 年联邦收入甚至不及联邦支出的一半。

罗斯福新政以及其在二战期间实行的赤字财政政策导致美国财政赤字大幅攀升，但为美国带来经济繁荣和充分就业。在罗斯福执政期间，GDP 增长率最高时达到 18.5%，失业率从最高时 1933 年的 24.9% 降至 1944 年的 1.2%，但财政收支年年处于赤字状态，财政赤字最高时达到 545.54 亿美元，是当年财政收入二倍以上。赤字财政政策以及第二次世界大战导致美国债务余额大幅增加，公共债务余额达到 2010.03 亿美元，债务负担率为 91.45%。但需要指出的是，罗斯福的赤字财政刺激经济的政策虽然增加了美国公共债务的余额，然而并没有导致债务负担率的上升，1933年为39.16%，1939年为43.16%，但1941年时已降为38.64%，1941年以后美国全面参战后才导致债务负担率大幅上升。

二、补偿性财政政策（1945—1960）

面对二战对美国经济增长和财政的造成的后果，美国政府实施了补偿性财政政策。此期间主要涉及杜鲁门和艾森豪威尔两届政府，其执政时间分别为1945—1952年和1953—1960年。罗斯福新政以及二战期间，巨额的赤字与经济迅速扩张结合在一起，使得许多美国人开始相信巨额的财政赤字不仅仅是战争期间经济增长的保证，也是和平时期保持经济繁荣的必要组成，凯恩斯主义的舆论得到越来越多的认可。因此，尽管从根本上看，杜鲁门和艾森豪威尔属于预算平衡论者，但其政策取向基本延续了罗斯福新政时期的做法。杜鲁门在其最后一次《总统经济报告》中回顾指出，其任职期间的政策取向旨在实现《就业法》所含的经济目标，具体而言有以下三个：第一，在企业和各级政府之间实现良好的经济政策协调；第二，防止经济萧条；第三，采取积极连续的措施实现充分就业、达到潜在产值。杜鲁门采取补偿性的财政政策主要体现在：其一，面对二战带来的经济扩张及通货膨胀压力，减少军费开支以及实施紧缩性货币政策；其二，在紧缩性财政政策的影响下，1949年经济步入衰退，杜鲁门则积极通过朝鲜战争等军事扩张、扩大福利支出以及减税等扩张性财政政策刺激经济，从而实现经济复苏。杜鲁门执政期间，财政盈余的年份和财政赤字的年份各为4年，但总体为财政赤字，赤字累积额达到456.3亿美元。艾森豪威尔执政以后，公共工程项目以及社会保障的覆盖范围都有所扩大，保持了罗斯福新政以来的政策连续性，但财政政策的补偿性特点进一步显现。在其任期八年内，财政盈余的年份为3年，但累积的财政赤字只有186亿美元，到1960年底美国债务负担率为54.4%，是1943年以来的最低点。

三、增长性财政政策（1961—1980）

增长性财政政策（20世纪60—70年代）主要涉及肯尼迪（1961—1963）、约翰逊（1963—1968）、尼克松（1969—1974）、福特（1974—1976）、卡特（1977—1980）五届政府。肯尼迪任职初期主要推出以下几项财政政策：一是个人所得税减税计划；二是扩大公共投资；三是完善失业救助。其中，经过与国会的博弈，刺激性的减税政策成为肯尼迪政府增长性财政政策的核心，具体包括三项目标：一是把个人所得税率从20%—91%降至14%—65%；二是把公司所得税从52%降至47%；三是把公司所得税档次中的第一档次（25000美元）税率从32%降至22%；整个减税计划的净结果是减少税收102亿美元（陈宝森，2007）。然而，财政政策还未来得及全面实施，肯尼迪遇刺身亡。约翰逊接任之后，不但沿用了肯尼迪的减税计划，而且提出更为激进的"伟大社会"计划，具体内容包括：城市化结构改革、"向贫困宣战"计划、进一步完善教育和医疗体系、公民权利制度改革。[1]肯尼迪和约翰逊两届政府的增长性财政政策实践不仅将美国带出经济衰退，甚至将美国带向战后经济发展的黄金年代，而且在此基础上将进一步把美国推向"福利国家"的道路。在财政收支方面，1961—1968年美国政府的财政预算全部为赤字，1968年美国财政赤字达到251.6亿美元，财政赤字占GDP的比例达到3.7%。但是，由于经济实现快速增长，政府的债务负担率持续下降，1968年为38.2%。

尼克松执政以后，美国的宏观经济形势发生变化，通胀成为美国政府亟须解决的问题。因此，执政初期实施了紧缩性的财政政策和货币政策。然而，紧缩性的经济政策不仅没有降低通胀，反而导致GDP增速下滑、失业率提高。1971年尼克松实施"充分就业预算"的财政政策，并辩解称"在充分就业的生产状态下，政府支出将不会超过政府收入，从而也可以限制通胀的趋势"（Council of Economic Advisers，1971）。然而，尼克松所实施的刺激性经济政策的效果是短暂的，1974—1975年美国经济再次陷入严重的滞胀状态。福

---

① 详细内容参看 Council of Economic Advisers：*The Economic Report of the President：Transmitted to the Congress*，United States Government Printing Office，Washington，January 1965：145–168。

特上任后，采取更为激进的财政刺激计划，在推出公用事业就业计划的同时，呼吁实行更大幅度的减税。1976 年，美国经济有所好转，但福特在竞选中落败，政策的效果没能得到继续验证。1977 年，卡特接任美国总统，面对仍然高企的失业率，卡特尽管支持保守主义的经济政策，但仍然实施了充分就业预算的财政准则，并签署了《充分就业和平衡增长法》（又称汉弗莱·霍金斯法案），明确把实现充分就业（自然失业率修订为 4.9%）确定为政府干预经济的重要目标，进一步扩大干预的权限和范围（叶姗，2009）。然而，在石油危机的冲击下，美国经济并没有明显的好转，1980 年美国经济再次陷入负增长，失业率上升至 7.2%，通货膨胀率达到 13.5%。"滞胀"的持续存在使得凯恩斯主义的经济政策受到质疑。但有一点需要指出的是，尽管 20 世纪 70 年代美国持续实行充分就业导向的赤字财政政策，财政预算年年为赤字，但债务负担率并没有上升，还略有下降，从 1969 年的 35.93% 降至 1980 年的 32.56%。

四、新自由主义财政政策（1981 年至今）

里根执政美国后，面对滞胀，里根政府采纳了供给学派的政策主张。具体至财政预算方面，1982 年开始参众两院都考虑通过立法实现平衡预算，但由于两院对平衡的定义、要求达到平衡的时间以及其他规定各不相同，因此两院开始了历时多年的限制预算辩论，最终催生了 1985 年的《平衡预算和紧急赤字控制法案》（又称格拉姆 - 拉德曼 - 霍林斯法案）。该法案规定了 1986—1990 年各年度的财政赤字最高限额，要求分阶段削减赤字，直至 1991 财政年度达到预算平衡，否则总统有权强行削减政府开支，从而限制政府职能、减少政府干预，让市场机制发挥更大的作用（马丁·费尔德斯坦，2000）。然而，1986 年 7 月，最高法院宣布该法案的部分条款违反宪法。1987 年美国国会对该法案进行修正，许多条款与 1985 年立法的条款相似，但放宽了削减赤字的力度，直到 1993 年实现预算平衡。然而，具有讽刺意味的是，尽管里根坚持保守主义的财政政策，并试图通过立法减少财政赤字，但里根执政的八年期间，大幅采取减税政策，财政预算年年为赤字，财政赤字最高的年份为 1986 年，达到 2212.3 亿美元，占 GDP 的比例为 5.3%。连年的财政赤字导致公共债务余额大幅上升，1988 年公共债务余额达到 26023.38 亿美元，约为 1981 年的 2.6 倍。另外，供给学派的政策主张尽管降低了通胀水平，但经济增长的效果似乎并不理想，1981—1988 年实际 GDP 年均增长率为 3.37%，而 1971—1980 年实际 GDP 年均增长率也达到 3.18%，两者相差不足 0.2 个百分点。[①] 在债务大幅扩张和经济增长没有明显改善的条件下，1988 年美国债务负担率上升至 51.9%。

老布什上任以后，面对高额的债务和财政赤字，基本上延续了里根时期的政策主张，但并没有继续减税，从而追求预算平衡（Council of Economic Advisers，1990）。然而，由于海湾战争、经济衰退以及失业率的上升，财政支出不减反增，1989—1992 年财政赤字连续扩大，1992 年财政赤字达到 2903.2 亿美元，占 GDP 的比例为 4.9%，债务余额达到 40646.21 亿美元，债务负担率为 64.1%。

在克林顿担任美国总统的 1993 年至 2000 年期间，美国政府的财政政策操作发生转向。面对巨额的公共债务和财政赤字，克林顿政府的财政政策总体目标是：优化财政开支结构，逐步减少财政赤字，最终实现财政盈余（原玲玲、杨国昌，2004）。1993 年，克林顿政府颁布了《综合预算调整法案》，该法案规定在 1994—1998 年的五年间削减联邦政府预算赤字 5000 亿美元，其中，在财政支出方面，按照不变价格计算，国防、行政支出、医疗保健费用等政府自主调节的财政支出减少 12%；在财政收入方面，提高前 1.2% 高收入阶层的个人所得税和公司所得税等税率（Council of Economic Advisers，1994）。1997 年，美国国会又通过了《平衡预算法案》和《纳税人救助法案》并由克林顿签署颁发，继续把削减预算赤字作为中心内容，平衡预算的趋势进一步加强。总之，在克林顿政府"新经济"经济政策的刺激下，1992—2000 年，美国经济快速增长，财政收入不断提高，财政支出结构不断优化，财政赤字不断降低，1998 年财政预算实现盈余，此后不断增加。2000 年财政盈余达到 2362.4 亿美元，债务负担率降至 57.3%。

进入 21 世纪以后，伴随着网络泡沫的破灭，美国经济发展动力再次减

---

① 年均增长率由笔者根据美国历年实际 GDP 增长率（以 2005 年价格为基准）计算得出。

弱，面对大量财政盈余，小布什政府于 2001 年颁布了历史上减税规模最大的法案——《经济增长和减税调节法案》，计划在十年减税 1.4 万亿美元。[①] 而在支出方面，则大幅增加国防支出和军事计划开支。2001—2008 年，在布什扩张性财政政策的推动下，美国财政预算持续呈赤字状态，2008 年财政赤字高达 4585.53 亿美元，公共债务余额攀升至 100247.25 亿美元，债务负担率为70.1%。

奥巴马执政以后，面对日益严重的金融危机，采取了激进的凯恩斯主义财政政策，于 2009 年 2 月签署了《2009 年美国复兴与再投资法》。根据该法案美国政府将在未来十年内投入 7872 亿美元，"拯救"美国经济并为其长远发展奠定基础。[②]2009 年，美国财政赤字突破万亿美元，达到 14126.88 亿美元，公共债务余额升至 119098.3 亿美元，债务负担率为 85.2%。2012 年，财政赤字开始下降，降至 10869.6 亿美元，2016 年进一步下降至 5846.51 亿美元，但公共债务余额进一步上升为 195734.45 亿美元，债务负担率达到 104.6%。

综上所述，20 世纪大萧条以来，尽管美国政府财政政策理念不断转变，但财政赤字问题始终没能得到有效解决，从而造成美国公共债务余额的不断增长。根据笔者测算，1940—2012 年，美国政府历年的财政赤字与每年新增的公共债务余额之间的相关系数达到 0.96。因此，美国公共债务规模不断扩大的一个很重要的原因就在于政府缺乏合理的财政预算理念，20 世纪大萧条以来连年采取赤字财政政策，财政赤字一直存在。

第三节　英国财政政策实践与公共债务扩张

一、凯恩斯主义赤字财政政策

20 世纪 30 年代大萧条以前，剑桥学派的理论一直是英国经济政策的主导

---

① 参见 http://bancroft.berkeley.edu/ROHO/projects/debt/economicgrowthact.html。
② 详细参见财经网：《奥巴马签署经济刺激法案》，http://www.caijing.com.cn/2009-02-18/110070159.html。

思想。这种理论体系的核心是局部均衡学说，政策的核心就是政府不干预企业的经营活动，只是为市场经济运行提供稳定的国际和国内政治环境，执行自由贸易和平衡性财政预算的政策（罗志如、厉以宁，1980）。大萧条的爆发使得剑桥经济学体系遭受质疑，马歇尔的均衡学说遭遇现实的困境。以均衡学说为指导思想的经济政策无法推动英国经济走出危机的困境，反而在危机的泥淖中越陷越深，失业问题愈发严重。在此背景下，凯恩斯的理论主张逐渐为英国政府所接受。1944 年，英国政府发布的《就业政策白皮书》标志着凯恩斯的《就业、利息与货币通论》正式成为英国政府经济政策的指导理念。

1945 年，工党在大选中赢得胜利，艾德礼执政英国政府。面对经济增长低迷、失业率和通货膨胀率高企、国际收支失衡的局面，实现充分就业并将英国建设成为"福利国家"是艾德礼政府的发展目标。在财政支出方面，第一，加大对企业和区域性的投资支持力度；第二，政府出资建立"国民保险"制度，提供失业救济金、退休金、寡妇救济金、监护人津贴及丧葬补助等经济资助，覆盖人群包括除学校儿童、养老金领取者、已婚妇女和年收入低于104 英镑的个体经营者之外的所有人员；第三，伴随 1946 年艾德礼政府颁布的《国民医疗保健法》，英国全民免费医疗服务体系最终建立；第四，提升住房建设支出。在税收方面，第一，增加收入所得税津贴，但减少标准税率，总体达到减税的目的；第二，对国内消费实行高税政策，限制购买外国货和国外旅游，以弥补国际收支赤字，消费税增加的幅度较小。总的来说，在建设福利国家和促进就业的指导思想下，艾德礼政府的财政政策奉行了凯恩斯主义的需求管理思想。

1951 年，丘吉尔领导的保守党重新赢得大选，丘吉尔再次执掌英国政府。整个 20 世纪 50 年代，保守党总体执行的是"走走停停"的财政政策，其原因在保守党的政策目标总是在国际收支平衡与充分就业之间徘徊。丘吉尔执政的第一年，总体实行了中性的财政政策。1953 年后，随着国际收支情况改善，丘吉尔政府采取了扩张性的财政政策，但主要工具是削减税收，以促进生产性投资和经增长。1957 年，麦克米伦政府执政英国以后，逐渐推出财政公共投资的计划。

二、增长导向的财政政策（20 世纪 60 年代至 70 年代中期）

20 世纪 50 年代后期，传统的凯恩斯主义政策框架逐渐被人诟病。批评者指出，凯恩斯主义需求管理政策不仅没有熨平经济周期，还没能减缓经济波动的幅度和频率。进入 20 世纪 60 年代，批评者更是指出，凯恩斯主义的需求管理政策有效性主要基于时间序列数据和准确的经济预测，但政府干预的时机和幅度并不恰当，以至于加剧了经济波动情况（Dow，1964）。因此，凯恩斯主义的需求管理政策反而成为实现经济稳定增长的制约条件。政策制定者认为，英国经济增长疲软的症结在于供给端的竞争力不足。1961 年 7 月，英国时任财政大臣塞尔文·劳埃（Selwyn Lloyd），保守党不再排斥经济发展中的"规划性（planning）"，要彻底审视英国经济发展的政策目标和政策工具，接受了国家经济发展委员会（National Economic Development Council，简称 NEDC）提出的建议，即将经济发展目标定为年增长 4%。1962 年，英国政府进一步细化经济发展的各项具体指标，包括经济增长率、特定产业部门的投资等。为了实现这些具体指标，促进供给效率的提升，在国家层面和产业层面建立相关的培训机构，以促进产业发展。在具体财政方面，英国政府设立了公共支出调查委员会（Public Expenditure Survey Committee，简称 PESC）。设立这一委员会的目的在于通过集中性的举措促进资源合理有效地分配，保证公共支出的决定时充分考虑经济快速增长的目标，探索税收体系改革路径尤其要促进劳动力利用效率和投资积极性的提升。然而，保守党的综合性财政政策未能解决"英国病"的问题，

1964 年工党执政后，威尔逊政府延续前任保守党制定的 4% 经济增长目标，同时设立经济事务部与国家经济发展委员会、产业培训委员会一起协调推进供给侧的现代化，通过 PESC 规划公共支出，改进税收体系以促进经济增长，诸如公司所得税改革、引入资本所得税改革以促进长期投资、建立选择性的就业税收体系以鼓励劳动力供给和促进工人在制造业就业。然而，威尔逊政府面临严重的国际收支不平衡的局面。由于英镑危机以及通货膨胀的压力，威尔逊政府的扩大公共支出计划面临很大的约束。1968 年，威尔逊政府

不得不削减公共开支，削减的主要方向是减少国防、铁路建设、住房和地方开支的计划。威尔逊政府的做法缓和了国际收支不平衡的问题，但国内经济失衡问题愈发突出。

1970年，爱德华·希思执政以后，面临经济增长乏力、失业率不断升高、工人运动高涨等局面，希思政府认为这是政府过多干预的结果，于是放弃了20世纪60年代英国政府所采取的一系列政策，诸如国家经济规划、经济增长目标、法定性的收入政策以及对私营部门的工资干预等，试图转向新自由主义的政策方向。在财政政策方面，主要体现为减少公共支出和降低税率。在减少公共支出方面，希思政府的主旨是缓解英国政府的福利支出负担，因此减少公共支出的项目主要包括就业补贴、农民补贴、居民住房补贴、上班族津贴、学校食物补贴等，其中最令人非议的是取消英国从1904年就开始为中小学生免费提供的牛奶。在降税方面，主要体现为简化税制、降低个人所得税的累进性、降低公司所得税，以促进工作和投资的积极性。

然而，由于减少福利性公共支出引发低收入群体的强烈不满，失业问题也没能得以有效的解决，基于国防安全的考虑挽救罗尔斯·罗伊斯公司和克莱德造船厂表明政府并没有实质性放弃干预工业发展，以及欧共体市场的激烈竞争等因素，使得希思政府在实施新自由主义导向的政策后不久，就开始转向凯恩斯主义的政府干预政策。希思政府的干预性财政政策主要体现为增支减税两个方面。在增加公共支出方面，希思政府提升退休金和社会保障金，积极增加工业干预方面的支出，具体工业干预领域包括能源、工业改革、航空业、核工业、造船业、国有工业、国际贸易、劳动力市场等等。然而，希思政府公共支出的增加推升了工资，并导致成本推动型通胀。1973年石油危机的爆发，导致通胀问题进一步加剧。在减税方面，希思政府降低所得税、消费税，以及为加入欧洲共同体采取合并所得税和附加所得税、降低关税税率等措施。希思政府的经济政策对于推动英国经济增长发挥了一定的作用，但是通货膨胀加剧并使得财政收支和国际收支赤字扩大。

1974年，哈罗德·威尔逊再次赢得大选，英国经济处于崩溃的边缘，通货膨胀高企，国际收支严重失衡，失业率居高不下。在财政支出方面，威尔逊政府采取采取了减少工业补贴、国防支出，但提高食物补贴、养老金、房租补贴等福利支出；在税收方面，提高汽油增值税、个人所得税率、公司所得税等措施。笔者认为，威尔逊政府的政策目的主要在于解决通胀压力，但兼顾低收入阶层的生活压力。然而随着石油危机的发酵，英国深陷滞胀的局面。1976 年，威尔逊因病辞去首相职务，詹姆斯·卡拉汉接任。卡拉汉政府面对日益严重的通胀压力，采取了削减公共支出、降低个人所得税等措施。

三、新自由主义财政政策（1979—1996）

1978 年英国通货膨胀率达到 8%，1979 年 4 月进一步攀升至两位数以上，通货膨胀—工资上涨—货币贬值三者之间陷入恶性循环。相比 1974 年英镑汇率，1979 年初英镑贬值幅度达到 50%。通货膨胀导致英国普通居民家庭的购买力大幅缩水，劳工冲突和罢工不断涌现。英国结构性赤字占国民收入的比例达到 4.8%。

这样的经济背景下，撒切尔政府于 1980 年发布《中期金融战略》，摒弃凯恩斯主义的需求管理政策，吸收供给学派和货币主义的思想，推行新自由主义政策如下：第一，紧缩货币，控制货币供应量以抑制通货膨胀。受弗里德曼货币主义的影响，治理通货膨胀是撒切尔政府的首要目标。第二，用市场力量代替政府的经济干预，推行国有企业私有化。第三，减税政策。一是降低所得税税率，个人所得税基准税率从 33% 降至 20%，最高税率从 83% 降至 40%；公司所得税主要税率从 52% 降至 35%；股票交易印花税率从 2% 降至 0.5%；二是将个人所得税税级缩减为 6 级并进一步减至 3 级；三是降低针对工作的国民收入附加费，直至 1984 年彻底取消；四是减轻资本所得税负，遗产税税率从十四级、最高税率 75% 简化为单一税率 40%。第四，压缩公共财政开支。其一，1979—1980 年压缩财政支出 25 亿英镑；其二，压缩除国防、警察以及国民健康保险制度以外的所有财政开支，尤其是国民工业补贴、住房补贴、社会保障费用、地方政府补贴以及部分教育支出等；其三，减少无效率的税式补贴，补贴主要用于刺激企业研发的积极性，提升资源配置效率。撒切尔政府的新自由主义政策对于英国经济增长和财政收支改善发挥了积极的作用，英国经济连续 8 年保持增长，公共支出的比重历史上第一次下降至 40% 以下，1988 年以来财政收支持续盈余。然而，撒切尔政府的新自由主义政策似乎并没有从根本上解决英国经济发展存在的问题，经济增长的背后就业状况没有得到彻底的改善，失业率依然较高，社会收入差距不断扩大。20 世纪 90 年代初期，英国财政收支开始恶化。后续的梅杰政府在宏观经济政策方面基本上没有发生太大的改变，财政赤字愈演愈烈，1992—1993 年度结构性财政赤字占国民收入的比例达到 5.5%，1993—1994 年度总体财政赤字占 GDP 的比重达到 7.7%，英国经济一直处于低谷之中，经济危机严重。导致英国经济疲软的主要原因，除了其自身的经济痼疾外，还与保守党政府的经济政策有关：其一，政府长期信奉货币主义，强调不能依赖财政政策摆脱经济衰退；其二，宏观经济政策目标经常变动，缺少一个稳定的长期发展计划，公共投资水平较低，财政政策刺激投资、促进经济增长的作用被大大削弱；其三，银根紧缩，货币供应量减少，经济复苏困难，进一步加深了危机。

四、第三条道路：新工党政府（1997—2010）

保守党政府实施的新自由主义政策导致英国社会矛盾突出，最终导致保守党在 1997 年的大选中败北，布莱尔领导的工党成为新一届政府的执政党。布莱尔执政以后，其治理理念不同于之前的凯恩斯主义和新自由主义，采取了介于"专注于国家控制、高税收和维护生产者利益的旧的左倾思想"和"主张狭隘的个人主义和自由市场经济是能够解决一切问题的新右翼的自由放任主义"之间的"第三条道路。关于"第三条道路"的内涵，布莱尔在英国费边社出版的小册子《第三条道路：新世纪的新政治》中指出，"第三条道路"并非左派和右派的妥协，而是寻求中左道路的基本理念，并将其应用于经济改革当中。关于国家发展的方向，"第三条道路"旨在将福利国家改造成为"社会投资国家"，把用于公益事业的支出转变为人力资本投资，即教育和职业培训投资；在经济体制方面，赞成新型的混合经济，强调规则与竞争，而非所有制。在具体政策主张方面，布莱尔与时任美国总统克林顿的理论较为一致，即反对政府直接干预经济，支持对重要的工业部门、税收和政府开支进行大胆改革。既要促进市场主体自由竞争，但也要充分发挥政府的作用，遏制市场的消极作用，保护社会弱势群体。布莱尔接任时，结构性财政赤字占 GDP 比例达到 2.8%，投资率低下，公共债务持续攀升，公共部门净债务占国民收入的比例达到 42.5%。[①]

在这样的背景下，在具体财政政策方面，布莱尔政府推出财政稳定性原则，具体表现为两点：一是黄金财政规则，即政府债务融资只能用于投资，经济性公共支出只能依赖税收，经常性财政收支需要保持盈余或者平衡状态；二是可持续的投资规则，即公共债务占国民收入比例不超过 40%。具体来讲，第一任期内，在财政支出方面，压缩经常性财政支出。在税收方面，第一，实际提升燃油税和烟草税；第二，采取新的预算措施，例如废除股息税减免政策等；第三，在居民收入水平增加的同时，并不提升个人所得税起征点。经过 4 年以后，无论是总财政预算还是经常性财政预算，均实现盈余。2000 年，总预算盈余达到国民收入的 1.9%，其中结构性盈余占国民收入比例为 1.1%，周期性盈余占国民收入比例为 0.8%。第二任期伊始，适度提升之前削减的部分公共性支出，例如健康、教育、对低收入的养老金领取者补贴等，从而导致公共支出占国民收入的比例上升 3.8 个百分点。然而，由于新经济泡沫的破灭，资本市场剧烈震荡，从而导致来自金融市场的税收大幅减少。2005 年布莱尔第二任期结束时，经常性财政赤字占 GDP 达到 1.6%。2006 年起，布莱尔政府的财政支出增速有所减缓，占 GDP 的比例有所下降，财政赤字也有所减小。然而由于国内教育改革和对外政策的原因，金融危机前夕，2007 年 6 月布莱尔辞去英国首相职务。

2007 年，戈登·布朗接替布莱尔之后不久，美国次贷危机爆发。面对愈演愈烈的金融危机，戈登·布朗不得不放弃他在布莱尔政府任职财政部长时所采取的"第三条道路"，采取应对危机的经济刺激计划，主要思路是减税增支，进行凯恩斯主义式的逆周期调节机制。

2008 年，面对国际金融危机的冲击，布朗政府新增债务规模占国民收入

① Robert Chote, Carl Emmerson, Gemma Tetlow: *The public finances under Labour*, https://www.ifs.org.uk/publications/4623, 2009-1-8.

的比例为6.7%，其中，大约占国民收入5.2%的债务用于弥补结构性赤字，这些费用主要用于投资性支出；占国民收入0.6%的赤字支出主要用于增值税减税；占国民收入0.9%的赤字支出用于适时的财政刺激计划。2009年上述三项支出继续增加，新增公共债务规模为1665亿英镑，占国民收入的比例约为11.8%，是二战以来的最高水平。2010年，临时性的财政刺激计划逐步退出，然而受周期性因素和结构性赤字的影响，债务融资的赤字规模并未显著降低。在新增赤字融资债务中，由于周期性因素导致的债务规模占国民收入的比例为3.8%；因其结构性赤字导致的债务规模占国民收入的比例为7.2%，其中占国民收入2.7%的赤字支出用于投资建设。截至2010年末，英国公共净债务占国民收入的比例为63.6%。

事实上，按照戈登·布朗最初的执政计划，在其任期内，每年的赤字规模占国民收入的比例总体控制在2%左右，主要用于投资性支出，奉行黄金财政规则。但金融危机的发生，使得布朗政府不得不放弃黄金财政规则，提升赤字融资债务规模，从而使得债务增长进入不可持续的轨道。

五、重拾新自由主义的财政政策（2010年至今）

2010年5月，戴维·卡梅伦当选为新一届英国首相。面对不断扩大的财政赤字和公共债务，卡梅伦政府经济政策取向有所改变，总体采取了宽松的货币政策和紧缩的财政政策。采取紧缩性财政政策的主要目的在于降低公共债务规模，实现财政可持续发展，实施宽松的货币政策以刺激经济的复苏。2011年财政预算设定了新的财政指令（fiscal mandate），5年内结构性经常性预算必须实现平衡或者盈余的状态。在设定新的财政指令前提下，卡梅伦政府也继续执行新工党政府的黄金财政规则。但是有所不同的是，新工党政府的黄金财政规则是要求在经济周期内保持经常性财政收支平衡或者盈余，但卡梅伦政府的新黄金财政规则则是要求5年任期内经常性财政收支保持平衡或盈余。在财政支出方面，总体大力压缩公共服务开支，但其中国民健康保险支出、国际发展以及能源与气候变革方面的支出会有所增长，国防、教育、文化传媒、体育、司法、对地方政府和社区转移支付、产业支持等都会大幅度下降；在税收方面，公司所得税法定税率从 2010 年的 28% 降至 2014 年的 24%，适当增加国民保险税率，个人所得税起征点上调，同时从 2013 财年起年收入高于 15 万英镑者征收的个人所得税率由 50% 降至 45%。

总的来说，卡梅伦政府执政期间，公共税收占 GDP 的比例稳定在 36% 左右，财政支出占 GDP 的比例从 43.5% 下降至 39.6%，经常性财政支出占 GDP 比例从 39.1% 降至 35.7%，经常性财政预算赤字占 GDP 比例从 4.9% 下降至 2.0%。

第四节　日本财政政策实践与公共债务扩张

日本公共债务为何如此庞大？学术界从不同的角度展开了分析。例如，傅钧文（2000）从制度性的角度分析指出，导致日本财政恶化的制度性因素包括预算的增量主义、压力团体、"族议员"、纵向行政及政府内部调整、审议会、"官僚下凡"、财政投融资机构的投资决策及危机处理、地方政府的依赖性等。刘昊虹、王晓蕾（2011）认为导致日本主权债务激增的主要原因表现为两点：一是 1985 年"广场协议"导致日元对美元的大幅且持续的升值，从而使出口导向型的日本经济受到了重创；二是日本政局的不稳定和经济政策的不持续，也就是说虽然有时政府推出以缩减财政赤字和政府债务为目标的紧缩性财政政策，但是这些经济政策往往服从于政治主张，都没有得到完整的实施。托马斯·克里特高尔、哈里·威勒（2016）指出，日本财政赤字不断升高一方面是因为日本经济增速由 20 世纪 80 年代 4.5% 的平均年增长率下降到 20 世纪 90 年代的 1.5%；另一原因是，由于人口老龄化愈发严重，医疗、医护支出增加，高昂的医疗、医护成本抬高了政府支出总额。张季风（2016）系统地总结了日本深陷财政困境的原因：一是经济波动因素，经济衰退造成财政支出增加收入减少；二是减税政策实施不当，未达到刺激消费、恢复经济从而自然增税的目标；三是人口老龄少子化国情使得财政支出结构恶化；四是制度性的扭曲因素，包括补充预算的惯性因素、财政制度改革滞后因素、顾全既得利益集团因素等；五是外部经济环境恶化的因素。然而，除上述原因之外，财政赤字的持续存在与一国政府的财政预算理念紧密相关。从上述文献可以看出，现有研究对日本财政预算理念的研究相对不足，通过分析不同时期日本财政预算理念的变化，并结合财政政策实施与经济发展状况更有利于深层次理解日本经济走向和财政困境成因。因此，本节根据二战后日本经济恢复和经济增长速度变化，对不同时期财政预算理念演变以及财政政策实施进行了梳理。

一、平衡预算理念下的财政政策（1945—1970）

（一）战后恢复时期（1945—1955）

1945 年二战结束，日本彻底战败，经济濒临崩溃，多数城市在战争中被摧毁，国家财富损失巨大，物资严重匮乏，生产崩溃，劳动力锐减，通货膨胀严重。1947 年发布的《经济实况报告书》将之总结为"国家、企业、家庭皆有赤字，赤字在三者之间循环转嫁"。战争在破坏日本经济的同时也为其经济的恢复留下一定基础，基础设施和生产设备较战前有较大提高，战时所需的钢铁等重化产业仍保有生产能力。日本政府认为原材料、煤炭和电力供应不足是生产难以恢复的主要原因。在此背景下，吉田内阁实施"倾斜式生产"政策，将进口的石油优先供应给钢铁生产部门，增产的钢铁集中投入煤炭部门，再利用增产的煤炭提供给钢铁部门促进钢铁生产，形成良性循环，带动其他产业部门发展，从而促进经济恢复。最初两年，"倾斜式生产"达到了日本政府的预期效果，但是这完全是日本政府财政资金注入推动的结果。战后日本民间经济薄弱，企业资金紧张，加之美国对日本在诸多方面实施限制，日本企业自身不具备重建能力。但当时的日本财政也面临极大压力，从一般会计岁入结构来看，1946 年度依靠国债、借入金的比例达 37.4%，租税、印花税收入比例仅为 25.3%（孙执中，1988）。时任大藏相的凯恩斯主义思想拥护者石桥湛山认为，在生产设备和劳动力过剩的情况下，通过注入财政资金来恢复生产，由此引发的财政赤字、货币增发和通货膨胀都是可以被接受的（中村隆英，1977）。为此，日本还实行了复兴金融金库和差价补贴制度扶持产业发展。这些政策的施行在促进产业恢复发展的同时使得原本就十分严重的通货膨胀更加恶化。

在日本政府陷入恢复生产还是抑制通货膨胀两难时，美国人帮它做出了选择。战后不久，美苏之间出现"冷战"状态，加之中国革命局势转变和朝鲜半岛分裂，美国对日本的态度发生了巨大转变。从战后初期在政治、经济、文化各个方面对日本采取严格的占领政策，限制日本经济恢复发展，转为扶持日本，复兴日本经济，让日本成为美国在亚洲实施"遏制共产主义"全球战略的关键。为遏制通货膨胀，美国确定了"稳定日本经济九原则"和"稳定工资三原则"，随后又确定了道奇计划。道奇计划的核心思想是确立综合平衡预算思想，包括政府所有预算的平衡，通过压缩财政赤字降低通货膨胀，具体通过减支、增税和投融资加以实施。1949 年道奇思想下的日本财政预算较日本政府原定预算相比，租税及印花收入从 3654 亿日元提高到 5149 亿日元，增幅达 40.91%。从执行结果看，1949 年日本政府综合财政收支出现了 1567 亿日元的黑字，达到了道奇计划的目标。道奇计划成功遏制了日本的恶性通货膨胀，物价上涨率有所下降，但同时作为一项明显的紧缩性财政政策，也带来了银根紧缩、企业倒闭、失业增加的后果。虽然经济出现萧条，但由于 1950 年朝鲜战争的爆发，来自美国的巨额特需扭转了萧条，日本甚至出现"特需景气"，道奇思想仍得以施行。为更好地保障税收收入增长，平衡财政预算，同年美国又提出"夏普劝告"，即建立以所得税为中心的直接税制，中央、地方税源分配，个税、法人税和申报制度改革和制定产业税制，建立了偏向大企业、鼓励资本积累的倾斜式政策税制。

经过 10 年的时间，日本经济在战后实现全面复兴，在美国的主导下建立了资本主义民主制度下的财政运营法律框架。日本制定了新宪法和《财政法》，确定了财政民主制原则和预算平衡原则。《财政法》第四条规定："国家的岁出，必须以公债或借款以外的岁入作为其财源。"

（二）经济高速增长时期（1955—1970）

经济全面复兴后，日本政府把经济增长视为经济政策的主要目标。在特需支持拉动经济增长的效用消失殆尽后，日本政府确立了增长优先和贸易立国的经济战略。在平衡预算原则下，财政金融政策的实施基于"在确保通货价值稳定，注意尽可能缩小景气变动幅度的同时，顺利并恰当地为经济发展提供必要的资金"的思路[①]，强调财政政策的灵活性，与金融政策的互补性以及财政投融资的作用。

在1955年至1970年经济高速增长期间，日本政府十分重视资本积累对经济增长的作用，聚焦提高国民储蓄率、扩充资本。与之对应的财政政策之一便是大规模年度减税，经济高速增长为日本带来大量税收收入，而相当一部分税收增长额被用于减税，此间日本的税收负担率在西方发达国家中为最低。通过减税，变相将政府收入转移到国民手中，提高了储蓄率，加速资本积累，同时有意识控制政府支出，增加政府储蓄。此外，重视投资，日本财政支出中公共投资支出占较高比例。一系列政策实施使得日本经济发展迅速，期间日本一共经历了4次景气，但同时也经历了3次由资源约束引起的经济衰退。设备投资激增、国内消费扩大和对外出口的迅速增长使得日本经济飞速发展，然而日本是一个自身资源有限的国家，国内资源供应无法满足生产规模扩大和内需增长，这一矛盾成为制约经济发展的阻碍。因此需要大量依赖进口，导致国际收支赤字。

为解决国际收支赤字，日本政府采取紧缩政策，经济出现萧条，但这种萧条是政府为解决国际收支失衡主动选择的结果，国内市场需求并未真正消失，只是被暂时抑制。同时日本政府采取"汲水政策"，即在经济出现波动时通过一定数额的公共投资使经济自动恢复景气。日本经济从萧条到景气未超过一年，汲水型财政政策取得成功。这一时期日本财政政策仍遵循平衡预算原则，虽然在1965年由于日本政府对经济形势判断失误，战后首次发行赤字国债，但1966年即停发赤字国债，发行建设国债。随着"伊奘诺景气"的到来，税收收入大幅上升，政府支出形势得到改善。大藏省采取不搞补充预算、调整特别折旧、进行机构改革等多种方法健全财政，在1965至1970年间建设

①［日］经济企划厅编：《国民收入倍增计划（1961—1970年度）》，孙执中、郭士信编译，商务印书馆1980年版，第52页。

国债发行额逐年下降，1970年债务依存度仅为4.24%。因为此次赤字国债的发行是以补充预算方式进行，是应对意外情况的紧急措施。绝大部分日本文献并不以此作为战后日本发行赤字国债的起点（张淑英，1999）。这也从侧面体现出日本在这一阶段不存在凯恩斯主义政策，仍然奉行平衡财政的古典主义财政管理原则。

二、周期性预算平衡下的财政政策（1971—1979）

通过战后20多年的努力，日本经济高速发展，于20世纪70年代进入先进国家之列，日本经济的高速增长离不开投资的推动和对外贸易的发展，然而随着时间的推移，长期的重投资、轻消费模式造成生产能力过剩、企业投资欲望不足、劳动力短缺，很难再为经济增长提供动力，加之受到360日元/美元固定汇率制度终结和石油危机的冲击，物价上涨、通胀严重、出口受到打击，经济出现衰退。此前日本国内投资与消费的不平衡一直靠出口修正，出口受阻使国内需求不足的矛盾爆发出来。在内外因素的共同作用下，日本经济从高速增长模式进入低速稳定增长期。与此同时，国内经济发展目标也发生了变化，由追求经济增长优先转变为"向高福利经济前进"。20世纪70年代日本国民福利明显落后于西方发达国家平均水平，国内对提高国民福利水平的呼声越来越高，1970年日本经济企划厅发表的经济白皮书中明确提到"不是考虑每个年度的财政平衡，而是要在长期财政计划指导下，采取有计划的积极的公债政策，必须积累公共投资"。鉴于经济发展形势和国民需求，日本放弃了年度平衡的古典财政原则，预算原则转为周期性预算平衡的思想，整个70年代财政政策的实施在此原则下开展。

为应对尼克松冲击对日本经济造成的影响，日本政府采取双松的财政政策和货币政策来刺激内需，日本政府扩大了1972年的财政预算规模，增加公共工程投资和社会保障支出，发行1.95万亿日元的建设国债，同时实施减税政策以刺激经济恢复。随着田中角荣上台，日本政府推出了更加积极的财政预算，一般项目支出比上年增长24.6%，债券发行同比增加3900亿日元，同时田中竞选时承诺进行5000亿日元的税收减免，包括所得税、居民税和遗产税等。预算目的旨在推进经济复苏，然而政策实施初见成效时，1973 年第一次石油危机爆发再次打击了日本经济。石油危机导致日本国内物价迅速上涨，国际收支恶化，一度出现国际收支逆差。为解决这一危机，1974 年日本政府实行紧缩预算政策，对公共事业费进行压缩。但是这一政策不利于巩固自民党议员的选举地盘，为自己的选区和利益集团争取更多的公共投资和补助金是国会议员延续政治生命的必要条件（王新生，2002）。同时受财政紧缩的影响，经济复苏放缓，税收短缺，企业利润下降，经济出现负增长。出于经济和政治考虑，紧缩性财政政策未能得到长期实施。最终日本政府于1975 年追加了 8000 亿日元的公共事业费，提高公共事业费增长率，由于萧条导致税收收入减少，岁入出现亏空，在补充预算中发行了 2.29 万亿日元的赤字国债，加上建设国债，实际发行国债 52805 亿日元，国债依存度上升为 25.31%，从此日本政府走上了负债财政的道路。同时为向"福利型国家"转变，日本政府在财政支出方面也做出了相对调整，最突出的是社会保障支出占比的快速增长，以及财政投融资用于产业基础设施的比例下降，用于改善生活的比例大幅提升。经济发展速度的降低，使得税收不足问题日益凸显。1975 年后，赤字国债的发行呈现常态化。

随着国债发行额的增加和财政赤字的扩大，日本政府开始有意识地调整财政政策，精简开支、进行税制改革，以摆脱对赤字国债的依赖。1976 年财政部提出"中期财政展望"，将 1979 财年和 1980 财年设定为特别赤字融资债券发行为零的目标年。为实现"中期财政展望"，日本政府严格控制预算，削减政府开支，将预算要求准则由 1968 年的 25% 下调至 15%，此后又下调至 10%—15% 之间。同时为解决财政赤字、弥补税收不足，日本政府对税收结构进行了改革，重点包括所得税减免、特别税收措施改革、企业税增加和引入间接税。所得税的减免通过大幅提高所得税的最低应纳税额、大幅增加就业收入扣除额和扩大适用的收入等级实施；精简特别税收措施，其中 11 项被废除，58 项被缩减，提高汽车相关商品税率，对证券交易收益、娱乐和社会支出增税；公司税标准税率由 36.75% 提高至 40%；税务委员会于 1971 年编制的《长期税制报告书》中表达了"应适度增加税负，在税制中发挥间接税作用"的概念，考虑扩大个人消费税税基，并转向一般消费税，此后 1976 年的《中期税制报告书》中也表达了应考虑采用一般消费税的想法，不过由于尼克松冲击和两次石油危机，以及日本国内对于税制不公平的不满，关于间接税的讨论一直悬而未决。同时由于石油危机导致物价上涨和名义工资大幅上涨，所得税减免政策的性质发生了变化，变成了一种与价格调整相抗衡的减税，而企业利润的减少也使得税收未能达到增加的预期目标。通过抑制支出、调整税收结构和有意减少特殊赤字债券，到 1979 年政府债券的发行规模相对压缩，债券依存度由最初预算的 39.6% 下降到 35.4%，但财政赤字仍然存在，财政稳健的目的没有实现。

三、新自由主义思想主导下的财政政策（1980—2007）

（一）摆脱对赤字债券的依赖（1980—1991）

随着凯恩斯主义经济原理无法解决石油危机带来的滞胀问题，20 世纪 70 年代末 80 年代初以英美为代表的西方国家进行新自由主义改革，新自由主义有成为主流经济学之势，日本也受到新自由主义思潮影响，进行改革。80 年代财政支出中偿付国债的压力越来越大，财政政策调节经济的灵活性越来越弱，加之受金融市场利率上升的影响，日本政府把"财政重建"提到财政政策制定、实施的核心内容上。1980 年财政预算制定了到 1984 财年摆脱对赤字债券依赖的目标，最初，大平内阁想通过引入一般消费税作为新财源来提高税收收入，遭到自民党主要支持者的反对。自民党主要支持力量来自小批发零售业者，他们担心消费税的引入会无法再逃避税收，同时纳税人对当时的日本税制和政府不满，认为税负不公平，政府支出存在严重浪费，这一政策未能通过。最终，确立通过行政改革、削减支出并限制支出增长、减少债券发行和不依赖增税原则等方式谋求公共财政重建。具体措施包括：第一，严格控制财政支出总体规模增长速度，设立支出增长"负上限"指标，减少经常支出、减少地方分配税拨款，限制公共工程相关支出规模等。第二，精简政府机构，裁减公务员，限制公务员工资，压缩社会保障支出，减少补贴，降低公助，强调自助。第三，实行税制改革，尽管最初强调不增税，但是日本大藏省担心连续削减财政支出会使社会资本不足，强调增税与削减支出对财政重建同样必要（竹内宏，1993）。1981 年进行总体增税，包括公司税、酒税、销售税、印花税和证券交易税，1984 年石油税税率从 3.5% 提高到 4.7%。第四，推行公有企业民营化，提出将日本国家铁路、日本电报电话公共公司和日本烟草盐公共公司（日本三大公共公司）私有化。

尽管政府努力抑制支出，缩减债券发行规模，但由于税收自然增长缓慢，税收缺口依然很大，到 1984 年债券依存度仍为 25%，未能完成预期财政重建目标，日本政府重新将 1990 年确定为实现财政重建的目标年。此后，政府继续延续上一阶段政策措施，严格削减支出，同时放弃了"不增税重建财政"的原则，开征税率为 3% 的消费税以增加税收收入，加之三大公共公司私有化的落实带来股票销售收入，经济形势好转带来税收增加，财政收入得到改善，最终在 1991 年完成以消灭赤字国债为目标的财政重建目标。虽然赤字国债在 1991 财年停发，但建设国债发行仍在继续，日本财政并没有完全摆脱对赤字的依赖。

（二）泡沫经济破灭后"失去的十年"（1992—2000）

20 世纪 90 年代初日本泡沫经济崩溃，随之而来的是企业部门设备投资意愿降低、银行部门坏账严重、私人消费低迷、失业增多。然而在危机之初，自民党对危机没有清醒认识，1992 年的《经济白皮书》中称"泡沫破裂并没有给经济带来严重影响"，不愿放弃财政重建和"小政府"改革成果，实施赤字财政刺激经济；1993 年新联合政府上台，面对严峻的经济形势，为恢复经济增长，选择了传统的凯恩斯主义需求管理政策，希望通过扩张财政支出和减税来达到恢复经济增长的目的，而税收和支出的缺口则通过发行国债来弥补。为应对泡沫经济崩溃出台了一系列刺激性措施，财政政策上，多次围绕公共投资扩张财政支出和实行减税政策，希望利用预算支出扩张总需求，并于 1994 年重新发行赤字国债，此后赤字国债和建设国债的发行额越来越大。

随着经济逐渐复苏，财政收支也越来越大，1995 年 11 月大藏大臣发表

"财政危机宣言"，公开表示日本财政陷入非常困难的局面，国内要求财政重建优先的观点再次兴起。1996 年桥本内阁上台，自民党重新掌权，桥本提出从行政、财政、社会保障、经济、金融和教育等六方面入手，进行旨在健全财政、消灭赤字、摆脱对公债的依赖的财政改革，新一轮新自由主义改革在日本全面开展，财政政策由扩张性转为紧缩性。具体措施包括颁布《财政结构改革法》，限定预算增长幅度；将消费税由 3% 提高到 5%，对所得税和居民税进行特别减免；压缩赤字国债发行量；改革社会福利制度，个人负担医疗费比例由 10% 提至 20%，削减养老保险补贴等。所谓"鱼和熊掌不可兼得"，财政改革虽十分必要，但桥本内阁对经济形势把握不足，一味追求财政重建，使得经济再次衰退，加之医疗费用等改革引起国民不满，桥本内阁于 1998 年下台。

继任的小渊内阁吸取了桥本的教训，重新制定了景气优先的政策，大规模扩大公共事业投资，日本又走上了扩张性财政政策之路。政局不稳，执政内阁频繁更替致使财政政策摇摆不定，政策持续落实难以得到保证，在扩张—紧缩—扩张中交替。90 年代中后期国债费占财政支出比例不断升高，居民消费增长乏力，以国债利息形式转移给居民的政府收入未能作用于总需求扩张，加之公共投资成为政客在选举中讨好选民的工具，公共预算分配变为官僚利益分配，出现大量"为投资而投资"的现象，公共投资未能完全发挥拉动内需增长的作用，日本财政状况也因大量发行国债而不断恶化。

（三）追求财政重建和频繁政权交替（2001—2007）

日本 20 世纪 90 年代的财政改革未能实现摆脱负债财政的局面，到 21 世纪，日本财政赤字严峻、债务规模不断增长，经济增长低迷。针对这一现状，国内对于政策制定目标原则的争论颇大，究竟是优先追求刺激经济增长还是以财政改革为主一直存在分歧。2001 年，小泉纯一郎作为日本首相上台，他认为日本极端恶化的财政状况难以继续为实行扩张性财政政策进而恢复经济发展提供支持，因此小泉内阁开始实行紧缩性财政政策，同时日本经济在2002 年触底反弹，"财政结构改革"被提上日程，进行彻底的"行（政）财（政）

改革"，充分发挥私人企业和民间非营利性组织的作用，精简行政机构，建立高效、透明的"小政府"。具体措施包括：第一，调整预算方法、确立5年期财政目标，控制财政支出规模，削减公共事业支出，将2002年国债发行规模限定在30万亿日元内；第二，压缩政府资产负债规模，推行特殊法人改革和民营化；第三，推进社会保障体制改革，职工医疗个人承担比例由20%提升为30%，上调养老保证金领取年龄，增加70岁以上老年人就诊自费负担；第四，确立从中央集权向地方分权的"三位一体"分权改革，即削减国库对地方补贴、削减地方交付税和将部分税源转交地方。小泉内阁确立到2010年初实现财政平衡的中期财政目标。政策实施后财政赤字略有下降，但赤字水平仍然较高，债务依存度高居不下，小泉的财政政策未能达到预期目标。2006年出台"骨太方针2006"，小泉内阁仍然坚持财政重建目标。

四、重拾凯恩斯主义财政刺激政策（2008年以来）

2008年的全球金融危机打断了政策的持续施行。为应对金融危机，缓解经济衰退，几届内阁都不得不再次重拾扩张性财政政策，福田内阁颁布"实现安心的紧急综合对策"，注入资金11.7万亿日元用于扶持中小企业和补贴公共服务事业。受金融危机持续恶化的影响，日本出口受挫严重，经济持续衰退。2008年麻生内阁提出在坚持中期财政重建的中期目标以实现经济增长前提下，实行"生活对策"，即共支出26.9万亿日元用于扶持中小企业、减税和生活补贴等方面，然而收效甚微，又提出43万亿日元的大规模的"生活防卫紧急对策"等政策，仍未能阻止内需下降、失业率恶化的情况。2009年鸠山内阁上台，出台"紧急雇佣对策"等措施，经济一度好转，但是日元升值和通货紧缩问题的出现使得经济景气未能持续。此后上台的菅直人仍然延续实行扩张性财政政策，也未能挽救日本经济。小泉的改革可以说是继承了中曾根改革和桥本改革的理论基础，都是新自由主义思想下的行财改革，主张"小政府"，提倡自由主义，充分发挥市场作用，在过程中取得一定成效，但鉴于国内外经济形势和政局交替未能持续落实，日本经济恢复增长的目标未能实现，财政赤字依然严重，债务依存度节节攀升。

　　2012 年安倍晋三再次当选日本首相，提出一系列经济刺激政策以应对通货紧缩，日本媒体称之为"安倍经济学"，即宽松的货币政策、灵活的财政政策和以唤起私人投资为主的产业增长政策。安倍内阁以再通胀理论为基础，希望通过再通胀政策来刺激需求，提高企业效益，扩大消费，促进经济增长，形成良性循环并最终反制通缩压力、健全财政。解决通货紧缩是安倍内阁施政的首要目标，为此政府设定了 2% 的通胀目标，目标达成前实行量化宽松货币政策，放弃了控制国债规模的银行券准则，准许日本银行直接购入国债，每年增加 60 万亿至 70 万亿日元的基础货币供应。针对财政方面，安倍推出了新一轮的财政扩张政策，2012 年上任后制定补充预算，并与 2013 年财政预算相连被称为"15 个月预算"，其中 2013 年预算总额达 92.6 万亿日元，创历史新高，主要是针对公共事业投资的增加，希望以此带动民间投资增加。同时，制定"国土强韧化"计划，其目的也是期望通过计划的开展扩大投资，加强基础设施建设，扩大内需，增加就业，推动经济增长。

　　安倍实行的是以企业为主导，通过投资驱动的成长重视型经济政策，政府通过公共投资创造有效需求，增大对企业的扶持力度，随着企业经营状况的改善，提升就业率和工资，从而扩大私人消费，同时家庭可支配收入和企业利润的增加带来税收增长，提高财政收入，改善财政收支情况，为推行积极财政政策提供条件，如此形成企业主导的政府、企业、家庭三方的良性循环。这与民主党执政时期的分配重视型经济政策截然不同，这也体现了执政党变更带来的政权经济政策重心的调整。"两只箭"结合，日本经济有所好转，2013 年实际 GDP 增长率达到 2%，但日本长期的财政收支缺口难以持续支撑支出的扩大，每年只能通过发行新债弥补财政收入不足，因此安倍政府将消费税作为增加财政收入的途径，2014 年将消费税由 5% 上调至 8%，消费税上调使税收有所增加，但并不足以摆脱财政对债券收入的依赖，同时打击了国内消费，随后日本实际 GDP 增长率一度下降，原本日本计划于 2015 年将消费税上调至 10%，不得不推迟。2015 年预期 2% 的通货膨胀率和 3% 的经济增长率未能实现，安倍政府又推出"新三支箭"，即发展经济到 2020 年 GDP 实现 600 万亿日元、改善社会保障和支持儿童培育，就财政政策而言，安倍政府希望能控制支出，对支出结构进行优化，但日本社会老龄少子化严重，社会保障支出难以降低，同时在教育领域推行儿童培育、幼儿教育免费的改革使得支出进一步增加，财政预算支出不断创历史新高，税收方面除了围绕提高消费税的讨论，也在寻找其他税源，安倍政府于 2019 年 1 月起征国际观光旅游税，并计划 10 月上调消费税至 10%。就近几年日本经济形势来看，安倍经济学取得了一定程度的成功，经济一度迎来新景气出现缓慢复苏，失业率有所下降，通货紧缩有所缓解，但经济增长率依旧维持在低水平，劳动力短缺，财政赤字未能缓解，债务负担率依然严峻，财政收支盈余预期不断推迟，实现财政重建困难重重。

综上所述，二战结束以来，日本财政预算原则经历了从平衡预算原则到周期性预算财政原则再到新自由主义改革追求财政健全的道路，预算原则的演变与日本战后不同时期所面临的经济形势及经济发展目标转变息息相关。战后 10 年，以恢复经济为主，受战争留下的严重赤字和美国的限制影响，日本确立了综合平衡预算思想。50 年代中期至 70 年代初是日本经济飞速发展的时期，得益于经济高速发展，财政收入大幅提高，投资增加，加之汲水型财政政策的成功，日本仍遵循着平衡预算原则。进入 70 年代后受到国内外经济环境和政治因素影响，日本经济增速有所下降，同时顺应国民需求，向高福利国家转型，全面实施凯恩斯需求管理政策调节经济，不再追求单年度财政收支平衡，而是允许出现财政赤字，追求周期内平衡；进入 80 年代，随着新自由主义兴起，加之财政赤字问题，日本开始进行新自由主义改造，进行改革，削减支出，调整支出结构，进行税制改革，到 1991 年完成财政重建，消灭财政赤字。但随着 90 年代泡沫经济的破灭，为恢复经济增长日本政府再次实施凯恩斯需求管理政策，并通过发行国债来弥补税收和财政支出的缺口，但效果并不显著，反而因国债的大量发行而使财政状况不断恶化。进入 21 世纪，面对赤字严峻、债务规模过大的局面，日本政府再次进行财政结构改革，希望削减赤字、平衡财政，但频繁的政权更替使得政策实施连续性受阻，加之金融危机和地震灾害的影响，财政政策变化频繁，未达到预期目标，安倍经济学虽取得一定成效，但也未能改变财政赤字和债务问题严峻的现状，财政盈余预期屡屡推迟。

中国与日本虽在政治体制、社会环境和经济发展状况等方面存在区别，但也有相似之处，通过对日本战后财政政策的梳理，对中国财政政策的制定和经济发展有一定启示：一是政治稳定性是经济政策的连续性和有效实施的重要保证，日本政权频繁更迭导致财政政策无法得以有效执行是日本财政无法重建的重要原因；二是日本的政治体制特点使得财政赤字支出成为政客讨好选民的工具，财政支出结构僵化，居高不下；三是日本经济泡沫破灭以后，日本银行体系日益僵化，政府债券成为日本商业银行和中央银行的重要资产，货币政策失灵，无法为实体经济提供有力的支撑，宏观调控越来越依赖债务赤字财政政策；四是所谓财政平衡，并非绝对的年度财政平衡，而是应该以长期的动态平衡为目标，优化支出结构，通过经济发展增加税基，从而增加财政收入、减少赤字。

第五节　财政收支困境的国家制度反思

上述内容从财政支出以及财政政策的角度对美国公共债务规模扩张的原因进行了阐释，在部分马克思主义者看来，国家财政危机或许是资本主义这一基本经济制度与西方民主政治制度相结合的内生问题。根据传统的马克思主义经济学理论，在资本主义体系发展过程中，国家属于上层建筑的范畴，其主要职能在于维护统治阶级（资产阶级）的政治统治，属于资产阶级的延伸，几乎不具备独立性。因此，在传统的马克思主义资本主义经济危机中，并没有关于一国政府陷入财政危机的理论阐述。1973年，新马克思主义学的代表人物——美国学者詹姆斯·奥康纳出版了《国家的财政危机》一书，首次根据马克思主义经济学的方法论，阐述了资本主义国家陷入财政危机的必然性。

在这一理论中，奥康纳打破了传统马克思主义理论中经济基础与上层建筑的界限，根据资本主义生产方式的变迁，重新界定了国家的角色（王娜，

2012）。二战以后，在凯恩斯主义的国家干预体系以及经济全球化发展条件下，资本主义的生产关系发生变化：一方面，资本主义国家的生产力取得显著发展，产业资本和金融资本整合成为更大规模的垄断资本，资本主义社会化生产与生产资料私人占有的基本矛盾进一步激化；另一方面，生产力的社会化程度越来越高，在全球范围内，各主要国家经济上相互依赖，经济一体化程度逐渐加深（James O'Connor，1974）。在垄断加剧的条件下，国家为了保证社会、政治以及经济秩序的稳定有序，必须尽力调和阶级间的矛盾，以此保证统治的合法性，即国家所必须具备的合法性职能。在经济全球化的背景下，资本主义扩大再生产所需要的许多基础条件，个人资本难以实现，必须依靠国家来提供，例如军事安全保障、基础设施以及教育培训等。由此，资本主义社会化再生产的条件逐步社会化，即国家具备资本积累职能。因此，国家就不再是经济运行的"守夜人"，也不仅是通过财政政策和货币政策调控宏观经济，而是以公共产品提供者的身份直接或间接成为经济运行的生产者（何畏，2010）。

与资本主义国家"合法性"和"生产者"职能相对应，政府的财政支出分为两大类——"社会支出"和"社会资本"。"社会支出"是国家为缓和阶级矛盾、保证国家"合法化"职能所需要的支出，例如，国防支出、社会福利支出、对失业者的津贴、对穷人的救济以及国家维持法律制度的开支等，"社会支出"不直接参与生产过程，无助于利润提升（顾海良，1990）。"社会资本"是指政府财政支出中用于促进扩大社会再生产以及生产剩余积累的部分支出，体现国家资本积累的职能，包括"社会投资"和"社会消费"两部分。社会投资是指为了提高劳动生产率，有利于资本利润率提升以及扩大再生产，所需要的部分国家支出，主要包括政府投资的基础工程项目（如通信卫星、水坝、高速公路、输油管道）和服务设施（如教育培训）；社会消费是指为了降低企业的劳动力生产成本，所需的财政支出部分，例如社会保险、公共医疗等。根据马克思的理论框架，两者均间接影响剩余价值积累及扩大再生产。

在上述国家职能与财政支出划分的基础上，奥康纳指出，"社会资本"和"社会支出"的扩大过程是一个矛盾的过程。

第一，尽管促进剩余价值增加所需的"社会资本"成本越来越社会化，由国家财政承担，但由此产生的社会剩余价值增加并没有社会化，而是大部分由垄断资本所有者占有。"社会资本"支出的增加与收入分配体系的错配，使得国家财政支出与收入之间形成"结构上缺口"，即财政赤字。因此，奥康纳指出，财政危机的根源在于资本主义体系本身的矛盾——生产社会化与生产资料私人占有。

第二，在西方民主政治体制下，国家的合法性被各个利益阶层的博弈所控制，各个利益阶层为了个人主义目的导致财政危机进一步加剧。资本所有者在国家权力中具有主导性的作用，其要求国家支出更多地用于"社会投资"；工会为代表的工人团体则要求国家支出向"社会消费"倾斜，而且为了缓和资本与劳动力之间的矛盾，资本所有者也会在一定程度上支持社会消费支出的提高；而失业者和贫困群体则要求财政支出多用于"社会支出"。另外，政府为了刺激经济发展以及赢得民众选举，还会频频出台减税政策。总之，这种围绕国家预算支出的博弈，并非通过市场调整解决，其目的不是提高财政支出效率，而是在西方所谓的"民主政治"下，通过各个利益集团的博弈来达成协议。各个利益集团或阶级都是为了能够从财政支出中获得更大的利益，而尽量避免承担由此带来的税收增加，从而导致财政赤字不断增加。

面对财政危机，一国可采取的措施通常有三项：一是增加税收或降低支出；二是财政赤字货币化；三是发行公共债务。在西方政治制度下，增加税收或降低支出都将被民主选举制度所排斥。而财政赤字不断货币化所带来的通货膨胀可能会导致经济秩序紊乱、社会不稳定，从而引发经济危机甚至社会危机，削弱国家统治的合法性。相对而言，通过债务不断扩张的方式来解决财政赤字就成为一个次优的选择，而且金融全球化也为资本主义发达国家提供了公共债务膨胀的空间。当然，奥康纳也指出，"无节制地发行债券，或迟或早是要偿还的，国家还债也只有依靠税收。因此，上述这些举措都不能从根本上最终解决危机。危机的根源在于资本主义生产本身的矛盾，因此任何资本主义体制内的调节都只能减缓危机"。

小 结

综上所述，从指导一国财政行为的财政预算理念来看，以美国为代表的发达经济体经历了五次转变：第一次转变发生在 20 世纪 30 年代，由平衡预算转为赤字财政；第二次转变发生在 20 世纪 40 年代后期，由赤字财政进一步发展成为周期性预算平衡；第三次转变发生在 20 世纪 60 年代，由周期性的预算平衡进一步发展成为充分就业预算；第四次转变发生在 20 世纪 80 年代，强调财政预算平衡逐渐取代充分就业预算成为美国等发达经济体政府追求的目标，并最终发展成为上限管理准则；第五次转变发生 20 世纪 90 年代中后期，量入为出准则取代里根时期以减税为主要特征的财政预算平衡原则。从美国的财政政策实践来看，量入为出的准则对于控制公共债务的增长具有显著的抑制作用。从美英日三国政策实践的共同特征来看，新自由主义的财政政策不仅没有消除财政赤字，反而导致公共债务规模不断扩大，2008 年国际金融危机后的反危机政策进一步将发达经济推向债务泥淖。而中国的财政赤字主要是2008 年以后为了应对危机冲击，采取积极财政政策刺激经济发展的结果。

政府与市场之间的关系有所差异，导致中国与发达国家政府财政具体操作的方式会有所不同，财政预算理念事实上也是一国经济制度与政治制度交织的结果。从深层次制度层面来看，美英日三个发达经济体财政收支矛盾突出的根源在于西方民主制度与资本主义经济体系的冲突。

上述分析我们主要聚焦于从财政收支以及造成财政收支失衡的制度性原因进行了分析，但公共债务风险更具体表现为负债率的不断上升，而且财政操作更多是为应对宏观经济的波动。因此，在上述分析财政收支失衡以及背后制度性原因的基础上，下面本书研究将从开放宏观四部门模型的角度探讨经济增长变化对政府财政收支的影响。

第四章 公共债务风险扩大：开放宏观经济学的视角

第一节 宏观经济波动与美国公共债务风险

作为发达经济体的典型代表，美国公共债务扩张以及最终面临"财政悬崖"是由多方面因素导致的，正是由于这些因素不断发酵，从而导致20世纪大萧条以来，美国公共债务规模不断扩张。然而，需要指出的是，尽管美国公共债务规模一直处于不断扩大的态势，但从债务负担率的变化来看，二战后至1980年，尽管美国公共债务余额规模在不断扩张，但其债务负担率却处于不断下降的态势。而1980年以后，除克林顿执政期间外，不仅美国公共债务余额增长的速度明显快于1980年以前[1]，而且债务负担率也呈现不断上升的趋势。也就是说，二战以后，在美国公共债务余额不断增加的同时，美国公共债务负担率变化趋势在1980年出现逆转。2008年国际金融危机以后，公共债务问题之所以引起各国政府及社会各界的广泛关注，其重要的原因就在于各主要经济体的债务负担率过高，而不是基于一国的债务余额大小，债务负担率越高意味着面临的潜在债务风险越大。因此，继续探究20世纪80年代以来美国公共债务负担率上升的原因显得非常必要，对于中国等其他主要经济体的债务风险防范具有重要的启示意义。该部分拟从开放的宏观经济学视角，运用比较研究的方法，对20世纪80年代前后美国公共债务负担率的不同走势进行分析。

---

① 根据笔者测算，二战结束至1980年，美国公共债务余额仅仅增长了2.37倍；而1980年至今，美国公共债务余额竟增长了16.7倍，1980年之后增加的债务占目前总债务余额的94.3%。

一、经济增长速度持续减缓

图 4-1 显示了二战以来美国实际 GDP 增长率走势变化。根据该图可以看出，二战以后至 1960 年，美国经济增速波动较大。但从 5 年移动平均的数据来看，1961—1970 年，美国 GDP 增长总体呈现出加速的态势。20 世纪 70 年代，受石油危机的冲击，实际 GDP 增速有所减缓，但总体依然较高。

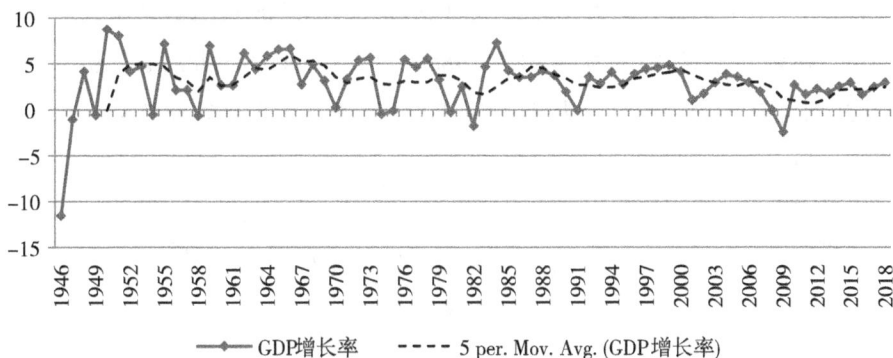

数据来源：笔者根据美国经济分析局（BEA）统计数据整理

图 4-1　美国 GDP 增长率变化趋势

与二战后至 1980 年经济增速不断加快成对比，20 世纪 80 年代以后，GDP 增长率总体呈现下降的趋势。特别是在公共债务负担率快速增加的 20 世纪 80 年代和 2000 年以后，经济增长波动性加剧，屡次陷入经济衰退周期。根据 NBER（美国国民经济研究局）的官方判定，1977 年至今美国经济总共经历了五个衰退周期，分别是 1980 年 1 月至 7 月、1981 年 7 月至 1982 年 11 月、1990 年 7 月至 1991 年 3 月、2001 年 3 月至 2001 年 11 月，以及 2007 年 12 月至 2009 年 6 月（程实，2011）。

在实际 GDP 增长趋缓的同时，除克林顿执政后期，美国实际 GDP 一直低于潜在 GDP，以及产出缺口持续存在。特别是 2007 年美国次贷危机之后，产出缺口进一步扩大。在美国公共债务快速增长的 1980—1996 年以及 2000

年以后，美国产出缺口①持续存在。产出缺口的另一面就是生产能力利用率。1960—1980 年，超过一半的时间，美国的产能利用率都在 100% 以上，即使在 20 世纪 70 年代初的"滞胀"时期，产能利用率也在 96% 以上。反观 20 世纪 80 年代以后，在美国公共债务快速增长的 1980—1996 年以及 2000 年以后，生产能力利用率一直低于 100%，里根和老布什时期，生产能力平均利用率为 97.87%；奥巴马执政时期，这一数值进一步降为 93.78%。另外，从工业部门产能利用率来看，新自由主义实行以后，美国产能利用率总体位于 85%以下，1983 年产能利用率为 74.9%，1988 年上升至 84.3%，此后总体呈下降趋势，2008 年产能利用率仅仅为 77.5%，2009 年进一步下降至 68.7%。

图 4-2　美国的生产能力利用率走势

20 世纪 80 年代后，美国产能利用不足的现实表明，供给学派所主张的"供给创造需求"理论在现实中是不成立的，市场无法自动达到均衡。同时，美国不断下降的经济增长速度表明，新自由主义经济政策对美国经济增长的刺激效果不明显。

二、经济增长动力结构失衡

20 世纪 80 年代前后，美国增长趋势为何会呈现如此的区别，或许可以通过对两个时期经济增长的"三驾马车"的比较给出答案。

---

① 产出缺口（GDP Gap）等于实际 GDP（actual GDP）减去潜在 GDP（potential GDP），差额为负即为产出缺口存在，差额为正则为产出缺口消失。

（一）投资增长持续减缓

经济增长疲软的背后，是美国经济增长动力的衰弱。在投资方面，二战以后至1980年，美国投资率呈现稳中有升的态势；1980年以后，在公共债务负担率快速上升的20世纪80年代和2000年以后，美国国内投资率呈缓慢下降的趋势。与投资率的下降相比，美国储蓄率下降更快，美国总储蓄无法满足总投资的资金需求，储蓄—投资缺口越来越大。美国总储蓄与总投资趋势如图4-3所示。

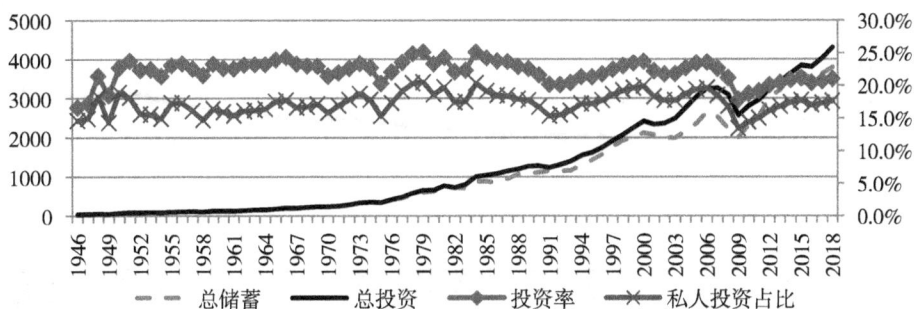

数据来源：笔者根据美国国民经济分析局（BEA）统计数据整理

图4-3 美国总储蓄与总投资趋势（单位：十亿美元，%）

进一步分析，如果将美国的总投资和总储蓄分解为私人投资与私人储蓄、政府投资与政府储蓄，可以发现，自从20世纪大萧条以来，私人储蓄要大于私人投资，即在私人部门存在资金富余，私人投资不足，而且两者的差距在新自由主义时期呈现扩大的趋势；而与私人投资—储蓄的情况不同，政府储蓄与政府投资之间的资金缺口却越来越大，而且二战后至1980年的资金缺口明显小于20世纪80年代以后（除克林顿执政期间）（见图4-4、图4-5所示）。由此可以看出，相对于美国的总储蓄而言，政府投资不仅仅弥补了私人投资不足，甚至导致总储蓄与总投资之间出现资金缺口，而这部分缺口就需要通过发行公共债务的方式进行融资。

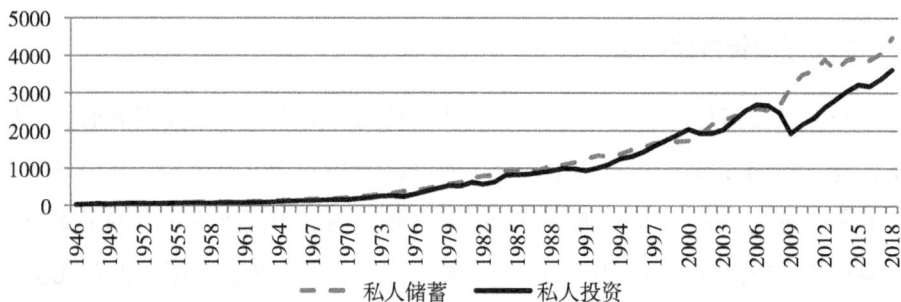

图 4-4　美国私人投资与私人储蓄（单位：十亿美元）

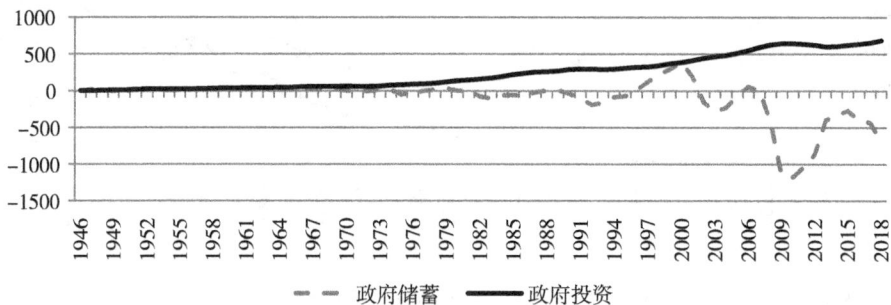

图 4-5　美国政府储蓄与政府投资（单位：十亿美元）

美国投资率之所以呈现这样的变化态势，笔者认为有以下两个原因。

第一，经过二战后美国经济增长的繁荣，美国资本存量不断扩大，且利润率不断减小，"滞胀"的发生标志着美国战后的经济繁荣终结，美国国内投资增长的动力减弱。美国公司税后利润率如图 4-6 所示。

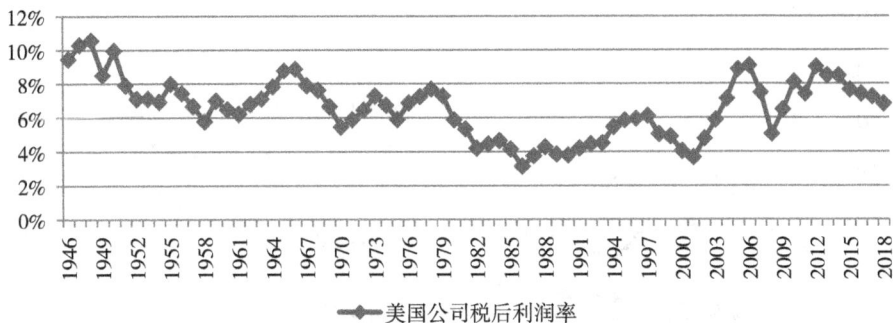

图 4-6 美国公司税后利润率 [①]

第二，尽管里根执政以后，通过产业结构调整和减税措施，美国国内的投资环境改善，但在全球化浪潮及利润的推动下，对外投资的积极性加大，一定程度上制约了国内投资率的提高。

根据相关数据统计，不同于美国国内投资率不断下降的态势，1980 年以后，美国对外直接投资快速增加，1982 年美国 OFDI 存量为 2077.5 亿美元，FDI 存量为 1246.8 亿美元，OFDI 存量净值为 830.7 亿美元；1990 年美国 OFDI 存量上升为 4305.2 亿美元，FDI 存量为 3949.1 亿美元，OFDI 存量净值为 356.1 亿美元；2000 年，美国 OFDI 存量为 12159.6 亿美元，FDI 存量为 9557.3 亿美元，OFDI 存量净值扩大为 2602.3 亿美元；2012 年，美国 OFDI 存量为 44533.1 亿美元，FDI 存量为 26508.3 亿美元，对外 FDI 净值进一步扩大至 18024.8 亿美元。由此看出，1982 年至今，美国 OFDI 存量呈现快速上升的趋势，年均增长率为 16.6%；与此同时，美国国内非住宅资本存量增长率仅为 7.6%。就流量而言，1982 年美国 OFDI 为 46 亿美元，2012 年增长至 3883 亿美元，年均增长率达到 24.8%；而 1982 年美国国内投资额为 5810 亿美元，2012 年增加至 24752 亿美元，年均增长率为 7.5%。美国 OFDI 存量与国内资本存量增长情况

[①] 国内投资收益率由 Gross Value Added of Domestic Corporate Business in Current Dollars 与 Current-Cost Net Stock of Private Fixed Assets 的比值估算得出。

如图 4-7 所示。

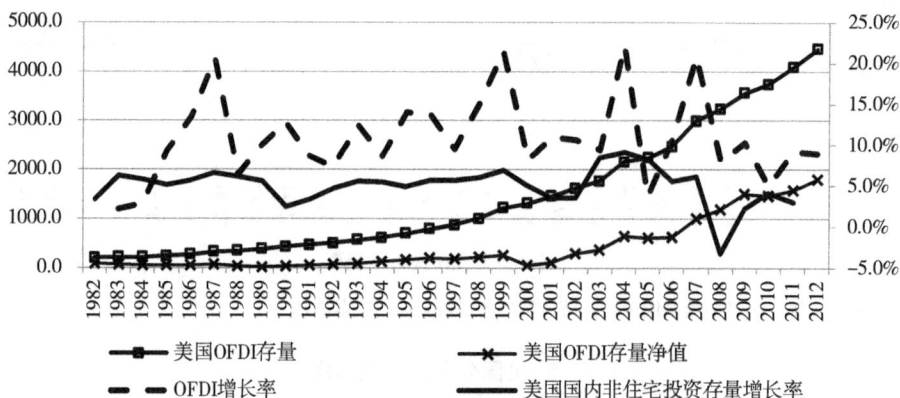

数据来源：笔者根据美国国民经济分析局（BEA）统计数据整理

图 4-7　美国 OFDI 存量与国内资本存量增长情况

　　在美国国内投资与对外直接投资发展趋势不同的背后，即是国内投资收益率与对外投资收益率的差异。1982—2012 年，美国对外 FDI 的平均收益率为 11.3%，而国内投资收益率仅为 3.9%，即使税前收益率也只有 6.0%。内外投资收益率的显著差异成为美国对外 FDI 快速增长的原因。由此说明，资本是逐利的，而新自由主义的实施以及"华盛顿共识"在世界范围内的推广，为美国的国际资本整合全球资源、实现资本增值最大化提供了土壤。美国资本对内与对外投资收益率走势如图 4-8 所示。

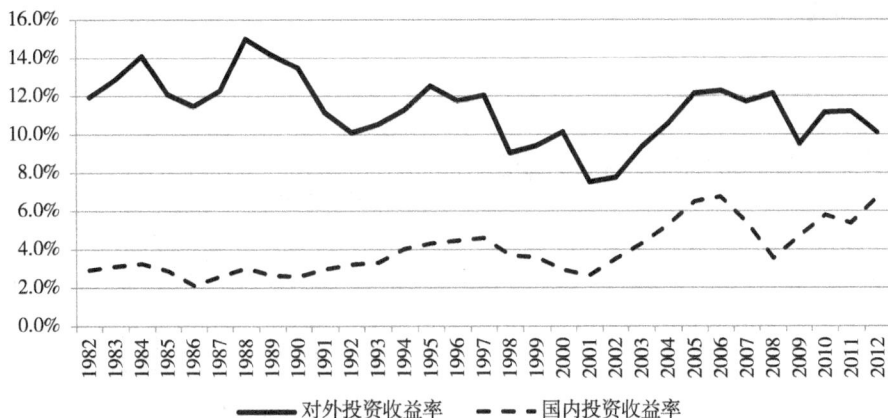

数据来源：笔者根据美国国民经济分析局（BEA）统计数据整理①

图4-8　美国资本对内与对外投资收益率走势

（二）外贸逆差不断增加

根据美国国民经济分析局的数据统计（见图4-9），1946—1980年，尤其是在战后初期和20世纪60年代，美国对外贸易净出口对经济增长具有一定的推动作用，最高时为1946年，净出口的贡献率为4.3%。然而，1980年以后，美国的净出口由正转负，净进口规模越来越大，净出口对美国GDP增长的贡献越来越小，甚至阻碍GDP的增长。1981年，美国净出口总额为-126亿美元，在GDP中的占比为-0.4%；1990年，美国净出口锐减至-778亿美元，占GDP的比重为-1.3%；2000年美国贸易逆差更是扩大至3801亿美元，净出口占GDP的比例为-3.7%；2006年，美国贸易逆差达到最高值7624亿美元，净出口占GDP的比例也进一步降至-5.5%；此后美国贸易逆差有所减小，2012年美国贸易逆差为5472亿美元，净出口占GDP的比例为-3.4%。在贸易逆差不断扩大的趋势下，奥巴马2010年发布第一份国情咨文时表示，美国将在未来五年内实施"国家出口计划"，将出口额提升一倍，用以支持提供200万个

---

① 对外投资收益率由 U.S.Direct Investment Income Without Current-Cost Adjustment 与 U.S.Direct Invest-ment Position Abroad 的比值估算得出；国内投资收益率由 Gross Value Added of Domestic Corporate Business in Current Dollars 与 Current-Cost Net Stock of Private Fixed Assets 的比值估算得出。

就业岗位。[①]

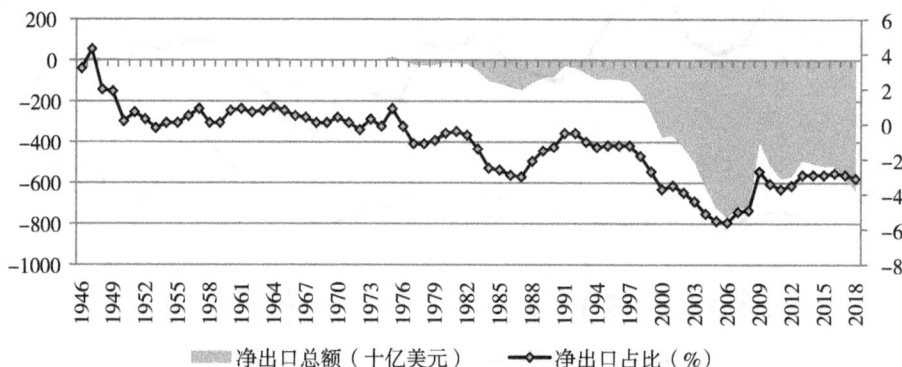

图例：净出口总额（十亿美元） 净出口占比（%）

数据来源：根据美国国民经济分析局（BEA）统计数据整理

图 4-9 美国净出口及对 GDP 的贡献率

美国对外贸易由顺差逐步转变为逆差，是在国际分工深化的基础上，跨国公司追求利润最大化和美国保护自身技术优势共同作用的结果。商品交易的基础是生产分工，没有分工就没有交易。各国在国际分工中的地位取决于各自的资源禀赋以及所拥有的比较优势。新自由主义政策实施以后，尽管美国国内工会力量削弱，劳动者的地位下降，然而相比美国国内的劳动力成本而言，东亚以及拉美地区的劳动力成本的优势更为明显。因此，在经济全球化浪潮和利润最大化动机的推动下，美国资本所有者继续推动产业结构调整，进一步将大批劳动密集型产业以及部分制造业中的加工环节转移至东亚以及拉美地区，而将资源集中于资本密集型或技术密集型产业。然而，在美国将劳动密集型产业以及部分加工环节转移至国外的同时，在美国国内高消费率的支撑下，美国国民对这类商品的需求不降反升，从而导致美国对国外劳动密集型产品的进口额不断上升。而在出口方面，美国为了维护自身的技术优势地位，却在限制技术密集型产品的出口，从而导致美国贸易逆差不断增加。

───────────

① 中证网《奥巴马：五年内出口翻番创造 200 万个就业岗位》，http://www.cs.com.cn/hw/07/201001/t20100129_2331994.htm。

（三）居民消费过度发展

根据凯恩斯的论述，有效需求（effective demand）是指总需求函数与总供给函数相交点时之值。根据需求函数的决定因素，有效需求可以进一步阐述为：在一定的价格和收入前提下，消费者（投资者）具有支付意愿和购买能力的需求。私人部门有效需求可以划分为有效消费需求与有效投资需求。在消费需求方面，私人的消费需求取决于可支配收入、贴现率、消费者偏好等诸多因素，其中可支配收入是影响私人消费的关键因素。为了消除政府支出对私人消费的影响，需要将政府对私人的转移支付从私人可支配收入中剔除，笔者称之为"私人实际可支配收入"。

经过分解之后的数据统计表明，1976 年之前，私人实际可支配收入明显大于个人消费需求；1976—1980 年，二者大小基本相当；然而，1980 年以后，相对于私人消费占 GDP 的比重不断提升，私人实际可支配收入占 GDP 的比重呈现出缓慢下降趋势，且二者之间偏离程度逐渐扩大。由此说明，美国的私人消费明显超出其实际的支付能力，也就是说，美国私人的实际有效消费需求增长要落后于美国经济增长水平。美国表面上看似强劲的私人消费走势实际建立在政府转移支付不断提升的基础之上。从政府向个人的转移支付占个人向政府缴纳的税费比例来看，这一比例在 20 世纪 70 年代后期显著提升，20 世纪 60 年代这一比例的平均值为 41.6%，20 世纪 80 年代该比例的平均值上升至 57.0%，2000 年以来该比例平均值更是提高至 77.0%。（见图 4-10）

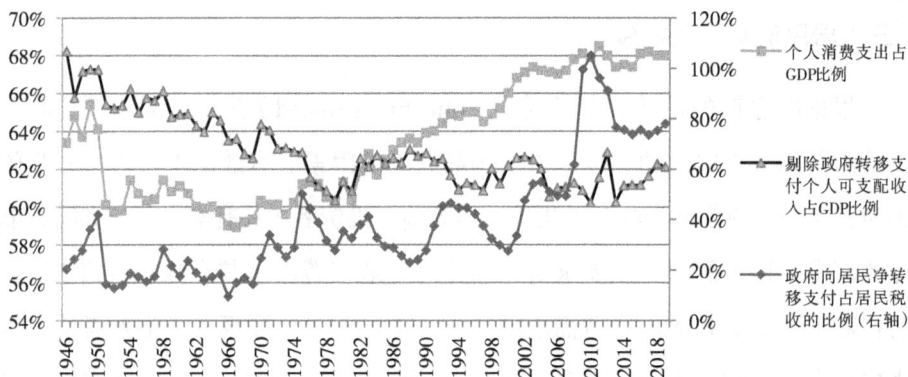

数据来源：笔者根据美国国民经济分析局（BEA）统计数据整理

图 4-10 美国私人实际可支配收入与私人消费比较

由此看出，尽管 1980 年以后，消费率持续上升对美国经济增长提供一定的动力支持，但这种消费率的提升更多的是建立在政府转移支付不断扩大的基础上。

三、失速与失衡推升债务负担率

根据前述 20 世纪 80 年代后美国宏观经济的变化比较可以得出，1980 年以后，一方面美国经济存在增速下降的态势，从债务负担率的分母一侧推动了美国公共债务负担率的上升；另一方面，美国商品市场需求的失衡与投资不足加剧了财政赤字的扩大，从债务负担率的分子一侧进一步推动债务负担率的上升。

根据宏观经济学的基本原理，如果设国内生产总值为 Y，用于私人消费的收入划分为实际可支配收入 DI 和政府转移支付 TG，私人储蓄为 S，剔除转移支付后的政府税收为 T；私人消费支出为 C，私人投资支出为 I，政府投资支出和消费支出分别为 I_g 和 C_g，出口为 X，进口为 M，则

从供给的角度分析：$Y = DI + TG + S + T$ （4-1）

从需求的角度分析：$Y = C + I + C_g + I_g + X - M$ （4-2）

在均衡的条件下，公式（4-1）和公式（4-2）合并经过移项得到：

$$（C-DI-TG）+（I-S）+（X-M）=T-（C_g+I_g+TG）\qquad（4-3）$$

$$其中：C=DI+TG\qquad（4-4）$$

$$（I-S）+（X-M）=T-（C_g+I_g）\qquad（4-5）$$

另外，根据前面叙述，由于私人投资不足（I-S<0）和净出口为负值（X-M<0），因此，政府收支平衡为负值（T-（C_g+I_g）<0），即政府的消费支出和投资支出弥补了私人投资需求和外部需求不足。综上所述，笔者认为，根据宏观恒等式可以得出，美国政府赤字财政失衡可以归结为三个部分：一是政府通过社会保障对居民的转移支付（福利支出）不断加大；二是为弥补私人投资不足而导致的政府投资支出增加；三是经常项目赤字导致外部需求不足，需要政府支出增加进行弥补。当然，需要指出的是，宏观恒等式还只是一个核算关系，其内在经济学机理还有待于进一步阐述。其中，个人消费与投资和政府消费与投资之间的互补关系相对清楚，在此仅对经常项目赤字与财政支出之间的关系进行阐述。

关于经常项目收支与财政支出的关系，通常认为扩张性的财政政策会导致经常项目收支恶化。但反过来，经常项目赤字也会对财政政策造成影响。从经常项目赤字对财政政策的传导机制看，为了保持国内外经济均衡，面对经常项目赤字，美国可采取的措施有两种：美元贬值和扩张性财政政策。由于美国的主要贸易伙伴大多采取一定程度钉住美元的货币政策，且美国为资本项目顺差国，所以美元贬值空间有限。而且，美国经常项目逆差主要是国际分工的结果，单靠汇率政策调整也无法达到国内外经济均衡。因此，美国采取扩张性的财政政策，来缓解经常项目赤字的负面影响，促使国内外经济回归均衡。但是，美国扩张性的财政政策会导致财政赤字增加。如图4-11所示，假定美国国内经济均衡初始位置为a点，但由于经常项目赤字导致国际收支为逆差。由于美元汇率贬值政策效果有限（BP_0→BP_1），因此只能采用扩张性的财政政策，IS曲线右移（IS_0→IS_1），最终在b点实现国内外经济均衡。然而，财政支出显著增加，财政赤字扩大。

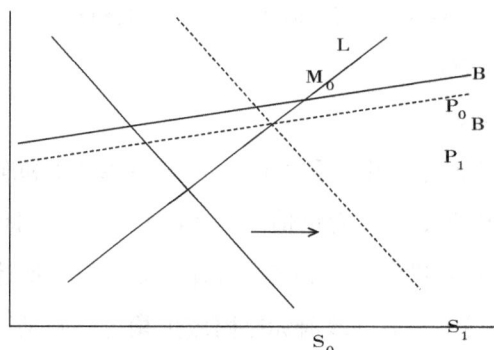

资料来源：笔者根据陈继勇等（2010）研究整理得到[①]

图4-11 经常项目赤字对财政赤字的传导机制

因此，从经济发展状况来看，与战后至 1980 年间相比，20 世纪 80 年代以后，不仅经济增长处于失速的状态，而且其经济增长的动力结构失衡不断加剧，导致财政赤字不断扩大，从而推动债务规模快速增加。经济增速下降与债务规模快速扩大相结合，推动债务负担率不断上升。

第二节　宏观经济波动与英国公共债务风险

一、经济增长速度震荡下行

二战以后，得益于自身的创新体系以及美国的经济援助，日、德经济迅速发展，然而英国作为世界上第一个进行资本主义工业革命的国家，由于缺乏科学的产业政策以及创新体系发展不足，经济增长相对缓慢。20 世纪 60 年代，英国政府通过产业政策和税收体系改革推动英国经济的复苏，实际经济增长率不断提高，1970 年达到 6.6%。然而，进入 20 世纪 70 年代，石油危机的冲击使得脆弱的英国经济陷入高通胀、低增长的困境。工业投资水平较低，投资环境较差，老化的工业结构以及设备更新缓慢直接影响劳动生产率的增长。英国经济增长乏力，被称为世界经济中的"英国病"现象（刘赛力，

① 陈继勇等：《美国"双赤字"与世界经济失衡》，武汉大学出版社 2010 年版，第 50—51 页。

1997）。撒切尔夫人上台以后，通过私有化、社会福利体系改革、劳动力市场改革等措施，使得僵化的英国经济体系得以正常运转，20 世纪 80 年代英国实际 GDP 年均增长 2.85%，1988 年达到 5.75%。然而，1989 年以后，英国经济形势急剧恶化，1991 年经济增速为 –1.09%，1993 年后逐渐复苏稳定。1996 年底布莱尔执政以后，采取了一系列的改革措施，英国经济步入黄金增长的十年。2007 年次贷危机爆发，英国金融体系震荡，2008 年进一步发酵为国际金融危机，英国经济再次陷入衰退，包括英国在内的世界主要经济体纷纷采取强刺激政策，2010 年后英国经济进入缓慢复苏的通道。（见图 4-12）

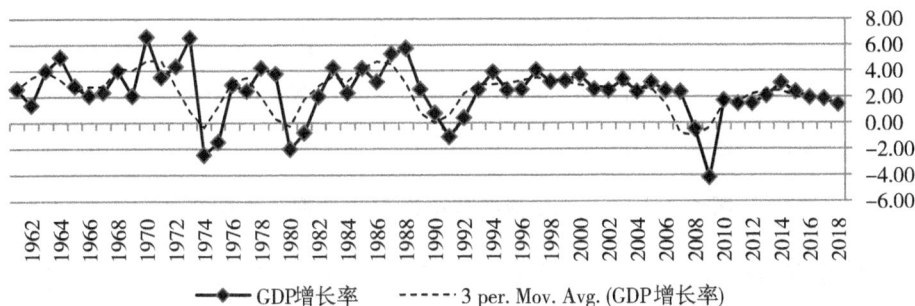

数据来源：世界银行 WEO 数据库

图 4-12　英国实际 GDP 增长率

总的来讲，英国公共债务风险扩大的阶段为 1990—1996 年以及 2008 年国际金融危机以后，而这段时间英国经济增长正值剧烈震荡阶段，为了应对经济危机的冲击，政府采取赤字刺激的政策，从而加剧了公共债务风险。

二、私人部门投资与消费乏力

经济增长波动是"三驾马车"变化的结果，从英国的增长动力来看，在英国早已失去世界贸易大国地位的条件下，私人部门投资下滑是经济波动的重要原因，而看似强劲消费的背后，则依赖于政府的转移支付支撑。

1. 私人部门投资动力不足

从英国的固定资本形成来看，20 世纪 70 年代以后，除 80 年代外，固定资本形成占 GDP 的比例总体呈现阶段性下滑态势（见图 4-13）。1989 年固定投

资贡献率为 25.42%，2006 年下滑至 17.16%。从固定资本投资增速来看，1990
年至 2008 年国际金融危机以前，有 4 个年份投资增速为负值，1991 年投资增
速为 –6.33%，1997 年为 –1.6%，2001 年为 –2.57%。

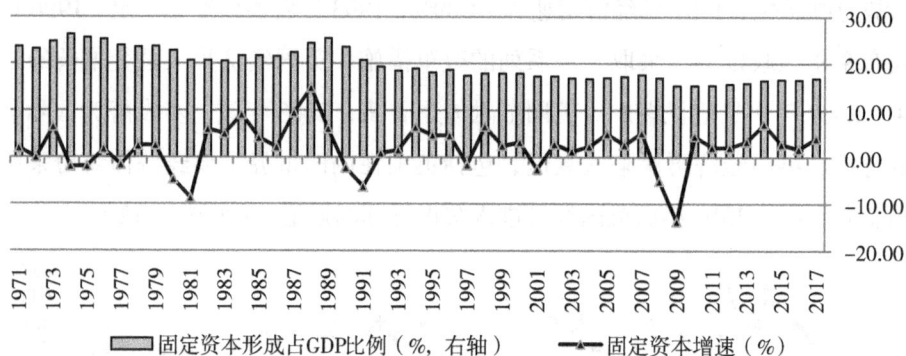

数据来源：世界银行 WEO 数据库

图 4–13　英国固定资本形成占 GDP 比例及其增速

　　固定资本投资增速低位震荡的主要原因在于私人投资动力不足。在总固
定资产形成中，1990—1994 年以及 2005—2011 年私人投资占比趋于下降，
而且 2007 年以后私人投资占比明显下降（见图 4–14）。这一趋势可以从英国
各部门净借贷情况得以印证，在私人投资下滑期间，私人部门的净借贷为正，
2009 年当投资增速为 –13.79% 时，私人部门净借贷占 GDP 的比例达到 7.1%
（见图 4–15）。私人投资动力不足导致经济增长下行风险，在此背景下，政府
不得不提升公共投资规模，以减缓英国经济衰退趋势，由此导致的结果是政
府投资性赤字不断扩大，公共债务风险攀升。

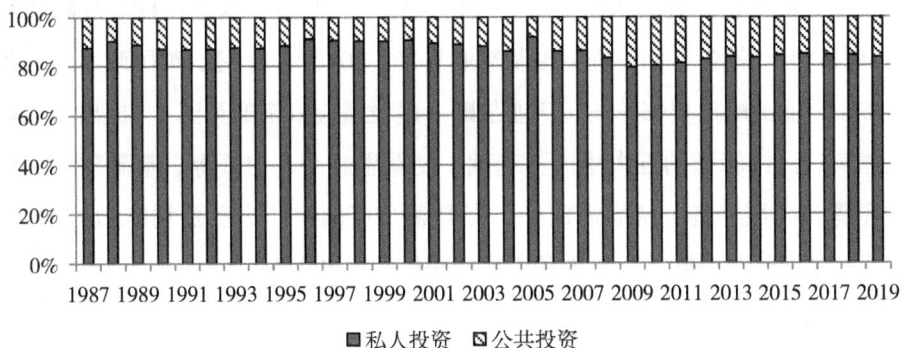

数据来源：英国国家统计局网站，https://www.ons.gov.uk

图 4-14　英国固定资本形成私人投资与公共投资占比

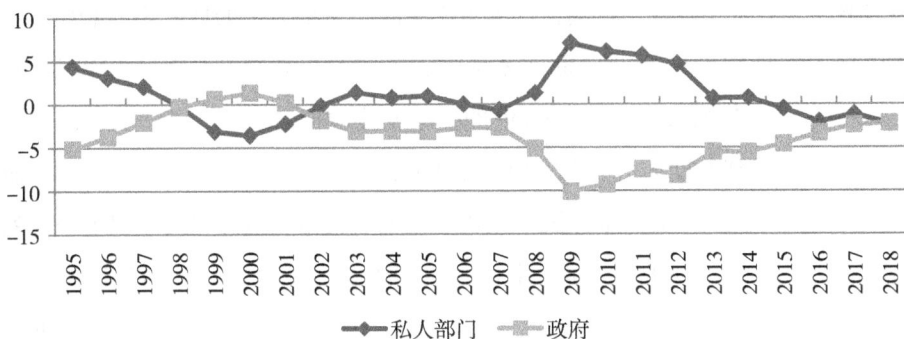

数据来源：OECD 数据库

图 4-15　英国私人部门与政府部门净借贷占 GDP 比例

　　笔者认为，英国之所以呈现私人投资不足的态势，其主要原因在于非金融行业的企业竞争力不足，相比美日法德等 G7 国家而言，其劳动生产率较低。在与欧盟以及欧元区合作中，政策层面分歧较大。而且，20 世纪 80 年代以来，英国总体执行区工业化的战略，在更大程度上只是利用其金融服务业方面的优势，充当其他经济体投资欧洲大陆市场的跳板，制造业在 2008 年国际金融危机之前呈现不断萎缩的态势。国际金融危机以后，英国政府意识到以金融为核心的服务业无法持续保持国际竞争力，开始重新强调制造业对于创新、技能、就业和经济再平衡等方面的重要性，探索重振制造业、提升国际竞争力的途径。英国从制造业人才培训体系、制造业基地建设、战略研究项目研究启动等各方面促进英国制造业复兴。2017 年 11 月，英国政府进一步发布制造业战略白皮书——《产业战略：建设适应未来的英国》，提出重点强化能实现经济转型的五大生产力基础：创新思想、人力资源、基础建设、创业环境和区域经济，从而创建一个提升整个英国生产力和盈利能力的经济。在这一系列改革措施下，英国私人投资积极性不断上升。

2. 对外贸易逆差拖累增长

英国是现代资本主义体系中第一个崛起的大国，曾经是真正的"世界工厂"。第一次工业革命以后，基于其自身强大的经济实力，在英国的主导下，自由贸易体系形成，世界经济体系初步建立。然而，伴随着第二次工业革命中美德日等国家的崛起，英国在资本主义垄断竞争格局中的地位不断衰落。二战以后，在美国主导的世界贸易体系中，英国对外贸易总体处于逆差状态。1961—2000 年英国对外贸易对 GDP 的贡献度波动较大。1971 年，英国净出口在 GDP 占比达到 1.31%，但在石油危机的冲击下，1974 年就骤降至 -4.74%。撒切尔夫人执政后，从贸易服务机构、贸易政策、贸易环境等方面采取了一系列的贸易促进措施，1981 年英国净出口占 GDP 比例达到 2.77%（见图 4-16）。

数据来源：OECD 数据库

图 4-16 英国净出口占 GDP 比例

然而如前所述，撒切尔夫人的改革并未能真正提升英国企业的核心竞争力。当时英国不仅无法恢复垄断工业品出口的地位，相反需要从西班牙、葡萄牙、墨西哥、南斯拉夫、巴西、中国香港、新加坡、韩国以及中国台湾地区进口各种工业品，贸易出口则主要以农产品、服务贸易为主，然而后者贸易额要显著小于前者，由此贸易逆差又呈现不断扩大的状态。梅杰政府执政后，根据国际经济形势的变化，进一步调整了对外贸易政策，高科技产品和服务贸易的竞争力有所提升，对外贸易恢复平衡甚至略有盈余的状态，英国经济增长进入稳定发展的态势。然而，布莱尔政府执政以后，尽管也采取港口建设、交通设施改善等与贸易相关的提升基础设施服务能力的举措，但在"欧美消费、东亚生产"的国际分工格局下，英国贸易逆差不断扩大。2001年后随着中国加入WTO，中国逐渐成为英国重要的贸易逆差来源国之一。21世纪来，英国贸易逆差占GDP的比例总体在2%左右波动，成为拖累英国经济增长的重要因素之一。

3. 消费增长基础实际乏力

消费立国一直是英美国家经济增长的核心特征。20世纪80年代以来，与私人投资震荡下行、对外贸易持续逆差的趋势相比，英国私人部门消费以及最终社会总消费在GDP的比例保持稳定增长的状态，1980年最终消费占GDP的比例为76.6%，2009年时达到最高值87.76%。私人消费占GDP比例的趋势总体与社会最终消费占GDP比例基本相一致，1980年私人消费占GDP的比例为53.8%，2001年时达到最大值67.3%，此后总体保持较为稳定的态势，2016年为66.3%。消费强劲是英国经济稳定增长的关键因素。英国消费支出对GDP的贡献度如图4-17所示。

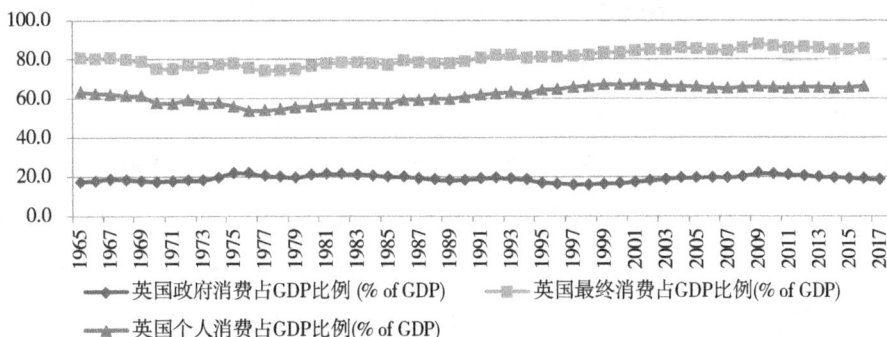

数据来源：世界银行WEO数据库

图 4-17 英国消费支出对 GDP 的贡献度

　　然而，笔者认为，英国消费稳定增长的基础还存在一些较大的隐忧。图4-18 显示自 1977 年以来，英国接受政府转移支付大于其税收贡献的家庭数量占比，从走势可以看出，无论是在职家庭还是全部家庭，这一比例均在不断上升。1980 年，在全部家庭中，接受政府转移支付大于其税收贡献的家庭数量占比为 42.1%，1994 年达到 48.8%，2010 年进一步上升至 53.3%。也就是说，英国有一半以上的家庭实际都在接受政府的净转移支付。尤其是在公共债务风险凸显的两个阶段（1991—1996 年以及 2008—2010 年），这一比例明显上升。

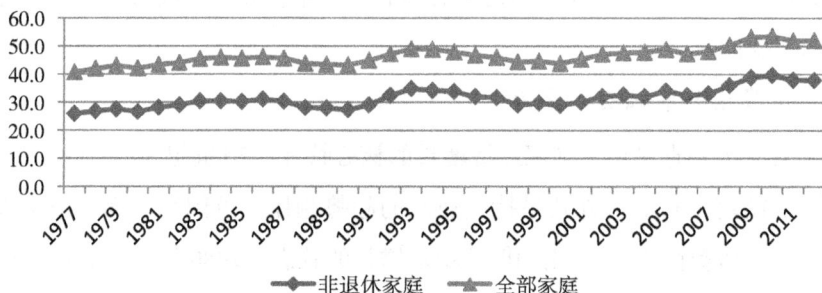

数据来源：英国统计局网站，https://www.ons.gov.uk

图 4-18 接受转移支付大于税收的家庭数量比例（%）

　　综合英国的社会福利体系特征而言，这一事实的背后折射出英国的收入分配存在的问题。前述分析已经指出，按照皮凯蒂的统计，20 世纪 80 年代以来，英国的收入差距不断扩大，收入前 10% 或者 20% 的人群在收入占比不断上升，其不平等程度在欧洲国家中最为显著。从微观视角来看，在公共债务风险凸显的两个阶段，英国家庭可支配收入的中位数呈现递减的趋势（见图 4-19）。1991 年英国家庭可支配收入中位数为 19268 英镑，1993 年减少至18421 英镑；2007 年英国家庭可支配收入中位数为 26043 英镑，2012 年降至23101 英镑。从消费理论来看，社会收入差距的扩大以及家庭可支配收入中位数增长缓慢甚至下降都无法为高消费的可持续性提供基础。笔者认为，在这样的背景下，英国社会总消费以及私人消费之所以能够保持较为稳定的增长态势，其重要原因在于政府通过转移支付的方式为家庭个人提供补贴。但是，在公共债务风险不断上升的条件下，如果英国经济的内生发展动力以及收入分配不进行改革，那么英国消费增长的基础或将难以持续。

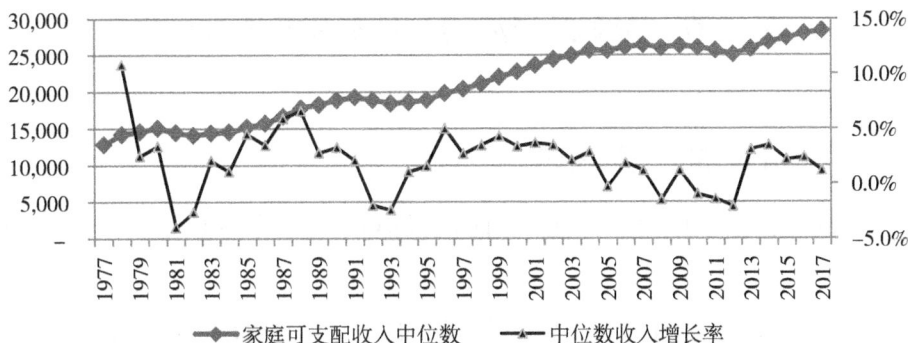

数据来源：英国统计局网站，https：//www.ons.gov.uk。

图4-19 英国家庭可支配收入中位数变化趋势

三、失速与失衡对公共债务风险的影响

根据前述20世纪80年代后英国宏观经济的变化比较可以得出，1980年以后，在英国公共债务风险上升的两个阶段（1991—1996年以及2008—2010年），经济增长总体呈现震荡衰退的态势，从债务负担率的分母一侧推动英国公共债务负担率的上升；另一方面，英国国内私人投资动力不足会导致政府投资性赤字扩大，政府通过转移支付的方式补贴家庭个人推动经常性赤字上升，二者共同作用从分子一侧进一步推动债务负担率的上升。

具体而言，从宏观经济恒等式（I–S）+（X–M）=T–（C_g+I_g）出发，英国政府赤字财政失衡可以归结为两个部分：一是弥补私人投资动力不足而导致的政府投资支出增加；二是经常项目赤字导致外部需求不足，需要政府支出增加。另外从消费来讲，虽然私人部门的消费总体稳定增长，但正如前述分析指出，其中关键的因素在于政府通过社会福利体系对居民的转移支付力度不断加大，超过一半以上的家庭获得转移支付大于其税收贡献。当税收主要用于转移支付，那么也就挤压了政府提供其他公共产品的资金空间。在英国

新自由主义减税政策的总体条件下，上述三个因素结合的综合作用，导致英国公共风险不断凸显。

第三节　宏观经济波动与日本公共债务风险

一、经济增长速度不断失速

二战结束至今的 70 多年以来，日本实际 GDP 年增长率呈现四个阶段（见图 4-20）：

第一阶段，战后至 20 世纪 50 年代中期的战后恢复阶段。第二次世界大战使得日本经济濒临崩溃，面对严峻的国内形势，日本政府着手恢复经济，在 10 年间取得良好效果，1947 年日本实际 GDP 年增长率为 8.40%，到 1955 年实际 GDP 年增长率为 8.84%；

第二阶段，20 世纪 50 年代中期至 20 世纪 60 年代末期，经济高速发展阶段。经过 10 年的努力，日本经济全面复苏，此后日本进入经济高速发展时期，这一时期日本经济增速有 7 年超过 10%，其余年份基本保持在 8% 左右，平均年 GDP 增长率 9.79%；

第三阶段，20 世纪 70 年代初期至 20 世纪 90 年代初期，经济稳定增长阶段。70 年代开始，日本迈进先进国家之列，开始向"高福利国家转型"，同时由于前期经济发展带来的一些问题，经济增长放缓，但 GDP 仍以较为稳定的速度增长，平均年 GDP 增长率为 4.26%；

第四阶段，20 世纪 90 年代初期至今，经济增长低迷阶段。90 年代初，日本泡沫经济破裂，加之 1998 年亚洲金融危机的冲击，日本陷入经济危机之中，经济产生严重衰退，此后 10 年也被日本经济学家称为"失去的十年"。1998 年经济出现负增长，GDP 增长率为 -1.10%，虽然日本政府出台一系列政策，日本经济于 2000 年重新恢复增长，但经济增速总体降低，长期处于低迷增长状态，2000 年至 2018 年日本实际 GDP 平均年增长率仅为 0.94%。通过梳理战后日本 GDP 增长率的变化情况不难看出，日本经济增长整体处于放缓状态，经济增长失速。

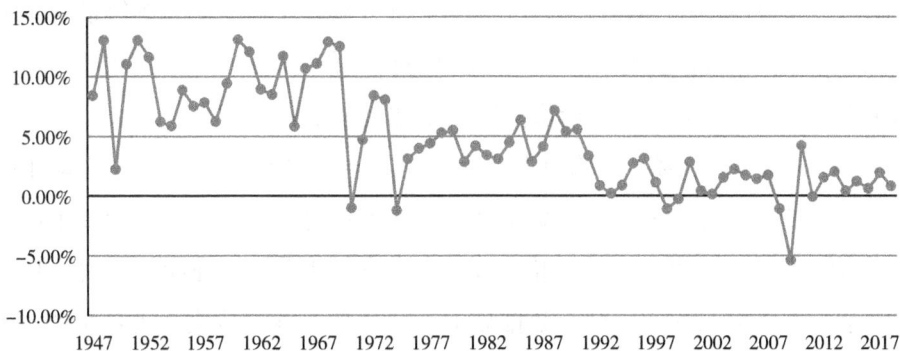

数据来源：根据日本统计局、世界银行统计数据整理得到

图 4-20 日本实际 GDP 年增长率

二、经济增长动力结构变化与财政负担

（一）设备投资不断下滑

投资是拉动经济增长十分重要的一环。设备投资疲软是近 20 年日本经济增长低迷的关键因素之一。20 世纪 70 年代初日本完成《十年收入倍增计划》，经济发展势头良好，市场处于活跃状态。1972 年日本首相田中角荣提出"列岛改造计划"，进行大规模国土开发，土地成了主要的投机对象，城市地价增长迅猛。随着第一次石油危机的来临，日本经济的繁荣景象受到打击，由于市场萎缩、利息率上升，企业投资成本增大，加之政府实施抑制总需求政策，私人投资出现大幅缩减。为扭转收益恶化的处境，日本企业纷纷进行"减量经营"，即减少利息负担，降低商品库存率，减少雇佣工人，抑制新的生产能力扩大等。与此同时，日本政府为消除石油危机对日本经济发展的影响，开启了赤字财政之路，并连续下调官定利率以刺激民间投资。总的来说，从 70 年代到 80 年代中期，虽然受两次石油危机的影响，私人投资和政府投资出现波动，但在此期间，日本恰好处于以微电子为中心的技术革新时期，产业发展向节能化产业和知识密集型产业转型，合理化、省力化投资仍然较为活跃。

进入 80 年代后期，日本对外直接投资发展迅速，同时，为缓解日元升值带来的压力，日本政府采取减税、增加公共事业投资、下调官定利率等措施，刺激经济发展，大量过剩资本用于扩充设备投资和房地产中，投资增长迅速，设备投资过度膨胀以及房地产价格攀升为泡沫危机埋下隐患。

进入 90 年代，经济泡沫尚未破裂之时，设备投资对经济增长的推动作用仍然十分有效，企业对设备投资依然抱有很大热情。但好景不长，92 年日本经济泡沫破裂，股票、土地价格下跌，企业利润下降，企业纷纷倒闭，制造业尤甚。日本贸易振兴会公布数据显示，1991 年日本制造业企业 856893 家，到 1999 年减至 689194 家。企业设备投资受到冲击，设备投资下降，而由于后续投资不足，又会出现过剩局面，反作用于企业，企业盈利能力进一步降低，恶性循环，同时，泡沫经济破灭后出现了大量的不良债权，金融系统受到很大的冲击，也抑制了民间设备投资，经济增速减缓。为转变经济萧条景象，日本政府再次实施扩张性财政政策，但以税收为主的财政收入不足以支撑恢复经济发展所需支出，财政缺口不断扩大，加之泡沫危机之后失业率增加，经济低迷，国民财富遭到洗劫，国民收入大幅减少，政府财政税收乏力，政府储蓄降低，政府储蓄与政府投资缺口庞大，此时，发行政府债务无疑是解决资金缺口最简单、最直接的方法。

经过日本政府的努力，到 2003 年日本经济开始显现出复苏的势头，2003 年日本设备投资增长率扭负为正，上升率为 3.5%，此后又经历连续 3 年的增长，然而随着 2008 经济危机的到来，设备投资再次出现负增长，经济再次下行。此后，日本设备投资增长也是有升有降，但增长速度与经济高速增长时期实不能比，且由于产业空心化，制造业投资增长较低，企业利润降低，尤其是中小企业，破产倒闭增加。总体而言，经济低迷，企业投资意愿降低，经济增长乏力，为刺激经济复苏，政府不得不施加干预，财政支出扩大，税收远不足以支撑，政府债务规模自然无从降低。通过图 4-22 和图 4-23 也可以看出，私人储蓄大于私人投资，政府储蓄小于政府投资，这说明资金在私人部门中存在闲置的情况，私人投资呈现不足的状态，而在政府部门中则相反，政府储蓄与政府投资间的缺口总体上不断增大，政府储蓄明显不足以提供充足的资金用于政府投资，这部分资金缺口就需要政府用发债的方式来填补。

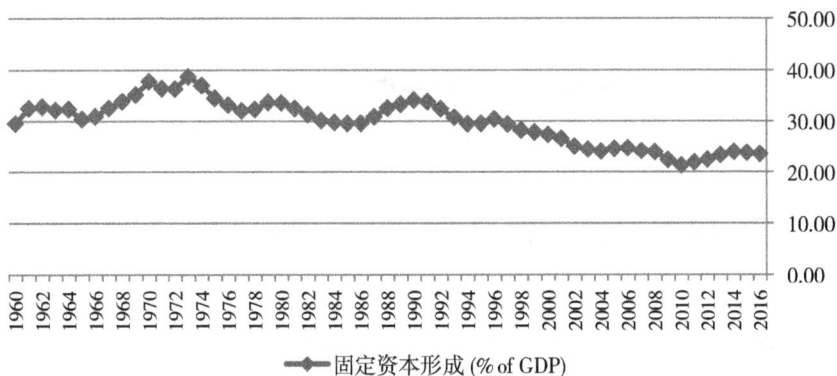

——固定资本形成 (% of GDP)

数据来源：世界银行 WEO 数据库

图 4-21　固定资本形成占比

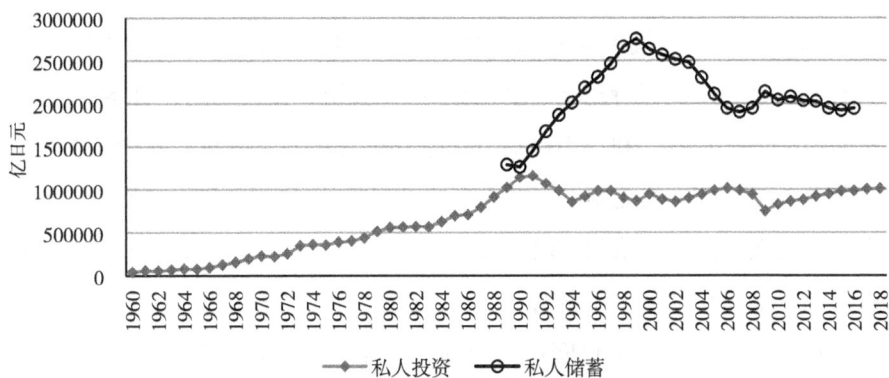

——私人投资　——私人储蓄

数据来源：根据日本内阁府、日本财务省、日本统计局统计数据整理得到

图 4-22　日本私人投资与私人储蓄

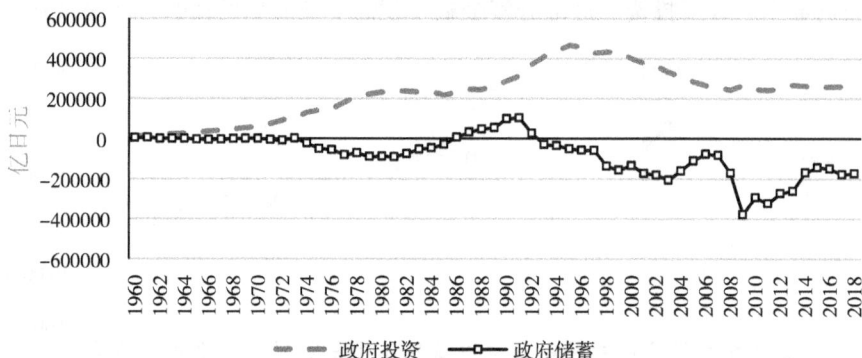

数据来源：根据日本内阁府、日本财务省、日本统计局统计数据整理得到

图4-23 日本政府投资与政府储蓄

（二）消费增长动力不足

自20世纪50年代中期开始，日本经济高速增长，到70年代中期增长势头有所回落，但仍保持稳定速度直至90年代初，在此期间，日本民众消费水平与经济增长互惠互利，得以提升。随着收入水平的提高，消费需求旺盛，配合制造业的发展，加之城市化进程和传统家庭结构解体等社会变化，50年代中后期以洗衣机、冰箱和黑白电视机为代表的"三大神器"，以及60—70年代以彩电、空调和汽车为代表的新"三大神器"在家庭相继普及。同时，在国民收入倍增计划中，日本政府提出提高农产品收购价格，按地区和产业的差别规定最低工资，以此提高农民和工人的购买力，并扩大消费信贷刺激消费增长；70年代石油危机爆发，日本经济受到冲击，企业倒闭，失业人数增加，劳动人民购买力下降，私人消费增长受到抑制。日本政府多次实施减税政策，降低个人所得税以刺激消费，但减税受益明显的是高收入群体，减税对高收入群体的消费影响并不显著，同时日本加征消费税，消费税作为间接税，由全民共同负担，对于低收入者而言，加重了他们的负担。之后随着日本经济摆脱危机，恢复向好，金融资产、土地价格和房地产市场蓬勃发展，消费有所回升。

真正的转折出现在90年代，受经济泡沫破裂的影响，日本经济遭受沉重打击，此后，经济增长总体上长期处于低迷状态。受经济泡沫破裂影响，大量企业破产倒闭，失业率不断攀升。二战后，日本国内失业率长期维持在较低水平，50年代平均失业率1.8%，60年代平均失业率下降至不到1.3%，70年代平均水平仍低于1.8%，到80年代虽然经济增速放缓，失业率有所回升，但始终未突破2.8%，年均水平2.5%，可以说，长期以来，日本国内失业率始终低于4%的国际公认的"充分就业"的失业水平（刘自强，2011）。然而90年代大翻转，自1995年起，日本失业率突破3%，此前40年间从未有过，1998年失业率破4%，达到4.1%，1999年上升至4.7%，2000年再次上升至4.9%，2002年更是达到5.3%，较80年代平均水平翻了一倍。失业率的上升，造成居民可支配收入的下降，据日本《经济统计年鉴》中"国民生活"一章中的统计数据显示，全国家庭月平均开支在1993年达到峰值335246日元，此后逐年下降，1997年还维持在33万日元以上，1998年降至32.8万日元，1999年进一步减少到32.3万元，2000年更是下降为31.7万日元，此前从未出现连年下降的情况。加之危机发生前，日本政府为防止经济过热采取紧缩政策抑制经济过快增长，造成了通货紧缩的局面，物价水平下降，居民购买力降低，消费欲望下降，可以说经济衰退引起消费低迷，消费低迷又阻碍经济复苏。

2003年后，日本经济逐渐走出危机的阴影，但高经济增长率已一去不复返了，受经济回升推动，个人消费开始回升，2004—2006年度，日本民间最终消费支出的实际增长率分别达到1.2%、1.9%和1.8%，对日本实际GDP增长贡献了0.7个、1.1个和1.0个百分点（江瑞平，2009）。然而，2008年全球金融危机爆发，失业率再次上升，消费支出再次下降，一度呈现负增长，且长期经济低迷使得民众对未来预期不看好，消费意愿降低，不愿意甚至不敢消费。虽然"安倍经济学"出台后，日本失业率有所下降，就业人数增加，但失业率下降的主要原因是非正式员工比率增加，而非就业环境的改善。根据厚生劳动省的统计，2015年、2016年非正式员工占正式员工比率连续两年上升到37.5%，其中15.6%为非自愿的非正式员工，2017年在就业者人数中非正式员工与正式员工人数之比已接近1：1。加之消费税税率的提升，工资增长缓慢，收入分配不均，底层贫困人口数量增多，消费对经济增长的拉动作用自然减弱。

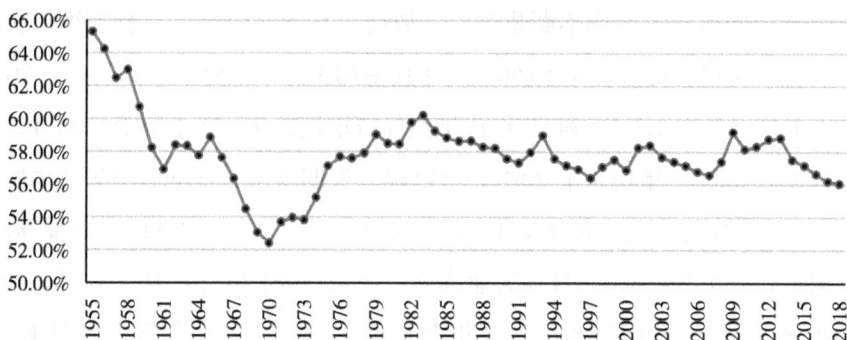

数据来源：根据日本统计局、日本财务省、世界银行、IMF 和 OECD 统计数据整理得到

图 4-24　民间消费支出占 GDP 比例

数据来源：根据日本统计局、日本财务省、世界银行、IMF 和 OECD 统计数据整理得到

图 4-25　民间消费支出增长率

（三）对外贸易波动较大

　　贸易立国是日本针对经济发展制定的一项重要战略，战后日本经济的飞速发展与日本对外贸易的发展密不可分。日本对国际市场的依赖程度非常高。二战后，日本大力发展对外贸易，通过工业品拓展海外市场，为重工业化提供大量自然资源，为经济高速发展提供强有力的支持。虽然在 70 年代石油危机发生时，日本经济受到打击，加之固定汇率制的瓦解和日元兑美元的升值，使得日本商品的国际竞争力减弱，但日本政府采取措施，发展节能技术，提

高能源转化率以提升商品国际竞争力，同时减少进口，增加出口，以维持对外收支，助力经济增长。直到 80 年代中期，对外贸易一直是日本经济发展的重要引擎。然而随着贸易自由化的发展和国际环境的变化，日本对外贸易遇到了困难。

20 世纪 80 年代中期，随着东西方关系的逐步缓和和冷战的结束，美国开始调整其经济政策，实施国家出口战略，促进出口增长；随后欧洲市场的复兴，以法、德为代表的西欧各国开始寻求经济发展和联盟；另一边，东亚各国纷纷从进口替代型发展向出口导向型发展转变。国际市场竞争形势愈发严峻。美国作为日本长期政治、经济同盟国，其对日政策的转变给日本经济带去非常大的影响。随着日本成为世界第二大的经济实体，日本产品在美国市场占有率不断升高，对美贸易顺差不断扩大，日本国内对美政治态度逐渐强硬，最终导致日美两国贸易摩擦频频发生，且呈现愈演愈烈之势。其中，包括著名的"广场协议"的签订、日美"半导体协议"和汽车协定、强制日本接受"数值指标"。数值指标即对美国产品（或服务）在日本市场占有率进行具体数值的明确规定，日本被迫向美国扩大开放国内市场，并限制对美出口。贸易打压的结果使日本对美出口增长放缓，对美出口占总出口比重持续下降，80 年代中期这一比重为 37.14%，到 90 年代中期降至 27.28%，而 1990年到 1998 年日本对美出口增长仅为 18.45%，同期东亚国家对美出口则增长104.89%，相差十分悬殊。90 年代末金融危机的爆发无异于雪上加霜，日本对东亚各国的出口大幅下滑，日本经济遭受严重打击，而整个地区的经济衰退又进一步打击日本出口，形成恶性循环。

经过"失去的十年"，日本经济总体上一直维持在低迷状态，至今经济增速缓慢。净出口数额在过去的 30 多年中呈现上下波动的态势，但一直保持贸易顺差，就长期而言，并没有太大的增长，而 2011 年开始至 2015 年更是出现连续 5 年的贸易逆差。这也是受到 2008 年经济危机的影响，日元大幅度升值使得日本制造业国际竞争力受到了很大的影响，加之 2011 年 3 月日本大地震导致日本陆续关闭核电站，能源进口迅速增加，日本的贸易收支发生了较大的变化。2012 年，安倍政府上台，在安倍的经济政策中，致力于"战略性贸易外交"，先后进行跨太平洋经济伙伴关系协定（TPP）、中日韩自贸协定、日欧自贸协定（日欧 EPA）和区域全面经济伙伴关系自贸协定（RCEP）的谈判，将对外贸易视为恢复经济增长的重要手段之一，短期内日本经济有所复苏。但随着美国退出 TPP 和贸易保护主义抬头，贸易摩擦频发，日本的外贸发展未达到预期理性状态。此外，日本大企业海外生产的日益增加所形成的出口替代也大大降低了贸易对本国经济的拉动效应，这是产能走出去、产业链外迁的反面负作用，贸易收支盈余部分多用于对外直接投资和购买欧美各国债券，未能够充分刺激国内需求。日本净出口占 GDP 比例及其贡献率如图 4-26 所示。

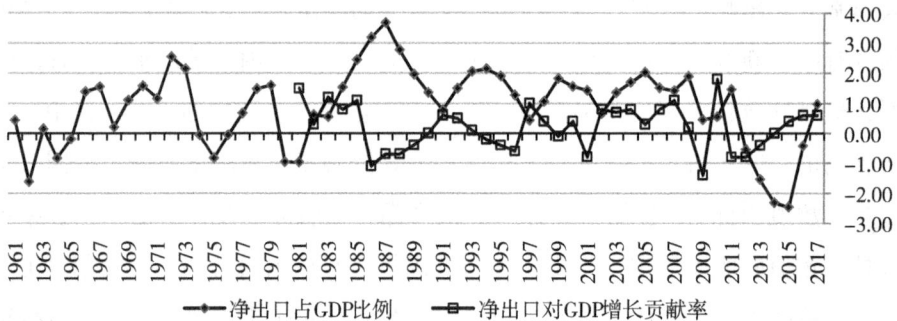

数据来源：根据日本内阁府统计数据整理得到

图 4-26　日本净出口占 GDP 比例及其贡献率（亿日元）

三、失速与失衡推升公共债务风险

通过上述分析可以得出，日本经济自二战后经历了高速增长的阶段，但进入 90 年代开始经济一直不景气，增长低迷。进一步对经济增长的"三驾马车"分析发现，设备投资疲软、消费低迷以及出口增长放缓，依据宏观经济均衡恒等式，从供给和需求两方面分析，需求端的国内生产总值（Y）等于消费（C）加上投资（I）再加上净出口（X-M），供给端的国内生产总值（Y）等于消费（C）加上储蓄（S）加上政府预算盈余，即税收（T）减去政府购买（G）。当我们把消费和投资分成私人部门消费、政府部门消费、私人部门投资和政府部门投资时，当投资不足，即私人投资与私人储蓄差值为负时，同时为正值的净出口的绝对值小于私人投资与私人储蓄差值的绝对值时，政府预算盈余为负，此时政府购买弥补私人部门的需求不足。GDP 失速会从分母一侧推动债务负担率上升，同时经济发展动力失衡所带来的财政赤字增加从分子一侧拉动债务负担率上升。

第四节　美英日公共债务风险扩大对中国的启示

一、推动产业结构调整，实现经济稳定发展

1980 年后，美国公共债务负担率不断上升的教训表明，经济稳定发展以及推动充分就业是规避公共债务风险的关键要素。与美国相关情况相类似，当前我国经济发展正面临一系列挑战。

从短期因素看，中国经济增长的"三驾马车"的动力逐步减弱：

第一，在对外贸易方面，经过 30 年的高速增长，截至 2007 年美国次贷危机，中国对外贸易出口增速达到顶峰，此后净出口对 GDP 的贡献逐步降低，近两年甚至为负。后危机时代，在欧美经济发展战略调整的背景下，净出口难以恢复曾经的繁荣。

第二，在居民消费方面，近两年消费对经济增长的贡献率有所上升，但消费增长受居民可支配收入、消费理念与习惯、社会保障等多方面的影响，一定时期内处于稳定的状态，短期内难以有明显提升。

第三，在投资方面，中国投资的巅峰时代正在过去。从该阶段中国资本需求的角度出发，制约中国投资增长有三个因素：一是房地产投资的巅峰时期已经过去；二是中国产品外部需求有所减弱，制造业普遍存在产能过剩；三是经过数年的发展，城市基础设施发展会步入一个相对平缓的时期。

总的来说，过去 30 年，中国"投资—出口"的经济增长模式已进入调整阶段，从近现代世界经济史来看，任何一个国家经济的高速增长时期都伴随

投资的高速增长，当一个经济由靠投资转向主要靠消费时，本身就意味着这个经济正在从高速增长转向中速或低速增长，几乎没有例外（韦森，2013）。

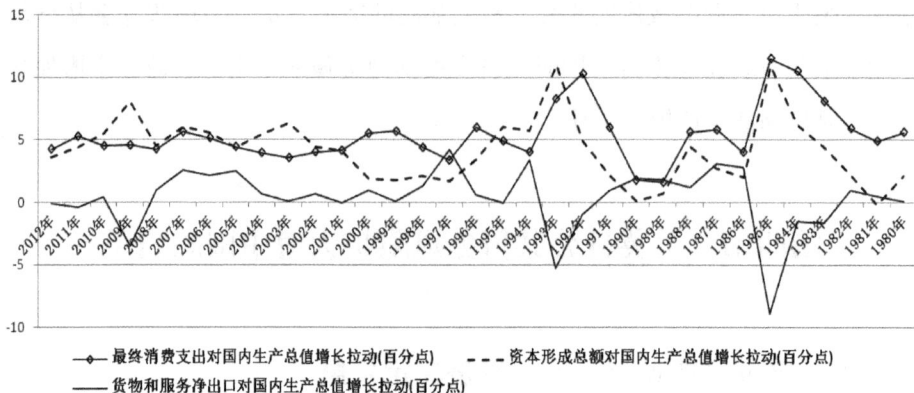

数据来源：国家统计局网站，http://www.stats.gov.cn/tjsj/

图 4-27 1980—2012 年三大需求对中国 GDP 增长拉动情况

从长期因素来讲，中国经济发展面临以下一些问题：

第一，资本回报率的不断下降制约资本形成。根据白重恩（2013）的估计，中国调整价格之后的税后投资回报率从 1993 年的 15.67% 的高水平持续下降，2000—2008 年曾经稳定在 8%—10%，但金融危机之后投资回报率水平大幅下降，2012 年中国已经降低到 2.7% 的新低水平。更加值得注意的是，过去近十年中，由于实体经济投资回报率低下，大量的新增资本流入了房地产市场，投机需求不断增加，房价泡沫不断增加，如果处理不当，中国可能面临类似日本房地产泡沫破灭的危机（华民，2013）。

第二，劳动力成本不断上升，劳动力市场结构性矛盾突出。相关研究计算结果表明，中国劳动力成本以 1997 年为分界线，呈现"V"形变化：1982—1997 年，劳动生产率年均增速为 3.6%，几乎是同期实际工资增长率 1.3% 的 3 倍，劳动力成本不断下降；1997—2010 年，劳动生产率年均增速约为 11.3%，低于同期实际工资年均增速 13.8%（李洪彬，2013）。

第三，全要素生产率（total factor productivity，TFP）还有待提高。郭庆旺、贾俊雪（2005）的研究表明，中国 1979—2004 年 TFP 平均增长率为

0.891%，对经济增长平均献率为 9.46%，而要素投入对经济增长贡献率却高达 90.54%（郭庆旺、贾俊雪，2005）。另外，从变化趋势来说，相关研究表明，加入 WTO 以后至 2008 年国际金融危机爆发之前，TFP 增长率呈现逐步上升的趋势，但危机发生以后，TFP 增长率逆转，2009 年甚至为 -0.402%（赵志耘、杨朝峰，2011）。由此说明，我国经济发展方式为粗放型，经济增长主要依赖要素投入。

粗放型的经济发展方式不仅给中国带来严重的环境污染问题，更重要的是，这种经济发展方式已经无法继续推动中国经济稳定增长。统计数据显示，近几年来，中国 GDP 及二、三产业增速均呈现逐步下降的趋势。2000 年国内生产总值指数为 108.3；2000—2007 年为经济增长加速阶段，2007 年国内生产总值指数增至 114.2；2008 年国际金融危机爆发，受危机影响，2008 年国内生产总值指数降至 109.6；此后缓慢下降，2012 年国内生产指数为 107.7；2018 年国内生产总值指数进一步降至 106.6。分产业来看，第二、三产业的变化趋势与经济总量的变化趋势基本一致，而得益于政策重视及扶持，第一产业处于稳定增长的态势。2004—2018 年国内经济生产指数如图 4-28 所示。

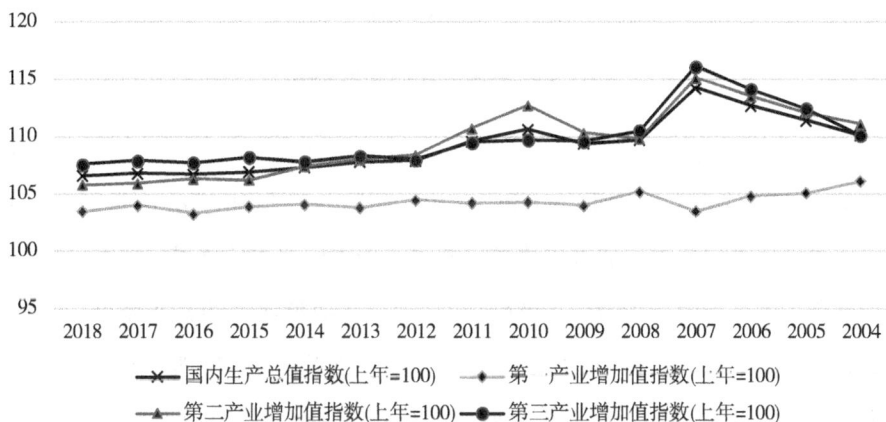

数据来源：国家统计局网站，http://www.stats.gov.cn/tjsj/

图 4-28 2004—2018 年国内经济生产指数

在经济增速趋缓的同时，就业形势也有待进一步改善。关于中国的真实失业率，相关公开数据并不统一。国家统计局公布的数据为城镇登记失业率，该数据显示近10年中国失业率稳定在4%—4.3%区间，但这一指标存在严重的缺陷，无法真实反映失业状况。2008年，中国社会科学院发布的《社会蓝皮书》显示，中国实际失业率为9.4%；而根据同期中国科学院发布的数据，中国的失业率更是高达14.2%。种种迹象表明，我国实际失业率要比官方数字显示的更为严重。2018年起，国家统计局开始公布城镇调查失业率，从数据统计来看，我国失业率呈现不断上升的态势，就业压力较大（见图4–29）。

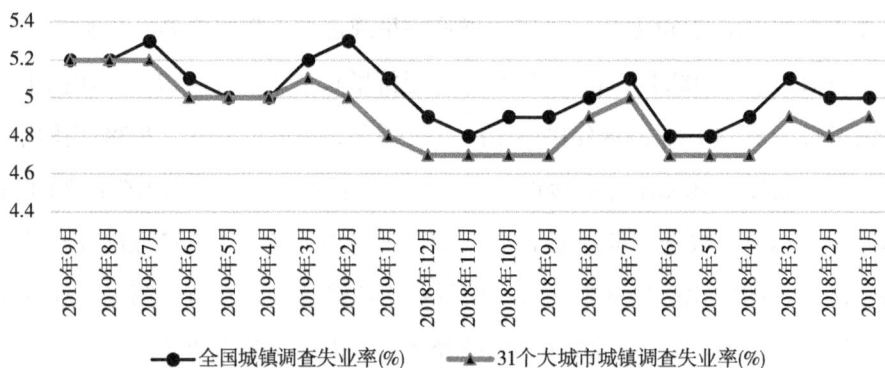

数据来源：国家统计局网站，http://www.stats.gov.cn/tjsj/

图4–29　全国城镇调查失业率

另外，近10多年来，尽管中国第一产业就业比重不断下降，但截至2018年，第一产业就业人口比重仍达到26.1%，而第一产业对GDP的贡献率只有4.2%（见图4–30）。随着农业经营方式的不断转变、土地流转制度的完善以及城镇化的发展，未来还将进一步释放劳动力，从而形成新的就业需求。因此，在目前工业产能过剩的背景下，如何进一步促进产业结构调整，转变经济发展方式，以实现高质量增长和充分就业，从而避免落入"中等收入陷阱"依然是我国目前面临的核心问题。

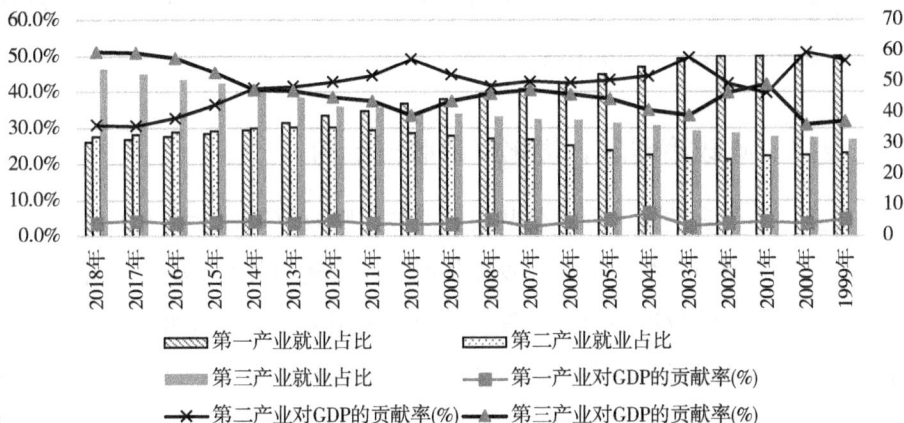

数据来源：国家统计局网站，http://www.stats.gov.cn/tjsj/

图 4-30　中国三次产业对 GDP 贡献率及就业比重

关于具体如何顺利实现这种转变，笔者在此仅给出以下几点原则性建议。

第一，现代经济增长的本质是技术、产业、软硬基础设置结构的不断变革以提高生产力水平，降低交易费用（林毅夫，2012）。其中，最为关键和基础的环节是技术创新。如何加强技术创新，提高生产技术水平，是提高劳动生产率、实现产业升级的根本。

第二，人力资本的不断积累是一国经济持续发展的基础。就我国目前来讲，最重要的是要提升职业教育水平，加强就业培训力度。我国一方面存在"用工荒"现象，另一方面又存在大学生就业难以及大量隐性失业问题，就业结构性矛盾凸显，其中一个根本的原因在职业教育发展和就业培训不到位，从而导致大学生所学无法与实际需求对接，而大量文化水平较低的农民工又无法成为熟练工人或技术一流的工人。

第三，在技术创新和人力资本积累的基础上，我国产业结构调整的方向并非简单的"去工业化"，而是在大力发展现代服务业和生产性服务业的基础上推进工业产业升级，降低低端劳动密集型产业在产业结构中的比重，产品竞争优势由价格向技术转变。

第四，经济发展方式转变过程中，政府要因势利导，积极主动地提供信息、协调和外部性补偿，帮助企业利用市场机遇，向私人提供必要充足的软硬件基础设施（林毅夫，2012）。

二、反思财政政策理念，优化财政收支结构

以美国为代表的发达国家公共债务发展与财政政策理念演变的相关历史表明，财政政策理念与一国财政收支状况具有直接的关系。尽管笔者分析指出，新自由主义的政策理念一定程度上导致美国公共债务负担率上升。但不可否认的是，二战后美国凯恩斯主义的盛行导致财政赤字持续存在，也导致了美国公共债务余额的不断增长。另外，凯恩斯主义的财政政策虽然总体层面上促进了二战后美国经济的繁荣，但这一时期美国经济增长波动性较大且最终陷入滞胀。这一切说明，传统的凯恩斯主义政策也存在严重的缺陷。因此，美国需要反思其财政政策理念，对此笔者也已经进行了详细的阐述。

反观中国，几十年来，根据各个时期经济发展的特点，实施了不同的财政政策，分别表述为"促进国民经济调整的财政政策""紧缩的财政政策""适度从紧的财政政策""积极的财政政策"以及"稳健的财政政策"。但除了第一个笼统地表达了政策理念外，其他表述都只是对财政政策松紧程度的描述。另外，查阅财政部网站的相关资料，均未发现对中国财政政策理念以及财政职能的解释。也就是说，中国财政政策不断调整的目的是什么，什么条件下可以采取何种财政政策，财政支出应该投向哪里，官方并没有给出明确的阐述。不过，回顾中国各个时期财政政策的内容，笔者认为中国财政政策总体符合传统凯恩斯主义的政策主张，即对经济发展进行广泛干预，实行需求管理，实现经济的快速增长。特别是2008年国际金融危机发生以来，为了实现经济增速"保八"目标，连续实施积极的财政政策，财政赤字不断扩大。

对此，笔者认为，尽管中国财政政策的适时调整为经济稳定增长发挥了积极的作用，但由于财政收支缺乏科学的理念引导和完善的规制监督体系，中国财政调控政策和财政体系存在如下一系列问题。

第一，政府干预过度，导致许多产业过快扩张，产能严重过剩，例如，周其仁等（2008）分析认为，存在严重"产能过剩"的行业都是政府频频干预

的行业，其原因在于政府主导的投资违背了市场规律，扭曲了产品和要素的价格。

第二，部分地区片面追求 GDP 的增长，政府主导的投资，尤其是通过债务融资的大量资金，很大比例都投向了产能过剩的行业以及存在重复建设的基础设施，财政支出效率低下，存在潜在的财政风险。

第三，由于政府的主要职能定位于经济建设和行政管制，导致在财政支出结构中，一般公共服务支出和经济建设支出比例过高，教育卫生、社会保障、社会治安、生态环境、城市管理等公共需要方面的支出不足（周天勇，2008）；在财政资源分配上，存在一定的重城市轻农村现象。

第四，财政支出相关立法以及监督体系缺失，导致财政资源的特权分配及"三公"经费居高不下。

第五，税收制度改革滞后，间接税为主体的税收体系下，政府收入不断上升，但企业以及中低收入者的税负过重。滞后的税收体系不仅制约中国经济的进一步发展，而且会恶化居民收入分配。

针对中国财政体系存在的问题，党的十八大以来，中央政府已经采取了一系列的改革措施。特别是十八届三中全会通过的《中共中央关于全面深化改革若干重大问题的决定》，进一步明确了中国政府职能转变以及财税体制改革的方向。具体表现为：

第一，深化投资体制改革，除关系国家安全和生态安全、涉及全国重大生产力布局、战略性资源开发和重大公共利益等项目外，企业投资项目一律自主决策，确立企业投资主体地位。

第二，改变政府考核体系，纠正单纯以 GDP 增长为考核指标，加大资源消耗、环境损害、生态效益、产能过剩、科技创新、安全生产、新增债务等指标的权重，更加重视劳动就业、居民收入、社会保障、人民健康状况。这一改变已经体现在近两年的财政预算中，民生投入力度明显加大。

第三，改进预算制度，一是落实"全口径预算决算管理"，确立了公共财政预算、政府性基金预算、国有资本经营预算、社会保险基金预算组成的预算体系框架；二是弱化收入预算考核，建立跨年度预算平衡机制；三是加强中央和地方政府债务管理并建立风险预警机制，地方政府债务发行交易市场不断完善；四是对公共债务进行余额管理，债务余额不得超过全国人大批准的额度，而且举借的债务应当有偿还计划和稳定的偿还资金来源，只能用于公益性资本支出，不得用于经常性支出。

第四，推动税收制度改革，逐步提高直接税比重。例如，推进增值税改革，适当简化税率；调整消费税征收范围、环节、税率，把高耗能、高污染产品及部分高档消费品纳入征收范围；完善个人所得税制；加快房地产税立法并适时推进改革；加快资源税改革，推动环境保护费改税。

以上政策措施及改革方向的落实，将有助于中国建立"现代财政制度"的目标尽快实现。然而，笔者认为，上述财税体制改革措施还存在以下一些缺陷：一是政府财政职能仍然过大，未能真正实现向"服务型政府"转变，政府职能转变不到位，现代公共财政就无从谈起。二是财政调控的目标仍然笼统地表述为促进经济稳定发展，但就内部经济发展而言，经济稳定发展至少包括经济持续增长、物价稳定、充分就业三个方面。财政政策调控的首要目标是充分就业，还是经济持续增长，中央政府相关部门尚未达成共识。另外，财政政策与货币政策的协调不够细化。三是资本所得税、资产税以及遗产税尚未取得实质性进展，税收改革主要着眼于促进经济稳定发展，调节收入分配的税收改革还没到位。

三、完善收入分配政策，缩小居民贫富差距

美日英的经验证据显示，改善收入分配及缩小贫富差距是财政收支改善的关键要素。1990 年以来，中国经济总量在快速增长的同时，收入分配制度改革亟待深化。经济学研究中一般用基尼系数来衡量一国收入差距，基尼系数越大，收入分配差距越大。根据世界银行及部分学者的研究计算，中国的基尼系数在 1990 年为 0.355，2001 年扩大为 0.447（王小鲁、樊纲，2013）。2013 年起，国家统计局第一次对外公布了中国的基尼系数变化，数据显示，2005 年中国基尼系数进一步扩大为 0.485，2008 年达到峰值 0.491，此后有所下降，2013 年为 0.473。然而，许多学者认为，中国实际的基尼系数要大于统计

局公布的数字。例如，西南财经大学发布的中国家庭金融调查（CHFS）的数据指出，2010 年中国家庭收入的基尼系数为 0.61，城镇家庭内部的基尼系数为 0.56，农村家庭内部的基尼系数为 0.60。另外，根据王小鲁等学者的研究，中国存在大量的隐性收入（主要为灰色收入）未能体现在统计局的住户调查数据中。就灰色收入的规模而言，2005 年是 2.66 万亿元，2008 年是 5.4 万亿元，2011 年上升至 6.2 万亿元，约占 GDP 的 12%，居民可支配收入的 30% 左右。灰色收入主要为高收入群体所有，如果统计中纳入灰色收入，实际收入差距会显著大于官方公布的数字（王小鲁，2013）。然而，笔者认为，尽管关于中国收入分配的实际差距存在很多争议，然而即使按照统计局公布的保守数字来看，中国收入分配差距过大是不争的事实。

基尼系数

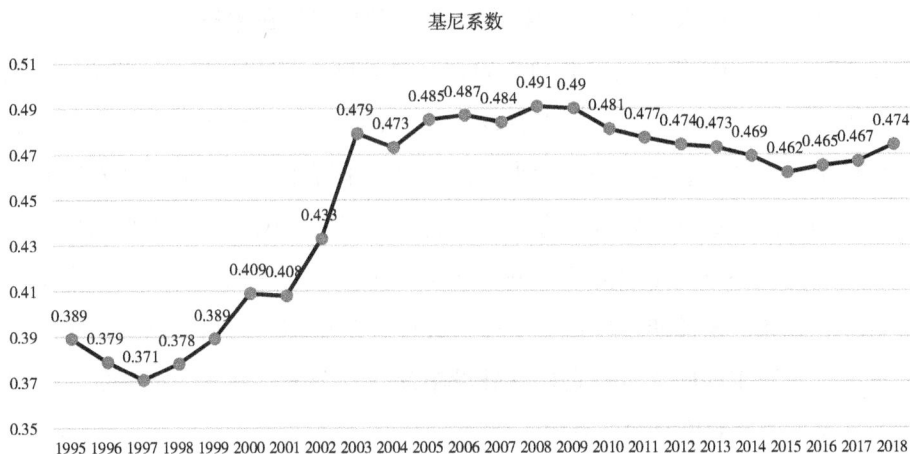

数据来源：Wind 数据库

图 4-31　1995—2018 年中国基尼系数变化趋势

关于收入分配差距扩大的原因，许多学者从不同角度给出了解释。

第一，从收入来源的角度看，西南财经大学中国家庭金融调查与研究中心（2012）的研究指出，中国收入差距扩大主要来源于工资性收入、经营收入以及投资性收入，而转移性收入和农业性收入缩小了收入差距。根据西南财经大学的中国家庭金融调查与研究中心（2012）的调查数据，收入最高的 10% 的家庭的可支配收入占所有家庭可支配收入的 56.96%。其中，经营收入的 76.85%、投资收入的 67.21% 以及工资收入的 55.57% 均被这部分家庭所拥有。

第二，劳动要素报酬的份额不断下降。根据吕冰洋、郭庆旺（2012）的研究测算结果，无论是税前还是税后，劳动分配份额自 1983 年达到顶峰后开始呈现长期逐渐下滑趋势；而资本分配份额在 1983 年前呈迅速下降趋势，之后反转呈迅速上升趋势，1993 年后增速减缓。一般来讲，收入水平越高，资本性收入在其收入中的比重会越大，由此，劳动分配份额的减少和资本分配份额的增加必然会扩大收入差距。

第三，城乡发展不平衡是我国收入差距扩大原因之一。城乡收入差距是我国收入差距扩大的重要表现之一，根据国家统计局的数据统计，改革开放以来，城乡居民收入差距在不断扩大，2000 年城乡居民家庭人均可支配收入之比 2.79∶1，2009 年达到最高值 3.33∶1，之后略微有所减小，但总体差距仍然较大。城乡收入差距大的原因有以下几点：①在二元经济条件下，农产品价格持续处于低位，经营规模较小，而且收入来源单一化，大多数农民收入无法得到提高。②由于农村教育水平落后，大多数农民工知识水平较低且缺乏专业技能，外出打工只能选择城市居民不愿从事的低端行业，收入水平较低且增长缓慢。③长期以户籍等手段行政性分割城镇与农村劳动力市场，大大压低了农民工的收入。④农村基础设施落后且金融支持与服务薄弱，通过创业来实现增收的途径非常有限。

第四，资源配置方式不健全导致居民收入差距过大（何伟，2006）。具体表现在：①政府以行政垄断的方式使得石油、电力、通讯、铁路、金融、烟草成为垄断行业，这些行业利用自身的垄断优势获得了超额的利润回报，行业收入差距不断加大。②政府通过行政手段制限制资源流动，造成运行机制的不平等。例如，政策扶持上向城市倾斜忽略农村发展；户籍制度导致农民工为城市发展做出巨大贡献却无法获得城市公共服务和现代化带来的回报；等等。③行政控制资源与法制不健全导致权钱交易滋生，部分人群的灰色收入居高不下。④政府职能缺位及财税机制不健全无法对初次收入分配差距形成有效调节。发达国家一般通过征收所得税、遗产税以及向低收入阶层提供各种社会福利来实现高收入阶层向低收入阶层的收入转移，然而我国目前税收体制及社会福利水平还有待完善（刘俊霞，2004）。

针对上述收入差距扩大的成因，中国政府目前采取的措施包括：一是提高最低工资水平，推动集体协商制度建立；二是扩大社会保障覆盖面，提高医疗保险和养老保险水平。二是针对三农问题，出台了一系列的改革措施。例如，取消农业税费并实行良种补贴，对农产品实行保护价收购，加大对农村基础建设以及扶贫资金的支持力度，逐步减少户籍限制，促进农民工向城市转移并将其纳入城市社会保障体系等。三是加快土地制度改革以及促进农地流转制度。一方面能够使农村居民能够分享土地增值收益；另一方面，提高农业规模化经营水平，促进农民增收。四是考虑放开部分垄断性行业，鼓励民营资本进入这些领域，进一步推动市场化改革。五是减少行政审批，转变资源配置方式，一方面可以促进资源配置更加有效，另一方面可以减少寻租空间。

但需要指出的是，上述措施的着力点总体处于初次分配环节，核心思想为减少行政干预，充分发挥市场机制在初次分配中的作用，保护弱势群体的基本权益。但国际经验表明，收入差距的缩小还需要更多从二次分配入手。完善所得税制度、推动遗产税建立、调整财政支出结构更多地向民生工程转变以及进一步完善社会保障体系是我国缩小收入差距的重点方向。其根本目的在于，大幅提高低收入群体在二次分配中的分配份额，扭转二次分配制度对初次分配不合理的放大效应，真正发挥缩小收入差距的正向作用。

小 结

本章在前面关于财政收支以及制度性原因分析的基础上，从开放宏观的角度分析美英日三大发达经济体公共债务风险上升的原因。负债率上升是公共债务风险凸显的核心特征。美国的负债率却由二战后至1980年的下降趋势转变为1980年以后不断上升的态势。关于美国负债率逆转的原因有以下三点：第一，1980年以后，GDP的增速除了在克林顿执政期间稳定外，整体呈现逐渐减缓的态势。进一步对经济增长的"三驾马车"分析发现，GDP 增速趋缓主要是投资率的不断下降和对外贸易逆差不断扩大所致。而看似牢固的消费基础事实一定程度依赖于政府的转移支付补贴。英国的负债率增加发生在 20 世纪 80 年代后期之后，其原因与美国非常相似，私人投资动力不足，消费基础实际乏力，对外贸易震动中下行。日本债务率上升自 20 世纪 70 年代以后，就原因而言，共同点在私人设备投资动力不足，投资率不断下降；差异在于消费率不断下滑且对外贸易对经济增长的贡献比较突出，但波动性较大。综合比较美英日三国的情况而言，之所以经济增长的重要动力——投资率不断下滑，笔者认为其主要原因在于：20 世纪 80 年代以后，伴随着新一轮全球化的推动，主要发达经济体都采取"去工业化"的产业转移策略，从而导致国内产业"空心化"，最终对投资与就业产生消极作用。

因此，在上述分析发达国家公共债务风险不断上升的原因的基础上，中国应当吸取国际教训，防范公共债务风险，做好以下几点：一是需要反思我国当前的财政政策取向和财政收支结构，优化财政收支结构，财政职能逐渐向公共财政转变；二是加快产业结构升级，转变经济发展方式，实现经济稳定增长；三是完善收入分配政策，扭转贫富差距不断扩大的趋势。

第五章　公共债务扩张的宏观经济效应分析

第一节　公共债务扩张宏观效应的理论分析

一、古典主义的公共债务扩张有害论

关于公共债务扩张的宏观效应，早期古典经济学的代表人物——亚当·斯密、李嘉图、萨伊以及约翰·穆勒等人就曾有过详细的论述。总体而言，古典经济学以及之前的经济学派学者都认为国家发行公共债务是有害的。例如，法国重农学派的代表人物魁奈认为，国家公债及体现在公债券上的"不结果实的货币财产"，是"把财富从农业抽出来，且使农业丧失为改善土地以及为利用或耕耘土地所必要的财富"（王传纶、高培勇，1995：450-451）。大卫·休谟分析指出，公债这种有价证券带有纸币流通的性质，大量发行必然会引起粮食和劳动价格的上升。其利息的支付不仅会加重国民负担，而且会使得债权人靠食利为生，不利于经济的发展。休谟警告政府："国家如果不消灭公债，公债必然消灭国家。"

在休谟观点的基础上，亚当·斯密给予更为严厉的批评：一是国家之所以要举债，是因为当权者奢侈而不知节俭；二是公债筹得的资金用途是非生产性的，侵蚀生产资本，不利于经济发展；三是公债增加至一定程度时，国家通过提高货币名义价值的方法稀释债务，使得多数国民无辜遭受损失。李嘉图着重对上述亚当·斯密的第二点进行了论述。萨伊进一步对斯密的观点进行了论述，理论上政府可以通过发行公债来投资于营利性的公共工程，把民间的小额消费基金转化为公共投资，从而有利于全社会的资本积累和扩大；

然而政府不负责任的概率很大，很可能会浪费国民的储蓄。另外，萨伊还对"公债只是右手欠左手的债，不会损害身体"的观点进行了批判。萨伊指出，公债的本金随着政府的借债消费而消失，不能再产生收入，如果这笔资金由债权人自己投资生产，那么他所获得的收入来自生产创造的价值，而不是同胞的支付。

与上述古典经济学代表人物不同，约翰·穆勒对公债的看法有所改变。穆勒从资金的来源和用途综合对公债的影响进行分析，并分为四种情况：第一，公债资金来源于生产领域，而用于非生产领域。这种筹资方法最不利于经济发展。第二，公债资金来源于国际或国内游资，而用于非生产领域，是否产生负面影响要视其使用情况而定。只要资金运用恰当，加重后代负担的同时也会使后代获益，这样是公平的。第三，如果公债资金来自生产领域，又用于生产领域，那就不会产生负面影响。第四，公债资金来源于国内外过剩游资，用于生产领域，不仅不会扰乱本国产业资本的正常运转，反而能够增加财富和资源，促进国家繁荣发展。另外，穆勒还建议，可以通过市场利率的升降来衡量公债的不利影响，如果公债发行刺激市场利率上升，则公债发行的影响是负面的；反之则反是。

综上所述，尽管约翰·穆勒对公债的看法不同于以往学者，但总体而言，古典经济学认为国家发行公共债务不利于经济发展。

二、凯恩斯主义的公共债务扩张有益论

受古典经济学以及德国传统历史学派的影响，十九世纪中后期德国新历史学派逐步建立。其代表人物卡尔·迪策耳和瓦格纳等人在德国经济现实的基础上，形成了独特的国债思想。例如，迪策耳认为，国民经济的生产和运行过程中经常会遭受外生冲击，政府通过公共物质资料，消除外生冲击的影响，从而保证国民经济的顺利运转，因此政府的支出并非是非生产性的。通过发行公债将游资转移到公共支出，促进公共物质资本的形成，对于国家再生产是有利的（陈志勇，2007：64-66）。瓦格纳在迪策耳的基础上进一步完善了该学派的公债理论体系。瓦格纳将公债分为三种类型：①来自国内游资形

成的公债；②外债；③占用国内资本形成的公债。第一种公债可以避免危机，特别是在繁荣之后的停滞时期，以公债吸收资本是调节经济的有效手段；第二种公债如果有利于国内资本增加则是可行的；第三种国债弊多利少，应该尽量避免（坂入长太郎，1987：310-313）。新历史学派关于公债的观点与德国当时的经济发展阶段有关，即德国逐步进入垄断资本主义阶段，失业、贫困等内在矛盾逐步显露。

随着垄断资本主义的不断发展，20世纪30年代大萧条爆发，凯恩斯主义逐步成为主流经济学思想。凯恩斯认为，公债支出可以表现为两种形式，一是增加投资，二是增加消费。在有效需求不足的条件下，两种形式的支出都可以扩大有效需求，推动经济增长。与凯恩斯的绝对性观点不同，阿尔文·汉森（1941）认为，公债发行利弊兼有，但利大于弊。汉森也将公债分为三类：一是死公债（dead-weight debt），即筹资所得用于国家经常性的非生产性支出，如国防、行政管理支出。这类支出既不能形成固定资本，更不能促进资本增值。二是消极性公债（passive debt），即筹资所得用于部分非生产性建筑支出，如公共建筑及公园。这类支出具有一定的社会效益，但不增加资本和生产力。三是积极性公债，即筹资所得能直接或间接增加社会生产力，为提升人力资本用于科教文卫支出，为增进集体生产力而用于自然资源保护与开发支出等。然而，汉森也指出，债务融资在财政支出中的比例要适度。债务管理须遵循四个基本原则：①政府证券必须使之成为一种安全而可靠的投资，能够在到期时立刻支付并易于兑现；②货币价值必须维持，既能避免膨胀又能避免紧缩；③公债应该尽可能广泛地为全部公民所持有，与累进的所得税共同促进收入的公平分配；④联邦支出、租税和借款的预算控制应当以实际国民收入的不断增长为其首要目的（汉森，1959：276-277）。

总而言之，在凯恩斯主义初步发展的20世纪30—40年代，凯恩斯主义经济学思想对公债的作用给予了充分的肯定，认为公债是促进经济发展、调节经济周期的重要调控手段。

三、公共债务扩张宏观效应的争论

20世纪50年代，关于公共债务扩张的利弊引起了学术界的广泛争论。经济学界对公债效应的考察角度更加微观，注重分析公债对居民消费行为、投资行为等经济活动的影响。其中，英国经济学家米德、美国经济学家布坎南和汉森这三位著名学者的争论，能够基本概括这一时期关于公共债务利弊争论的基本要点。

米德（1958）发文指出，巨额公债对经济的不利影响可以归结为以下四类：①对居民储蓄的"庇古效应"；②对工作投资和积累刺激的"卡尔多效应"；③为了筹措债息支出而加大税赋，特别是高额边际税率导致工作或投资的收益降低，从而造成不利影响；④为抵消"庇古效应"带来的通货膨胀需要提高利率，从而不利于私人投资和消费。但汉森对此不以为然，汉森（1964）认为，公债是经济发展的一种内在稳定器，其作用通过财富效应和付息制度得以实现。在衰退时期，由于公债的财富效应，人们倾向于增加消费支出，从而有助于缓和经济衰退；在繁荣时期，人们收入较高，公债的财富效应不影响，但基于累进税率的影响，税赋增速高于收入增速，有助于抑制总需求扩张导致的通货膨胀。而纳税人为公债支付所缴纳的税费，则可以看作是保证经济稳定的保险费。

在米德发文的同时，布坎南在1958年也完成他的著作——《公债的公共原理》。对于公债，布坎南指出：公债的主要负担转嫁至后代身上；公债和私债是相同的；内债和外债基本上也是一样的。对此，汉森反驳指出：第一，负担是否转嫁至后代，与举债方法和由此发生的公债对后代的实际收入的影响有关。如果战时举债使得资源顺利地转入战时用途，使资源的利用充分有效，那么在战争结束后就可以拥有更好的条件来推动发展，后代将会收益。第二，公债具备财富效应，私债不具备；第三，内债在萧条阶段可以发挥财富效应，缓解经济衰退，而外债则会导致周期性的收支逆差加剧。不过，布坎南（1984）后来的分析中也指出，公债在某些情况下具有合理性，其合理性取决于支出的预期生产力和预期收益的时间模型，公债筹资应该被限制于仅对预期可以产生长期利益的公共工程提供资金，即公共生产性投资。

在综合各类公债思想的基础上，萨缪尔森比较全面地分析了公共债务扩张的利弊。与其他学者不同的是，萨缪尔森认为公共债务的利弊分析必须从长短期、形成时机、数量大小等多方面展开，不能一概而论。

就形成时机而言，一方面，如果公债的增加是在充分就业时期形成的，且没有相应的生产资本形成；如果公债的增加产生"挤出效应"，那么公债的增加是不利于经济发展的；另一方面，如果公债的形成是为了弥补有效需求不足，促使充分就业，那么公债是有利于经济发展的。也就是说，公债是国家稳定经济的工具。

就数量而言，只要公债的增长速度与国民生产总值的增长速度保持平衡，即使绝对规模庞大，都是适度的。如果政府当局肆无忌惮地扩大支出，且存在大量的无效支出，那么债务的过度膨胀会挤出私人资本，税收增加会扭曲资源分配，不利于潜在产出的增长。

就长短期而言，萨缪尔森认为，短期内政府适量增加债务来支撑政府扩张性财政政策，有利于经济发展和就业。长期内，如果巨额债务持续存在，将会对经济造成不利影响。一是内债的增加最终依靠增加赋税来支付本息，即使是向同一个人征收赋税来支付其应得的债券利息，也会导致激励机制的扭曲——因公共债务的增加而减少储蓄，因税收的增加而减少工作；二是公共债务的增加导致私人资本被替代，不利于资本的形成，潜在产出下降；三是如果政府对外债务增加，意味着居民需要增加出口或出售本国资产的方式来偿还，意味着居民的可支配资源减少，影响本国福利水平。

四、公共债务扩张宏观效应评述与分析

综上所述，笔者认为，无论是古典经济学派的公债有害论，还是凯恩斯经济学派的公债有益论。其观点的去向均与其理论背景和所处的时代背景相关。就古典经济学的公债有害论而言，从理论上来说，古典经济学认为市场是经济发展的源泉和动力，公债是延迟的税收且公债支出具有非生产性，随着公债规模的不断扩大，会导致未来每年取得的公共收入的更大比例用于支

付利息，从而使得劳动者生产取得的收入支付给金融界和高利贷者，而不能用于政府管理支出。从现实背景上来说，当时的资本主义处于迅速发展的时期，经济中最重要的问题是如何增加产量以满足不断增长的需要，有效需求不足以及市场失灵尚未成为经济发展的制约因素。另外，当时的公债认购者主要是富裕阶层，公债的大量发行不利于收入分配。总而言之，古典经济学关于公债的观点是与自由资本主义时期的经济发展水平相适应的，具有历史的合理性。

然而，上述情况与凯恩斯主义思想发端的背景完全不同，从理论上来说，凯恩斯主义认为经济发展面临的基本问题是有效需求不足，外部性、信息不对称以及公共品等问题导致市场失灵，政府通过债务融资扩大财政支出来弥补上述缺陷是经济持续发展的重要基础；从现实背景来看，资本主义由自由竞争阶段进入垄断资本主义阶段，单纯的市场机制无法有效调节经济的稳定发展，需要政府干预经济。另外，随着金融市场的发展和居民收入水平的提高，普通的居民也开始纷纷持有公共债券，公债成为人们获取收益的重要工具，从而使得公债具有坚实的市场基础。

萨缪尔森在综合各学派思想的基础上，较为全面地对公共债务的利弊进行了分析。然而，笔者认为，仍然存在一些不足。第一，对公债宏观效应的分析只局限于其财政功能，而没有扩展至金融市场；第二，缺乏结合一国货币地位的变化来考察公共债务增加的影响，尤其是一国外债增加的利弊与该国的货币地位存在密切的关系；第三，将公共债务与私人资本简单归结为替代关系，实际上许多研究表明，通过适量债务融资形成的公共资本可以促进私人投资的增加，进而促进经济发展。

基于此，笔者在萨缪尔森公共债务观点的基础上补充以下几点。

第一，从金融的角度来看，一方面，一定规模的公共债务具有以下正向作用：一是公共债务作为一种零风险资产，是其他资产定价的基础，富有流动性的公共债务市场是一国金融体系稳定的保证；二是公共债务作为一种融资工具，可以通过促进公共资本的形成，为一国潜在生产能力的增加提供动力；三是公共债务市场上形成的利率期限结构，能够反映利率的长期变化和人们对长期价格变化的预期，从而为货币政策的实施提供准确信息，使得货币政策的意图能够有效地传导（李扬，2003）。另外，公共债务也是中央银行公开市场操作的重要工具。另一方面，如果公共债务过度扩张，以至于政府不能按期偿还债务的本金和利息，主权信用等级将下降，其融资成本将上升，那么债务工具将贬值，从而导致金融市场发生动荡（李翀，2011）。

第二，结合一国货币的国际地位来看，萨缪尔森所提出的公共债务的长期负面影响或会有所减弱。以美元为例，由于美元是主要国际货币，美国国内债务的增加，不一定靠增税来偿还本息，而是可以通过一定程度的债务货币化。基于美元的地位，债务货币化所带来的通货膨胀风险可以转嫁至其他国家，美国所需承担的成本大大减弱。另外，在美元霸权下，由于美国的外债的计价货币为美元，美国外债的增加不仅不会导致美国居民可支配的资源减少，相反，美国可以通过外债的增加为本国居民提供廉价的资本。美国企业利用廉价的资本进行跨国投资可以获得丰厚的收益。而且，美国同样可以通过债务货币化的形式降低美国的债务负担，而由此带来的成本却由全球共同承担。由此看来，美元的国际地位可以减缓美国公共债务的负面影响，甚至提升美国社会的整体福利。当然，美国公共债务的过度膨胀会导致美元贬值，导致债权人持有的债券价值贬值，这样会使得别国政府和投资者对美债的投资意愿下降，美债的融资成本上升、利率增加，从而对美国私人投资产生挤出效应。

第三，从财政的角度讲，如果能够严格限制债务融资的使用方式以及债务规模，长期来看，公共债务仍然能够促进经济的发展。也就是说，如果债务融资的作用严格定位为弥补市场失灵，增加基础设施等公共资本，这样可以促进私人投资的增加，有利于经济发展。自宏观经济学创建以来，针对经济增长的理论和模型研究不断发展，其中一些重要模型包括哈罗德-多马模型、索洛模型以及内生增长理论等，对于影响经济增长的因素，经济学家们已经形成一定的共识，即物资资本（K）、人力资本（H）、劳动力投入（L）以及技术进步（A）是影响经济增长的主要因素。物质资本是用于生产物品和劳务的机器设备、建筑物、存货等的存量，也可称为有形资本。作为一种被生产出来的生产要素是资本的重要特征，换言之，它既是生产过程的投入，也是过去生产过程的产出。人力资本则是劳动力通过教育、培训和经验获得的知识和技能的积累。人力资本能够有效地提高国民产出。劳动指劳动力数量，人口自然增长、劳动力参与率的提高、移民和劳动时间的增加是劳动增长的决定因素。通常情况下，技术进步主要包括知识的进步与运用、规模经济的实现以及资源配重的改善。

如果公共债务融资资金不是用于经常性支出，而是符合公共财政导向原则，定位于弥补市场失灵，公共支出作用于基础设施等投资、教育、R&D投资以及提供旨在降低交易成本或者激发市场主体创新积极性的其他公共产品等领域，那么将有利于经济增长。针对基础设施等投资的公共支出有利于提高一国的物质资本存量，并以此促进经济增长；在教育方面增加公共支出有利于增强一国的人力资本积累，进而有利于经济增长；将公共支出用于R&D投资则有助于促进一国知识存量的积累及提高生产率，从而提升一国经济增长的速度；当公共支出被一般性地用于提供各类公共产品的时候，可以补贴正外部性，进而在实际经济运行中提高资源配置效率，促使技术进步，促进经济增长。公共债务影响经济增长机制如图5-1所示。

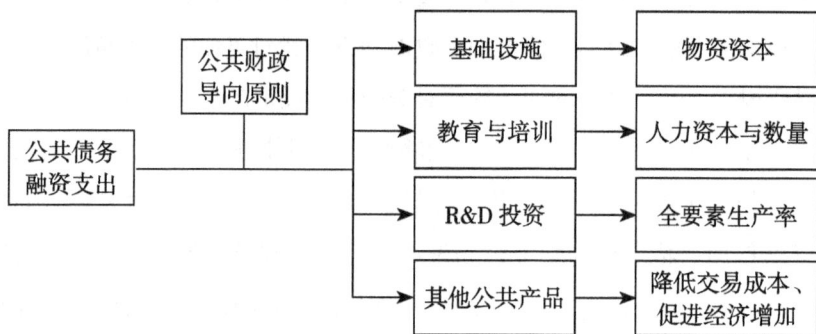

图5-1 公共债务影响经济增长机制

宏观经济理论中，公共债务扩张不利于经济增长的论据主要有两个方面：一是债务融资用于政府经常性支出，那么最终将通过提高税收的方式挤压私人消费或可支配资金，不利于经济增长；二是公共债务的不断发行将会导致货币市场利率上升，从而对私人投资造成"挤出效应"。但"挤出效应"存在的前提是投资需求相对饱和，如果投资有效需求不足，债务融资用于私人领域投资并不会造成"挤出效应"。而如果债务融资投资支出符合公共财政导向原则，不仅不会导致"挤出效应"，还会对私人投资形成"挤入效应"，从而促进经济增长。

将上述分析可以通过模型表达如下：

在对宏观经济长期增长进行研究时，可以参考运用新古典增长模型，即索洛模型。索洛模型假定经济体的总产出由资本投入、劳动投入和技术进步决定，即公式（5-1）

$$Y=AF(K, L)=AK^{\alpha}L^{\beta} \tag{5-1}$$

其中，Y 表示实际产出，K 表示资本投入量，L 表示劳动投入量，α 表示资本对经济增长的贡献权数，β 表示劳动对经济增长的贡献权数，且 $\alpha+\beta=1$。

当考虑公共债务对经济增长的影响时，把公共债务作用引入模型，并假设公共债务融资支出符合公共财政导向原则，公共资本存量用 G 表示，可得公式（5-2）

$$Y=A(t)L(t)^{\alpha}K(t)^{\beta}G(t)^{\gamma} \tag{5-2}$$

其中，$\alpha+\beta+\gamma=1$，G 表示公共资本存量，K 表示私人资本存量，A 表示全要素生产率。由此可以看出，影响产出的变量为 $A(t)$、$L(t)$、$K(t)$ 和 $G(t)$，假定公共债务用 $D(t)$ 表示，则 $D(t)$ 可以通过影响上述四个变量进而影响产出，即 $A(t)$、$L(t)$、$K(t)$ 和 $G(t)$ 均为 $D(t)$ 的隐函数。我们将 $Y(t)$ 对公共债务 $D(t)$ 求导可得：

$$\frac{dY}{dD}=L(t)^{\alpha}K(t)^{\beta}G(t)^{\gamma}\frac{dA}{dD}+aA(t)L(t)^{\alpha-1}K(t)^{\beta}G(t)^{\gamma}\frac{dL}{dD}+\beta A$$

$$(t)L(t)^{\alpha}K(t)^{\beta-1}G(t)^{\gamma}\frac{dK}{dD}+\gamma A(t)L(t)^{\alpha}K(t)^{\beta}G(t)^{\gamma-1}\frac{dG}{dD}$$

由此可知，公共债务可以通过影响技术进步、资本存量和劳动力水平来影响经济增长。

第二节　公共债务扩张宏观效应的研究进展

公共债务对经济增长的影响一直以来是学术界的研究重心，国内外学者对此展开了大量的研究与探讨。归纳整理国内外学者的研究文献，可以发现，公共债务对经济增长的影响关系集中于线性影响关系和非线性影响关系两种观点。

一、公共债务对经济增长的线性影响

一部分国内外学者通过研究认为，公共债务对经济增长的影响表现出线性影响关系，即可以用线性函数来表示两者的关系。在公共债务对经济增长线性影响关系的观点中，也分为正向线性影响关系和负向线性影响关系两个方面。

公共债务对经济增长的正向线性影响关系，该观点的理论依据是公共债务作为政府的重要收入，其主要用途在于基础设施和公用设备建设，能够直接有效地拉动 GDP 增长，推动经济发展。同时，公共债务快速增加，也向社会资本透露政府大力发展经济的信号，带动全社会资本参与经济建设，间接推动经济增长。研究相对较早的是国外学者，Sidiqui 和 Malik（2001）选择东南亚国家作为研究对象，对公共债务对经济增长的影响进行实证研究，发现地方政府债务的确对经济增长有着显著的正向影响，地方政府债务规模增加，有助于提高经济增长速度。Afonso 等（2010）选择 127 个国家为研究对象，以1981 年至 2007 年期间的数据为研究样本进行实证分析，发现不论是否发生经济危机，公共债务规模的增加均能够显著地促进经济增长。随着研究的不断发展，一些国内学者也通过研究发现，公共债务对经济增长存在着正向的线性影响关系。邓晓兰等（2013）首先从理论知识角度分析了财政政策对经济增长的影响机制，认为积极的财政政策有助于推动经济增长。同时，其搜集中国的公共债务数据，分析中国公共债务对经济增长的影响关系，发现在合理

的债务水平内，借助于财政赤字能够刺激经济增长，也就是说扩大公共债务规模可以刺激经济增长。缪小林和伏润民（2014）根据西方经济学生产函数及LS-LM理论为基础，选择我国西部的一个省份为研究对象，搜集相关数据进行实证分析，发现政府债务规模的增加能够有效地推动经济增长，但是，相比较社会投资对经济增长的拉动程度，公共债务对经济增长的影响相对较弱。刘震和蒲成毅（2014）选择 DSGE 模型，对财政政策的各项工具进行细化，分析财政政策各项工具对经济增长的影响，从研究结果来看，公共债务规模的扩张对经济增长存在着正向的积极影响，而且当引入消费需求因素后，公共债务对经济增长的积极推动作用更加明显。同时其还比较了政府投资与私人投资对经济增长影响的差异，发现政府投资对经济增长的影响作用更大。

公共债务对经济增长的负向线性影响关系，该观点的理论依据主要是基于李嘉图的等价定理。等价定理认为，当政府开始大规模扩张自身债务时，会对社会资金供需造成供不应求的压力，一定程度上推动市场利率上行，抑制经济增长。Ploeg（1996）以内生增长模型来分析一个小型开放经济体的公共债务对经济增长的影响，发现公共债务增加，会使得利率水平上升，从而抑制经济增长。Singh（1999）以印度 1959 年至 1995 年的数据为研究样本，运用相关性分析和格兰杰因果检验进行实证，发现公共债务对经济增长存在着显著的消极作用，政府债务与经济增长之间表现出负向的相关关系。杨攻研和刘洪钟（2015）研究发达国家的公共债务与经济增长之间的关系，选择 1880年至 2009 年期间的年度数据为研究样本，实证分析发现，经济的持续增长有助于削减公共债务规模，而削减公共债务规模需要借助于紧缩的财政政策，再结合市场利率和通货膨胀的相互配合，实现最佳的效果。同时，公共债务率过高，会对经济增长造成明显的抑制作用。

二、公共债务对经济增长的非线性影响

然而，一些学者通过研究发现，公共债务对经济增长的影响存在着非线性的关系。这类研究的大部分学者认为，这两者呈现出倒 U 形关系，即公共债务规模的适度扩张会促进经济增长，但当公共债务达到一定水平后，经济

增长的速度就会下滑。Krugman（1988）首次提出了公共债务对经济增长的影响呈现出倒 U 形关系，并非线性关系。Westphal 和 Rother（2011）以欧元区 12 个国家 40 年的数据为研究样本，实证分析公共债务对经济增长的影响，发现公共债务对经济增长呈现出倒 U 形关系影响，当公共债务占 GDP 的比重超过 80%，则对经济增长的影响呈现出负向影响，也就是说公共债务占 GDP 比重为 80% 是拐点。Carmen Reinhart 和 Kenneth Rogoff（2010）的研究是近年来最具代表性的成果，其以 44 个国家为研究对象，时间跨度为 200 年，总样本量为 3700 个，结论指出在债务 /GDP 比例低于 90% 时，债务扩张与经济增长之间具有微弱的相关关系；当债务 /GDP 比例超过 90% 时，这些国家的经济增长率中值会降低 1%，平均值降幅更大。新兴市场国家和发达国家的门槛值基本一致，均为 90%。然而，2013 年，美国马萨诸塞大学阿莫斯特分校的三位学者 Thomas Herndon、Robert Pollin、Michael Ash 发布的研究结果表明，Carmen Reinhart 和 Kenneth Rogoff（2010）的研究存在编码错误、选择性排除可得数据、对加总统计量进行非常规赋权三个问题，导致了该研究在阐述 20 个发达经济体"二战"后公共债务与 GDP 增长之间关系时出现错误。Thomas Herndon、Robert Pollin 和 Michael Ash（2013）的研究表明，90% 并非转折点，对公共债务与 GDP 之比为 90%—120% 的分类而言，平均实际 GDP 的增长 2.4%，合理地接近公共债务与 GDP 之比为 60%—90% 分类的 3.2% 的 GDP 增长。在 120%—150% 分类之间，GDP 增长都低于 1.6%，但不存在非线性的陡峭下跌。总之，Carmen Reinhart 和 Kenneth Rogoff（2010）研究的 20 个发达经济体中，在公共债务的每一水平上，GDP 增长的绩效都存在着一个很宽的范围。

近年来，一些国内学者的研究也佐证了地方政府债务对经济增长呈现出倒 U 形关系的观点。刘金林（2013）选择 OECD 国家作为研究对象，择取 2000 年至 2009 年的年度数据为研究样本，运用 OLS 回归分析对地方政府债务与经济增长的关系进行研究，发现地方政府债务对经济增长表现出非线性的倒 U 形关系，而且这种倒 U 形关系在统计意义上是显著的。程宇丹和龚六堂（2014）选择 113 家国家的数据形成面板数据，实证分析地方政府债务对经济增长的影响，发现两者呈现出倒 U 形关系。同时，分析比较了发达国家与发展中国家之间的差异，得到发展中国家的地方政府债务对经济增长倒 U 形关系的拐点更高。邱栎桦、伏润民和李帆（2015）通过实证研究发现，地方政府债务对经济增长的影响表现出倒 U 形关系，而倒 U 形关系的拐点为 20%，即当地方政府债务率的数值超过 20% 时，则地方政府债务对经济增长的拉动效应逐渐下滑。吴友群、王立勇和廖信林（2015）选择中国等 38 个国家为研究对象，运用面板门槛模型对政府债务与居民消费之间的关系进行了实证研究，发现这两者存在着显著的非线性关系。

三、公共债务对经济增长实证研究评述

综上所述，国内外学者对公共债务与经济增长的关系展开了较多的研究与探讨，从研究结论来看，公共债务对经济增长的影响表现出线性关系和非线性关系两种观点。主流的观点认为，公共债务扩张的宏观效应必然存在着一个度的衡量，过大的公共债务会对经济增长产生不利的影响，公共债务对经济增长的影响应当呈现出倒 U 形的非线性关系。即如果公共债务 /GDP 比例处于合理区间，其规模扩张会对经济增长产生促进作用；但是当公共债务 /GDP 超过倒 U 形曲线的拐点，则其不利于经济增长。研究方法主要是基于经济增长模型建立公共债务与经济增长之间的理论机制，利用面板数据进行实证检验。然而，由于公共债务扩张与经济增长在一定程度上是互为因果，PVAR 不依赖于任何先验的经济理论，将所有变量均视为内生，能够分解出各个冲击对变量的影响，从而得到排除其他因素干扰的影响因子，最终真实反映出各变量之间的"纯粹"关系。因此，本节下面试图采用 PVAR 的方法分析公共债务扩张对经济增长的影响。

第三节　公共债务宏观效应的 PVAR 实证分析

一、模型建立

$$Y_{it}=\beta_o+\sum_{j=1}^{p}\beta_j Z_{it\text{-}p}+f_i+d_t+e_{it}$$

模型中 $Y_{it}=$（gdp_{it}，$tfpr_{it}$，inv_gdp_{it}，$debt\_gdp_{it}$）是基于面板数据的四个变量。其中：gdp 表示不变价格的 GDP 增长率；tfp 表示全要素生产率；inv_gdp 表示投资—产出比例，为当年投资与当年 GDP 的比值，即投资率；$dept\_gdp$ 表示公共债务余额/GDP 比例，即负债率。i 表示世界上的国家或地区；p 表示滞后阶数；β_o 表示结局向量；β_j 表示滞后项的系数矩阵；f_i 表示个体效应；d_t 表示时间效应；e_{it} 表示干扰项。

实证思路如下：本部分主要考察一国经济增长率受到哪些方面的影响，从现有研究来看，投资率、全要素生产率是公共债务扩张影响经济增长率的重要机制，且二者均为内生变量，因此本部分将投资率、全要素生产率作为控制变量。首先从全球各经济体的整体视角，分析负债率对经济增长率的影响。其次，将全球各经济体分为发达国家与新兴经济体两类，比较负债率对经济增长率的影响。

本文采用 Stata 11.0 软件进行估计，利用世界银行 Love 和 Zicchino 的 PVAR 程序及连玉君的 PVAR2 程序实现。PVAR 的实证分析步骤主要包括样本平稳性检验、滞后阶选取、GMM 估计、脉冲响应分析。数据来源如下：全要素生产率来源于 Feenstra、Robert C.、Robert Inklaar 和 Marcel P. Timmer（2015）的研究，GDP 增长率和投资率来源于 IMF 发布的 WEO 数据库，公共债务余额/GDP 比例的数据来源于 IMF 的 WEO 数据库以及 Carmen Reinhart 和 Kenneth Rogoff（2010）提供的数据。考察样本覆盖 1980—2014 年 104 个国家或地区的数据，由于有的国家或地区部分年份数据缺失，因此总样本量为

2332个。其中，发达国家或地区为28个，澳大利亚、加拿大、中国香港特别行政区、法国、德国、希腊、冰岛、意大利、日本、新西兰、挪威、韩国、新加坡、西班牙、中国台湾、英国、美国、爱尔兰、芬兰、瑞典、荷兰、瑞士、奥地利、比利时、卢森堡、丹麦、葡萄牙、以色列，样本量为810；新兴经济体或地区为76个，分别为阿根廷、亚美尼亚、巴林、巴巴多斯、玻利维亚、巴西、保加利亚、布隆迪、科特迪瓦、喀麦隆、中非共和国、智利、中国、哥伦比亚、哥斯达黎加、克罗地亚、塞浦路斯、捷克共和国、多米尼加、厄瓜多尔、埃及、爱沙尼亚、斐济、加蓬、危地马拉、洪都拉斯、匈牙利、印度、印度尼西亚、伊朗、牙买加、约旦、哈萨克斯坦、肯尼亚、科威特、吉尔吉斯斯坦、拉脱维亚、立陶宛、马来西亚、马耳他、毛里塔尼亚、毛里求斯、墨西哥、摩洛哥、莫桑比克、纳米比亚、尼加拉瓜、尼日尔、尼日利亚、巴拿马、巴拉圭、秘鲁、菲律宾、波兰、摩尔多瓦共和国、罗马尼亚、俄罗斯、卢旺达、沙特阿拉伯、塞内加尔、塞尔维亚、塞拉利昂、斯洛伐克、斯洛文尼亚、南非、斯里兰卡、苏丹（前）、塔吉克斯坦、泰国、多哥、突尼斯、土耳其、乌克兰、乌拉圭、委内瑞拉、津巴布韦，样本量为1522。

二、基于全球各国数据的 PVAR 模型

首先进行平稳性检验。单位根检验显示，投资率 *inv_gdp* 和全要素生产率 *tfp* 为非平稳变量。采取差分法处理非平稳变量，并用 *Dinv_gdp* 与 *Dtfp* 取代 *inv_gdp* 与 *tfp* 进行检验。根据 AIC、BIC 与 HQIC 规则，最优滞后阶数为二阶。在估计模型参数之前，本文采用前向均值差分法（即 Helmert 转换）和去除组内均值法分别消除个体效应和时间效应。利用 GMM 方法估计的 PVAR 结果如图 5-2 所示。

表5-1 利用 GMM 方法估计的 PVAR 结果

	h_debt_gdp	h_Dinv_gdp	h_Dtfp	h_gdp
L.h_debt_gdp	0.656*** （4.38）	−0.010 （−0.44）	−0.000 （−0.30）	0.014 （0.71）
L.h_Dinv_gdp	−0.038 （−0.36）	0.014 （0.28）	−0.001** （−2.34）	0.031 （0.89）
L.h_Dtfp	14.921 （0.79）	2.361 （0.37）	0.157** （2.36）	4.594 （0.75）
L.h_gdp	−0.770*** （−3.02）	0.047 （0.64）	0.001 （0.93）	0.275*** （3.70）
L2.h_debt_~p	0.126 （1.06）	0.010 （1.16）	0.000 （0.84）	0.001 （0.10）
L2.h_Dinv_~p	−0.061 （−0.57）	−0.139*** （−3.14）	−0.000 （−0.43）	0.045 （1.54）
L2.h_Dtfp	29.457** （1.99）	5.014 （0.92）	−0.028 （−0.45）	−5.732 （−1.20）
L2.h_gdp	−0.279 （−1.39）	−0.065 （−1.40）	−0.000 （−0.02）	0.032 （0.65）

注：t statistics in parentheses，* p<0.1, ** p<0.05, *** p<0.01

从统计分析结果来看，负债率波动受到滞后一期的负债率和经济增长率、滞后两期的全要素生产率的影响较为显著。经济增长率则受到滞后一期的经济增长率的影响较为显著。

PVAR 模型的估计结果显示系统各变量间的直接关系，但彼此的动态变化关系还需运用脉冲响应函数进行检验。本文采用 1000 次模拟定义脉冲响应函数的标准差，对应生成 5%—95% 的置信区间。此外，由于 PVAR 程序采用的是 Cholesky 分解方法，系统变量的顺序不同会导致结果产生较大差异。为此，本部分根据四个变量的特性，将系统变量顺序设置为 Ddebt_gdp、inv_gdp、Dtfp、gdp，结果如图 5-2 所示。

Impulse-responses for 2 lag VAR of debt_gdp Dinv_gdp Dtfp gdp

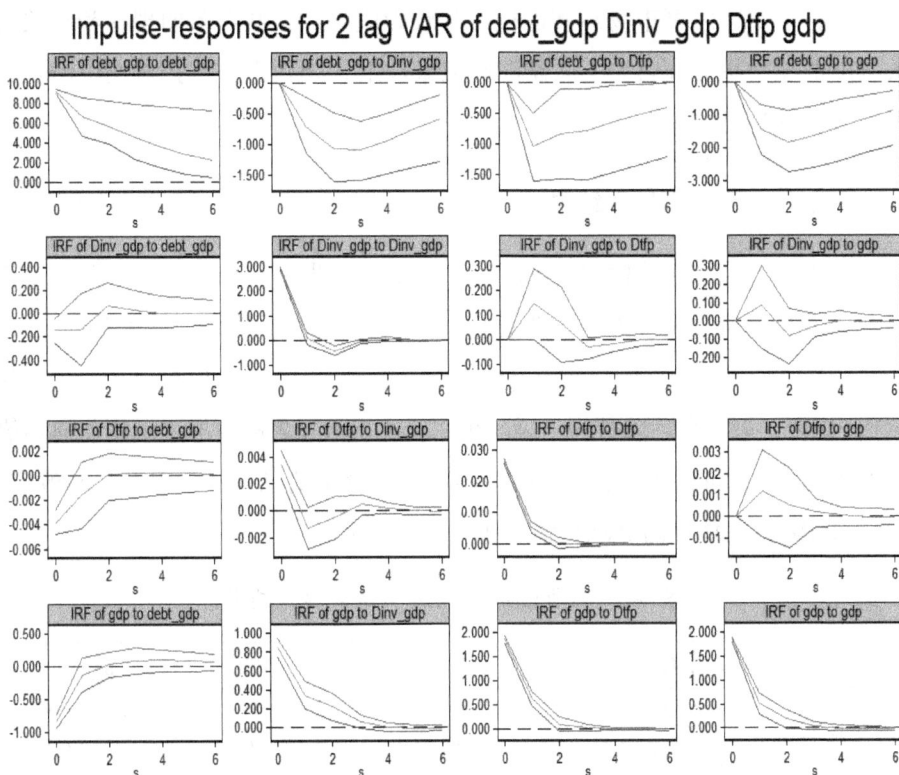

Errors are 5% on each side generated by Monte-Carlo with 1000 reps

图5-2　全部国家样本脉冲响应分析

　　根据脉冲响应分析结果，当负债率作为冲击变量时，其对投资率、全要素生产率以及经济增长率的影响均为负向，且这种效应在较长的时间内存在，也就是说负债率的上升不利于经济增长率的提高；投资率和全要素生产率在统计学意义上对经济增长率的影响不显著；当经济增长率作为冲击变量时，其对负债率的影响为负，即经济增长率上升会导致负债率下降，但这种效应只在第一期存在。

三、不同类型经济体的 PVAR 检验比较分析

　　在上述整体分析的基础上，该部分将从发达经济体和新兴经济体比较的角度分析公共债务对经济增长率的影响。其区分的依据在于，相对于新兴经

济体而言，发达国家市场经济运行机制较为成熟，公共财政的理念和相关财政制度的建设更为完善。不同制度约束条件下，公共债务扩张对经济增长的影响会有所差别。

（一）发达经济体 PVAR 结果

首先，进行平稳性检验。单位根检验显示，投资率 *inv_gdp*，全要素生产率 *tfp* 和负债率 *debt_gdp* 为非平稳变量，采取差分法进行处理，并用 *Dinv_gdp*、*Dtfp*、*Ddebt_gdp* 取代 *inv_gdp*、*tfp*、*debt_gdp* 进行检验。根据 AIC、BIC 与 HQIC 规则，最优滞后阶数为 4 阶。在估计模型参数之前，本文采用前向均值差分法（即 Helmert 转换）和去除组内均值法分别消除个体效应和时间效应。利用 GMM 方法估计的 PVAR 结果如图 5-2 所示。

表 5-2 利用 GMM 方法估计的 PVAR 结果

	h_Ddebt_gdp	h_Dinv_gdp	h_Dtfp	h_gdp
L.h_Ddebt_~p	0.245** （2.51）	−0.062** （−2.46）	0.000 （0.57）	−0.043** （−1.99）
L.h_Dinv_gdp	−0.446* （−1.81）	−0.089 （−1.17）	−0.002** （−2.49）	−0.113 （−1.30）
L.h_Dtfp	22.795 （0.75）	−9.428 （−1.15）	0.143* （1.70）	−15.098 （−1.55）
L.h_gdp	−0.210 （−0.65）	0.192* （1.87）	0.001 （0.94）	0.538*** （4.44）
L2.h_Ddebt~p	0.161** （2.36）	−0.041*** （−2.59）	−0.000** （−2.19）	−0.031 （−1.57）
L2.h_Dinv_~p	−0.222 （−0.99）	−0.072 （−0.91）	−0.000 （−0.54）	0.039 （0.45）
L2.h_Dtfp	−36.466* （−1.67）	8.360 （0.83）	0.148* （1.87）	15.079* （1.88）
L2.h_gdp	0.426 （1.64）	−0.121 （−1.29）	−0.002** （−2.24）	−0.215** （−2.23）
L3.h_Ddebt~p	0.023 （0.44）	0.008 （0.45）	0.000 （0.65）	0.012 （0.63）

续表

	h_Ddebt_gdp	h_Dinv_gdp	h_Dtfp	h_gdp
L3.h_Dinv_~p	0.211 （1.06）	−0.117 （−1.48）	0.001 （1.52）	−0.030 （−0.41）
L3.h_Dtfp	23.906 （1.03）	7.524 （0.89）	0.179** （2.32）	7.542 （0.84）
L3.h_gdp	−0.520** （−2.17）	0.024 （0.29）	−0.000 （−0.52）	0.141 （1.52）
L4.h_Ddebt~p	−0.018 （−0.40）	0.006 （0.28）	0.000 （0.33）	0.011 （0.59）
L4.h_Dinv_~p	0.037 （0.22）	0.015 （0.22）	−0.001 （−1.13）	−0.112 （−1.33）
L4.h_Dtfp	0.910 （0.05）	4.859 （0.63）	0.007 （0.11）	−5.671 （−0.67）
L4.h_gdp	0.117 （0.63）	−0.054 （−0.66）	0.000 （0.26）	0.061 （0.62）

注：* p<0.1, ** p<0.05, *** p<0.01

根据统计分析结果，经济增长率受到滞后一期的负债率和经济增长率，滞后两期的全要素生产率和经济增长率的影响较为显著；负债率受滞后一期的负债率和投资率、滞后三期的经济增长率的影响较为显著。如前述，PVAR模型的估计结果显示系统各变量间的直接关系，但彼此的动态变化关系还需运用脉冲响应函数进行检验。该部分同样采用1000次模拟定义脉冲响应函数的标准差，对应生成5%—95%的置信区间。此外，由于PVAR程序采用的是Cholesky分解方法，系统变量的顺序不同会导致结果产生较大差异。为此，本部分根据四个变量的特性，将系统变量顺序设置为Ddebt_gdp、inv_gdp、Dtfp、gdp，结果如图5-3所示。

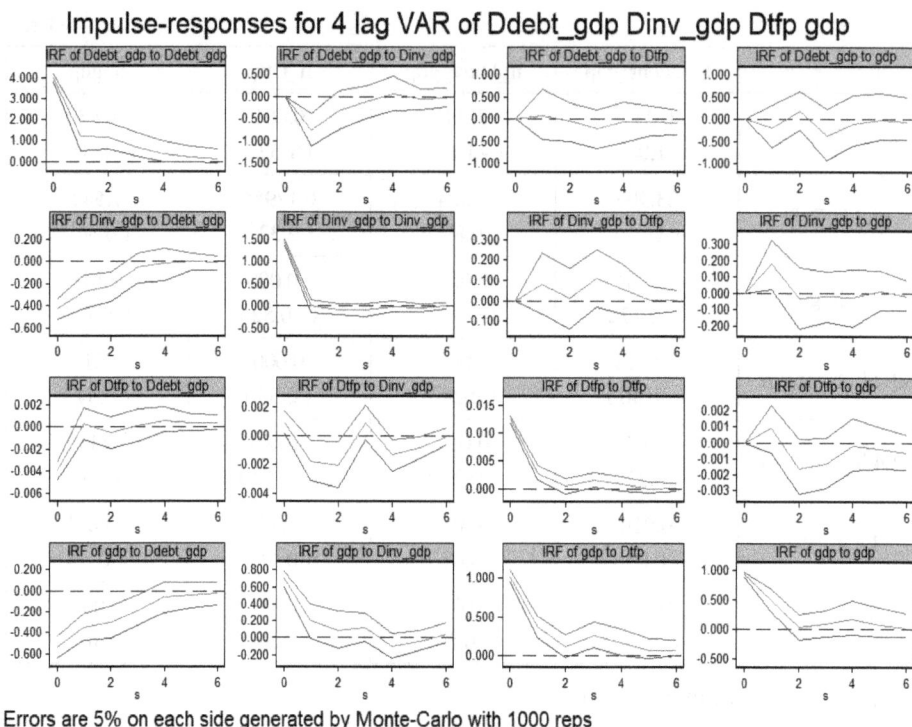

Impulse-responses for 4 lag VAR of Ddebt_gdp Dinv_gdp Dtfp gdp

Errors are 5% on each side generated by Monte-Carlo with 1000 reps

图 5-3 发达国家脉冲响应分析

根据脉冲响应分析结果，当负债率作为冲击变量时，对投资率的影响为负，即债务率上升会导致投资率下降，但这种影响在第二期以后不再显著；对全要素生产率和经济增长率的影响在统计学意义上不显著。当负债率作为响应变量时，投资率、全要素生产率、经济增长率对负债率的影响均为负向，即投资率、全要素生产率、经济增长率的上升会导致负债率下降，但这种影响分别在第三期、第一期，第三期以后不再显著。当经济增长率作为响应变量时，除负债率外，投资率和全要素生产率对经济增长率的影响同样不显著。

（二）新兴经济体 PVAR 结果

与前述一样，首先进行平稳性检验，单位根检验显示，投资率 *inv_gdp* 和全要素生产率 *tfp* 为非平稳变量，采取差分法进行处理，并用 *Dinv_gdp* 与 *Dtfp*

取代 *inv_gd*p 与 *tfp* 进行检验。根据 AIC、BIC 与 HQIC 规则，最优滞后阶数为二阶。在估计模型参数之前，本部分采用前向均值差分法（即 Helmert 转换）和去除组内均值法分别消除个体效应和时间效应。利用 GMM 方法估计的 PVAR 结果如图 5-3 所示。

表 5-3 利用 GMM 方法估计的 PVAR 结果

	h_debt_gdp	h_Dinv_gdp	h_Dtfp	h_gdp
L.h_debt_gdp	0.645*** （5.30）	−0.006 （−0.34）	−0.000 （−0.70）	−0.007 （−0.43）
L.h_Dinv_gdp	−0.009 （−0.09）	0.007 （0.12）	−0.001* （−1.89）	0.041 （1.15）
L.h_Dtfp	19.010 （0.89）	5.510 （0.64）	0.138 （1.62）	12.415* （1.66）
L.h_gdp	−0.786*** （−2.71）	−0.004 （−0.04）	0.001 （0.66）	0.137 （1.52）
L2.h_debt_~p	0.164 （1.44）	0.004 （0.44）	0.000 （0.96）	0.002 （0.26）
L2.h_Dinv_~p	−0.085 （−0.77）	−0.153*** （−3.15）	−0.000 （−0.38）	0.057** （1.97）
L2.h_Dtfp	31.964* （1.75）	7.160 （1.00）	−0.075 （−0.95）	−3.659 （−0.64）
L2.h_gdp	−0.239 （−1.09）	−0.083 （−1.29）	0.000 （0.59）	0.007 （0.13）

* $p<0.1$，** $p<0.05$，*** $p<0.01$

根据统计分析结果，经济增长率受到滞后一期的全要素生产率和滞后两期的投资率的影响较为显著。负债率受滞后一期经济增长率和滞后两期的全要素生产率影响较为显著。如前述，PVAR 模型的估计结果显示系统各变量间的直接关系，但彼此的动态变化关系还需运用脉冲响应函数进行检验。该部分同样采用 1000 次模拟定义脉冲响应函数的标准差，对应生成 5%—95% 的置信区间。此外，由于 PVAR 程序采用的是 Cholesky 分解方法，系统变量的顺序不同会导致结果产生较大差异。为此，本部分根据四个变量的特性，将系统变量顺序设置为 Ddebt_gdp、inv_gdp、Dtfp、gdp，结果如图 5-4 所示。

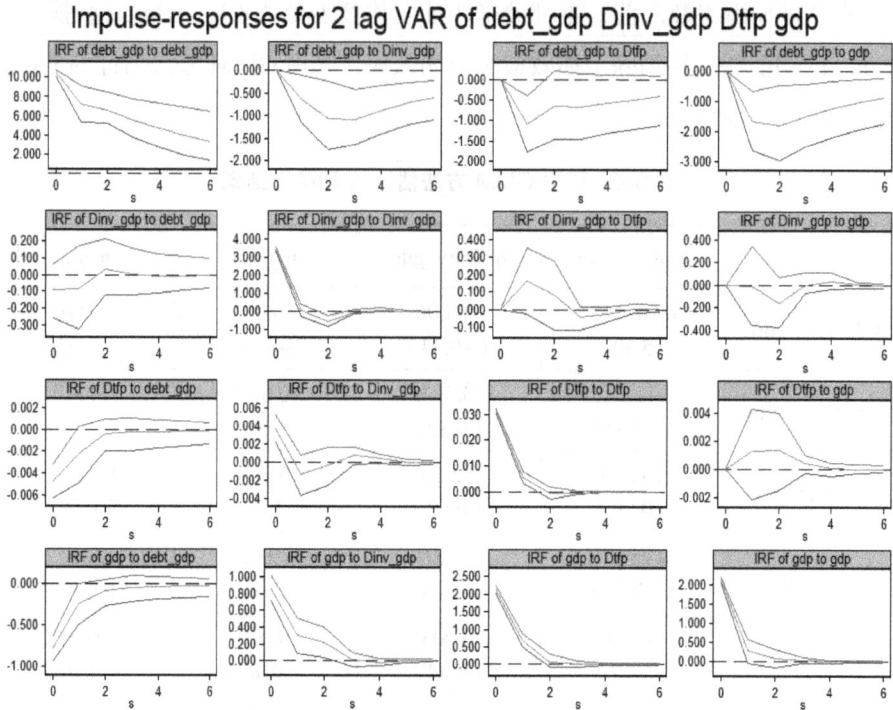

图 5-4　新兴经济脉冲响应分析

根据脉冲响应分析，当负债率作为冲击变量时，其对投资率、全要素生产率、经济增长率的影响均为负向，且对投资率和经济增长率的影响长期存在，即负债率的上升不利于经济增长率的提高。当经济增长率作为冲击变量时，经济增长率对负债率的影响为负值，即经济增长率上升会促使负债率下降。

通过发达经济体和新兴经济体的比较分析可以看出，相比较发达经济体，新兴经济体的负债率上升对实际经济增长的负面效应更为突出。笔者认为，其可能的解释为新兴经济体的财政制度相对松散，现代公共财政制度不够完善，黄金财政规则得不到贯彻落实。

小　结

公共债务的不断增加会从各个角度对经济发展造成影响。本章在对公共债务扩张的宏观效应进行理论梳理的基础上，运用 PVAR 模型方法以 1980—2014 年 104 个国家或地区的数据为分析样本，实证检验了公共债务扩张与经济增长之间的关系。整体样本的检验结果显示，负债率的上升不利于实际经济增长，且这种效应长期存在。从发达经济体和新兴经济体分类型检验的效果来看，发达经济体负债率上升对实际经济增长率的影响在统计学意义上不显著。但相比较发达经济体，新兴经济体的负债率上升对实际经济增长的负面效应比较突出。

第六章　公共债务扩张与债务危机的关系

作为 2008 年国际金融危机爆发的后续结果，2009 年以来，冰岛、迪拜、欧元区相继发生主权债务危机。关于债务危机发生原因的研究成为学术界关注的热点问题。在具体分析之前，有必要明确债务危机的具体含义。Andrea Pescatori 和 Amadou N. R. Sy（2007）在对债务危机发生的历史以及文献进行归纳评述之后认为，债务危机是指债务国发生信用评级机构所定义的债务违约或者在二级市场上公共债务票面利差超过一定的门槛值（threshold）。上述二者背后其实是债务国发生流动性危机，即债务国无法筹措足够资本或者筹资成本过高来应对即将到期的债务本息。关于公共债务扩张与债务危机的关系，我们需要思考的一个问题是：公共债务扩张是否必然引起债务危机？

关于债务危机的研究文献表明，各国发生债务危机的原因并没有一个统一的解释。对此，笔者认为，债务危机一定是债务扩张的后果，只不过各国对应的可能导致危机的债务临界值不同。究竟债务负担率达到多少就会引发债务风险，这与各国的政治制度、经济状况、财政状况、债务结构以及金融发展相关（James A. Hanson，2007）。例如，日本作为当前全球发达经济体中公共债务占比最高的国家，但并未爆发公共债务危机。根据目前的研究，其原因可归结为以下几点：第一，日本国债的 95% 都由国内机构和个人持有，而且对外为主要债权国，不容易受到外部信心波动的影响；第二，日本尽管对内负债累累，但对外却是主要的债权国之一；第三，日本家庭储蓄率一直维持在较高的水平，支持了日本政府的债务融资；第四，日本的金融机构投资较为谨慎，倾向于购买风险较低的国债；第五，日本的公司部门也为债券提供了大量融资（何帆、黄懿杰，2012）。另外，健康的实体经济、稳健的金融业以及相对较低的失业率为公共债务提供了信用支撑以及低通胀、低利率降低了发债成本也是日本公共债务危机尚未爆发的原因（姜洪，2012）。笔者认为，其中最关键的原因在于，日本的债务规模虽然庞大，但由于其债权者基本为本国居民，且标价货币为日元，所以日本可以通过债务货币化或者"庞氏"方法来避免债务违约。需要指出的是，所谓债务货币化并不是指央行直接通过"印刷货币"的方式帮助财政部偿还债务，而是指当公共债务不断增加时，为了稳定市场利率，央行通过公开市场操作的方式购入债券，一方面公共债券作为央行的资产被长期持有，另一方面货币供应量增加。美日所实施的量化宽松政策实际上就是债务货币化的直接体现。而 20 世纪 80—90 年代，拉美国家之所以债务危机频频发生，其主要原因在于其债务的标价货币为美元，当面临经济冲击时，一方面国内经济恶化导致本国货币贬值，另一方面美英等国为了应对通胀大幅提高利率，二者结合导致拉美国家偿债能力剧降，陷入了"举旧还新、债务利息远超本金、越还越多"的绝境，债务危机和布雷迪重组变得不可避免。

第一节　美国公共债务是否存在违约风险

近几年来，由于财政赤字持续扩大、公共债务余额不断增加，美国面临"财政悬崖"。但"财政悬崖"主要为政治博弈，美国目前并不会陷入真正的债务危机，其原因有四。

第一，国际上具有绝对话语权的三大信用评级机构都属于美国所有，基于国家利益的原因，即使美国由二战后的最大债权国沦为当今的最大债务国，公共债务规模越来越大，但三大机构仍然保持对美国国债 AAA 级评级。这一评级对于美国低成本融资提供了极大的支持。即使美国实际偿债能力不足，但由于信息不对称的原因，在三大机构的鼎力支持下，庞氏游戏可以使得美国的债务风险得以缓解。

第二，货币政策与财政政策相互统一协调，且美国债务的标价货币为美元。这一机制决定了美国可以在面临偿债风险时，通过量化宽松或者债务货币化的形式化解危机。当然，由于相对于美国政府而言，美联储具有相对独立的法律地位，而且物价稳定是其主要的政策目标之一，因此美联储或许不会像日本中央银行那样大幅持有美国公共债券。然而，众所周知，如果美国国债构成实质性违约，国际金融市场将遭遇毁灭性打击，美元本位的国际货币体系也将面临颠覆，美国经济自身也将随之蒙受重创，还很有可能会在国内激起巨大的政治动乱（梅新育，2011）。面对美国公共债务违约可能会导致巨大的经济冲击，在通货膨胀和更为严峻的经济动荡之间，美联储很可能会选择避免后者。

第三，美国公共债务的三分之一由国际投资者持有，主要是许多国家央行把其作为外汇储备投资的对象。美国如果陷入债务危机，这些国家的资产价值将大幅缩水，危害国家经济利益。因此，当美国面临债务风险时，这些国家的央行会适时适当救助，避免危机发生。也就是说，许多国家央行的储备资产已经被美国国债"绑架"，形成了一个利益共同体。

第四，相比日本而言，美国债务负担率并不算高，大致与英国、法国相当，处于95%—100%区间，而日本的负担率已超过200%。日本尚且能避免发生债务危机，英法也保持了公共债务市场的稳定，而宏观调控能力更强以及货币政策空间更广的美国更不足虑。

对于美国是否会发生债务违约的问题，哥伦比亚大学商学院教授克里斯·迈尔曾指出："历史上美国不止一次发生过债务违约，分别是：1779年政府无力赎回独立战争期间发行的大陆货币；1782年各殖民地政府无力偿还为筹措战争经费而欠下的债务；1862年南北战争期间，北方联邦政府无力按照债券上约定的条件用黄金赎回债券；1934年，罗斯福执政期间无力偿还一战的战争债务，并拒绝用黄金赎回；1979年，由于政府工作的疏漏，导致一小部分债券的利息支付发生延误。"其中，1979年的美国公共债务违约被称为"技术性违约"。所谓技术性违约，是指美国政府延缓支付到期债务利息。回顾1979年，由于美国两党在债务支付期限的最后一分钟才达成协议，以及对大量投资者进行国债偿付所需要的大量纸面工作，最终导致数千宗在1979年4月和5月到期的美国国债偿付出现技术性违约，规模大约为1.2亿美元。对此，美国财政部官员认为是因为"内部阻塞"导致了延期支付，并非实质性的债务违约。

对于上述债务违约的问题，笔者认为，所谓历史上美国债务的五次违约，前四次是实际违约，其核心在于当时政府所欠债务的标价货币为非主权货币，1979 年所谓的"技术性债务违约"的实质在于两党关于美国债务上限的政治博弈。自从布雷顿森林体系崩溃之后，美国历次的债务支付难题的背后其实是两党将债务上限谈判作为政治博弈的工具。美国政府债务上限是指美国联邦政府债务总量的最高限额。由于宪法赋予美国国会有权对美国政府债务总额做出规定，因此美国政府债务限额大小由美国国会决定。美国从法律上确定债务上限的做法始于 1917 年。在此之前，如果美国政府需要借款，每次都要向国会一事一报，在获得国会批准和授权后，方能实施筹融资计划。这一原则是对当届政府或将出现过度透支，而对下届政府不负责任行为的限制。然而，一战期间，为应对战时经济之需，政府财政需要更大的灵活性，因此美国国会授予政府一揽子借款权限，条件是联邦政府（不包括地方政府）的借款总额要小于国会当下规定的总量限制。1917 年，国会以立法形式确立国债的限额发行制度，其法律依据是美国的《第二次自由债券法案》。从 1917 年至今，美国国会已 100 多次提高债务规模上限。2017 财年，美国债务规模将达到 18.9 万亿美元，2015 年美国 GDP 总量为 17.87 万亿美元。每次提高债务上限通常伴随着与当时经济政治相关的附加条件，占据国会多数席位的党派便可以向政府施压，以贯彻自身的政治意图。正如美国某网站刊文批评美国国会时指出，美国国会现在已经养成了一个坏习惯，即动不动就把债务上限当作政治武器来使用。但需要指出的是，自从 1979 年的技术性债务违约之后，美国政府提高债务上限的请求总会在最后时刻给予批准。其原因在于，博弈的双方都非常清楚，即使美国政府的部分债务一旦发生偶然的违约，美国的信用度和正统性就将受到灾难性的破坏，美国国债的利率就将大幅增长，大大限制美国政府未来以较低利率进行债务再融资的能力。另外，剩余债务也会被列入观察名单，一旦债务循环机制无法正常运行，美国政府偿付风险加剧，最终危及美元体系。

综上所述，从目前来看，美国公共债务不存在违约的风险。美国政府债务的真正上限，即达到多大规模会引发事实上的偿付危机，取决于许多因素：

经济复苏快慢及实际增长率、金融危机的最终成本、利率水平、有关政府支出和税收的政策变动、人口结构，以及其他国家的经济增长趋势等长期性因素。目前众多的实证研究（路妍、陈宇，2013；张军、厉大业，2011；潘宏胜，2010；等等）表明，美国的公共债务在相当时间内还是可持续的。

第二节 日本公共债务之"谜"

一、日本是公共债务率最高的发达国家

由于公共债务形成的原因是财政赤字，度量公共债务严重程度主要有三个指标：财政赤字率、公共债务率以及对公共债务的依存度。财政赤字率是指当年财政赤字对当年国内生产总值的比率，公共债务率是指尚未偿还的公共债务对当年国内生产总值的比率，对公共债务的依存度是指当年发行的公共债务对当年财政支出的比率。

日本 1990 年以来财政赤字率、公共债务率和对公共债务依存度的变化情况如表 6-1 和表 6-2 所示。在表 6-1 和表 6-2 中，年份采用日本的财政年度，即这一年的 4 月 1 日到下一年的 3 月 31 日为一个财政年度。财政赤字是日本政府一般账户中的财政赤字。国内生产总值按照现行价格计算，它的变化既反映产量的变化也反映价格的变化。

表 6-1 日本 1990 年以来财政赤字率、公共债务率的变化情况（单位：亿日元）

年份	1990	1995	2000	2005	2010	2013
财政赤字	−18460	−116770	−246300	−244520	−340670	373860
公共债务	2166740	3263530	5355870	8274800	9243600	10299205
国内生产总值	4269918	4835969	5108350	5053490	4802330	4563228
财政赤字率	0.43%	2.41%	4.82%	4.84%	7.09%	8.19%
公共债务率	50.74%	67.48%	104.85%	163.74%	192.48%	225.70%

资料来源：日本统计局网站，http://www.stat.go.jp；日本财务省网站，http//www.mof.go.jp

表 6-2 日本 1990 年以来公共债务依存度的变化情况

年份	1990	1995	2000	2005	2010	2013
公共债务依存度	8.4%	17.7%	38.4%	41.8%	48.0%	43.0%

资料来源：日本统计局网站，http://www.stat.go.jp

从表 6-1 和表 6-2 可以看到，日本政府的财政赤字率和公共债务率都趋向上升。到了 2014 年，日本的财政支出超过 40% 是依靠发行政府证券来筹措的。

1991 年，欧洲经济共同体国家在签订《马斯特里赫特条约》以组建欧元区的时候，将当年财政赤字控制在当年国内生产总值 3% 以下和将尚未偿还的公共债务控制在当年国内生产总值 60% 以下作为加入欧元区的两个重要标准。后来，这两个标准得到各国政府和经济学界的广泛认可，分别将它们视为财政赤字和公共债务的警戒线。如果将公共债务率作为标准去度量发达国家的公共债务情况，并将 2013 年公共债务率超过 100% 的国家从高到低进行排列，可以得到表 6-3 所表示的情形。从表 6-3 中可以看到，日本是公共债务情况最严重的发达国家。

表 6-3 公共债务率超过 100% 的发达国家

国家	日本	希腊	意大利	爱尔兰	比利时	美国
排名	1	2	3	4	5	6
债务率	225.7%	174.9%	127.9%	123.3%	104.5%	103.5%

资料来源：German Statistical Bureau，http://www.destatis.de

为了更加深入地揭示日本公共债务的状况，有必要进一步分析日本公共债务的结构。从公共债务的券种来看，日本公共债务结构如表 6-4 所示。日本公共债务种类繁多，它包括政府债券、政府借款和融资证券三大类。

表 6-4 2014 年末日本公共债务的券种结构（单位：亿日元）

	公共债务	政府债券	政府借款	融资证券
总额	10299205	8742354	552769	1004082
比例	100%	84.88%	5.37%	9.75%

资料来源：Japan Ministry of Finance，http://www.mof.go.jp

第一类是政府债券，包括一般债券、财政投融资债券、津贴债券、捐助 / 贡献债券、为日本发展银行发行的债券、为核事故损害赔偿基金发行的债券、从高速公路控股和债务偿付机构债券转换来的债券。一般债券是日本政府为了筹措一般性政府支出而发行的债券，它从期限划分包括一年或一年以下的短期债券、二年以上五年以下的中期债券和十年以上的长期债券，从目的划分包括为筹措公共事业支出而发行的建设债券、为弥补财政赤字而发行的赤字债券、为偿还旧的债券而发行的偿债债券等。财政投融资债券是财政贷款基金为实施财政投融资计划而发行的债券，它由另外设立的特别账户进行管理，并由财政贷款基金偿还。津贴债券、捐助 / 贡献债券等其他债券都是为了达到特定的目的而发行的债券。

第二类是政府借款，是指日本政府以非证券方式的借款，它包括一年或一年以下的短期借款和一年以上的长期借款。

第三类是融资证券，是指日本政府为了筹措短期资金而发行的债务凭证，也是中央银行进行公开市场操作的主要工具。它在性质上与一般债券中的短期债券是相似的，但它更侧重于为中央银行调节货币供给量提供工具，它的发行量比一般债券中的短期债券大得多。通常将一般债券中的短期债券称为国库券，以与融资证券相区别。

从表 6-4 中可以看到，日本政府主要通过发行政府债券来筹措资金。

另外，从公共债务的资金来源来看，日本政府的债权人的情况如表 6-5 所示。在表 6-5 中，"政府机构"是指部分参与日本公共债务认购的政府机构，主要包括财务省资金运用部、国债整理基金、政府投融资基金、邮政和人寿保险等。财务省资金运用部运用部分邮政储蓄的资金认购公共债务，从而持有一定的公共债务。国债整理基金是负责办理偿还公共债务事务的机构，它的资金来源是政府拨付的资金、政府决算剩余的资金、国有企业私有化的收入、为还旧债发行新债的收入等。由于它既偿还到期公共债务，也认购没有到期的政府证券，因而也持有公共债务。财政投融资基金是办理财政贷款业务的机构，它也会用一定的收入购买政府证券。邮政和人寿保险公司是从事邮政和人寿保险业务的金融机构，该机构正处于私有化的过程，但目前仍然视为国有机构。"日本银行"则是指日本的中央银行。按照日本法律规定，日本中央银行不能直接购买政府证券，但可以间接购买政府证券，即在二级市场上购买政府证券。"其他"则是指除了政府机构和日本银行以外的其他政府证券的认购者。

表 6-5　2014 年末日本公共债务的持有者结构（单位：亿日元）

	公共债务总额	政府机构	日本银行	其他
总额	10299205	326580	2363785	7608804
比例	100%	3.17%	22.95%	73.88%

资料来源：Bank of Japan，http://www.boj.or.jp

从表 6-5 可以看到，日本银行持有超过 20% 的日本公共债务，日本机构和个人，外国政府、机构和个人持有超过 70% 的日本公共债务。

二、日本为什么没有爆发公共债务危机

2010 年 12 月，希腊的公共债务率达到 125%，接着希腊就爆发了公共债务危机。所谓公共债务危机是指政府不能按时偿还债务所出现的危机。日本的公共债务率比希腊高得多，为什么日本没有爆发公共债务危机？这个问题就成了经济学界需要求解的一个"谜"。

公共债务危机的爆发以及对经济产生破坏性影响的机理是这样的：当公共债务负担过重有可能不能按时还本付息时，市场出现恐慌，很多人抛售政府证券而很少人愿意买进政府证券，政府证券的市场价格下降和名义收益率大幅度上升。这样，政府通过发行新的证券以偿还旧的证券已变得不大可能，结果政府无法偿还债务，公共债务持有者遭受损失，消费需求和投资需求下降。另外，当政府无法偿还债务时，只能通过减少政府支出和增加政府税收来削减债务，同样造成总需求的减少。在总需求减少的影响下，经济发生衰退。

关于日本为什么没有爆发公共债务危机问题，首先来讨论在学术文献或新闻媒体中可以看到或听到的下述四个原因。

第一，有人认为，日元的国际储备货币地位是使日本没有爆发公共债务危机的原因。由于日元是国际储备货币，各国中央银行需要以持有日本政府证券的方式持有日元储备。在各国中央银行向日本政府融通日元资金的情况下，日本公共债务还能维系一段时间。这也许是日本与希腊的不同之处。希腊是欧元区国家，即使各国中央银行要持有买欧元区国家政府证券的方式持有欧元储备，也会持有德国或法国的政府证券，而不会去持有希腊的政府证券，因此希腊难以得到外国中央银行的资金。但日本不同，日元是基本上与英镑处于同等地位的第三重要的国际储备货币，各国中央银行会以持有日本政府证券的方式保留日元储备，从而向日本政府提供了资金支持。2012 年 2 月，美国标准普尔公司维持日本公共债务的评级为"AA-"，原因之一就是日元是国际储备货币。

笔者认为，这是一个原因但不是主要原因。据日本中央银行统计，到 2014 年 9 月末，外国投资者持有日本长期政府证券 501650 亿日元，持有日本短期政府证券 487750 亿日元，共持有日本政府证券 989400 亿日元。另外，据日本财务省统计，到 2014 年 9 月末，日本政府尚未偿还的政府证券是 8678240 亿日元，这意味着外国投资者持有的日本政府证券只占尚未偿还的日本政府证券 11.40%，外国投资者持有日本政府证券对日本公共债务的支持作用并不大。

但是，这又是日本与美国的不同之处。根据美国财政部的统计，2014 年，尚未偿还的美国公共债务总额是 181414 亿美元，外国投资者持有的美国债务总额是 61124 亿美元，外国投资者持有的美国债务占尚未偿还的美国公共债务 33.69%。这意味着美国的公共债务有 1/3 是依靠外国投资者支撑的。如果美元不是国际储备货币，美国公共债务状况可能难以为继。

第二，有人认为，日本宽松的货币政策和充裕的资金是使日本没有爆发公共债务危机的原因。长期以来，日本中央银行实行较为宽松的货币政策，货币供给量不断增加。充裕的资金供给与经济不景气导致资金需求低迷相结合，导致日本的利率较低，从而大幅度降低了日本公共债务的成本，使日本政府的高债务率可以延续。美国穆迪公司在 2014 年 12 月 1 日将日本主权债务评级从 Aa3 下调降至 A1 时，正是考虑到日本政府证券收益率较低而没有进一步降低日本公共债务的信用等级。

笔者认为，这是一个原因但不是主要原因。确实，日本经济不景气和日本中央银行宽松的货币政策降低了日本公共债务的成本。2010 年以来日本货币供给（M1）增长率、国内生产总值（GDP）增长率以及中央银行基准贴现率的情况如表6-6所示。其中货币供给（M1）是指通货与需求存款之和，国内生产总值增长率是以不变价格计算的增长率。

表 6-6 2010 年以来日本货币供给等指标的变化

	2010	2011	2012	2013	2014
M1 增长率	3.0%	5.3%	3.4%	4.8%	4.7%
GDP 增长率	4.65%	−0.45%	1.45%	1.54%	1.35%
基准贴现率	0.3%	0.3%	0.3%	0.3%	0.3%

资料来源：Bank of Japan, search among all time series, http://www.boj.or.jp; International Monetary Fund, World Economic Outlook Databases, 2014all, http://www.imf.org

从表6-6可以看到，货币供给以远高于国内生产总值增长率的速度增长，中央银行的基准贴现率接近于零。在如此低利率的情况下，据日本财务省统计，在2015年2月，日本1年期限到10年期限的政府债券的年利息率是0.011% — 0.398%，日本40年期限的政府债券的利息率也只有1.547%。这样，日本政府的债务成本很低。

政府融资成本低所以不是主要原因，是因为2011年前后欧元区的年利息率也很低，当时大约是1%，那么为什么希腊就爆发了公共债务危机呢？政府融资成本高固然会增加政府偿还债务的负担，导致公共债务危机的爆发，但是政府偿还债务不仅要支付利息，而且也要支付本金，要偿还的本金过多同样也会导致公共债务危机的爆发。

第三，有人认为，日本政府偿还公共债务的机制是使日本没有爆发公共债务危机的原因。长期以来，日本政府形成了一种有效的偿还公共债务的机制。首先，日本政府成立了国债整理基金，专门负责公共债务偿还工作。国债整理基金在国债市场上进行操作，一方面选择价格低廉的时候买进政府证券，以降低整体的公共债务成本，另一方面通过买卖政府证券，调节着每个时期偿还政府证券的数量，以避免出现集中偿还政府证券的情况。其次，日本政府可以用新的政府证券替换到期的政府证券。例如，按照日本法律规定，建设债券到期的时候，政府可以只用现金偿还到期债券金额的10%，用新的债券偿还到期债券金额的90%，但在60年内必须用现金还清。这样，可以将公共债务延续下去。

笔者认为，这是一个原因但不是主要原因。国债整理基金通过市场操作降低公共债务负担职能在一定的程度内发挥作用，相对于巨大的公共债务来说其收益微不足道。而用新的政府证券替换到期政府证券的方法只是将今天的债务负担转移到明天，但公共债务总是要偿还的。如果问题得不到解决，随着公共债务的积累，公共债务危机终究是要爆发的。

第四，有人认为，日本政府拥有高额的海外资产是使日本没有爆发公共债务危机的原因。日本对外是净债权国，日本官方拥有巨额的外汇储备，日本政府在必要的时候可以调回这些海外资产，从而向投资者提供信心上的保证，公共债务危机不可能爆发。2012年2月，美国标准普尔公司保持日本公共债务的评级为"AA-"，原因之一就是日本政府拥有高额的海外资产。

笔者认为，这个原因是不能成立的。确实，据日本中央银行的统计，到2014年9月末，日本对外总资产是8895970亿日元，对外总负债是5457900亿日元，对外净资产是正数，为3438070亿日元。但是，这是整个日本国民的对外净资产，而不是日本政府的对外净资产。如果只考虑公共部门，到2014年9月末，日本公共部门对外总资产是1665470亿日元，对外总负债是1061250亿日元，对外净资产是正数，为604220亿日元。但是，同期日本中央银行的国际储备资产是1382760亿日元。这意味着只有部分日本中央银行的国际储备资产构成日本公共部门的对外净资产。这样就存在一个问题，在必要的时候日本政府可以使用中央银行的外汇储备来偿还债务吗？

应该指出，这在制度上是不可能的。除了国际货币基金组织的特别提款权以外，日本中央银行的国际储备资产是用日元买进以后形成的。在日本中央银行的资产负债表上，国际储备资产是资产，但同时存在等额的日元负债。

如果说日本政府调回国际储备资产来偿还债务，无异于要求中央银行发行日元以帮助政府偿还债务。日本法律禁止中央银行直接对政府融通资金，又如何能允许中央银行对政府无偿提供资金？这是避免发生恶性通货膨胀的基本制度。

另外，即使这在制度上是可能的，不但作用有限，而且会产生不良后果。首先，以2014年9月末为例，日本政府可以使用的国际储备资产是604220亿日元，但是公共债务总额是8678240，即使将国际储备净资产全部调回国内，这部分资产也只占公共债务的6.96%，只能起到短时间缓解的作用。其次，日本公共债务主要是对日本国民的债务，那么如何用外汇支付公共债务？如果在国际外汇市场上卖出外汇买进日元，将导致日元汇率大幅度升值，对日本经济造成伤害。

由此可见，在上面分析的四个原因中，前三个原因在一定程度上延缓了日本公共债务矛盾的激化，但不是主要原因。第四个原因不是日本没有爆发公共债务危机的原因。

笔者认为，日本公共债务负担是发达国家之"最"但却没有爆发公共债务危机，主要有下述两个主要原因。

第一，日本中央银行的作用不可低估。虽然日本中央银行不能在初级市场上买进政府证券，但它可以在二级市场上买进政府证券。当日本中央银行买进政府证券时，它实际上就是向日本政府融通资金。随着经济的发展，货币供给量也要随之增加。日本中央银行就可以以购买日本政府证券的方式投放货币。中央银行投放货币可以得到"铸币税收益"，而"铸币税收益"是要上缴国库的，日本中央银行实际上可以用"铸币税收益"向日本政府融通资金。

据日本统计局统计，1990年以来，日本中央银行持有政府证券的比例由上升转为下降，但在安倍政府实行超宽松的货币政策以后迅速跃升到22.69%（见表6-7）。值得注意的是，在这个期间，日本的公共债务在迅速增加。

表6-7 日本中央银行持有政府证券的比例

	1990	1995	2000	2005	2010	2014
持有比例	9.34%	11.07%	13.38%	8.51%	6.98%	22.69%

资料来源：Japan Statistical Bureau, Chapter 5 Public Finance, Japan Statistical Yearbook, http://www. stat.go.jp; Bank of Japan; Japanese Government Bonds held by the Bank of Japan, http://www.boj.or.jp

2013年以来，日本政府推行量化宽松的货币政策。日本中央银行参照消费者价格指数的变化，以购买政府证券的方式大规模投放货币，以通过日元对外贬值来促进出口，通过降低利率来刺激投资，通过日元对内贬值来避免通货紧缩。实际上，日元汇率贬值在降低出口商品价格的同时提高进口商品价格，对于日本这样一个依赖自然资源进口的国家来说将产生不利影响。另外，日本已经陷入了"利率陷阱"，增加货币供给已经难以降低利率。但是，有一个后果则是明显的：日本中央银行可以大量向日本政府融通资金。

从上面的分析可以看到，日本中央银行在持有日本政府证券方面有相当的操作空间，它所持有的日本政府证券的比例可以在4年内提升近16个百分点。另外，2014年12月末，日本中央银行持有的日本政府债券为1983639亿日元，但到2015年2月13日，日本中央银行持有的日本政府债券为2102259亿日元，在2个月内居然增长了5.98%。可以预料，假如日本发生了人们抛售日本政府证券情况，日本中央银行还可以对市场进行干预。拥有可以独立地实行货币政策的中央银行是日本和希腊最大的差别。虽然希腊保留了中央银行，但它已经不能发行欧元，但是日本中央银行则可以发行日元。拥有从属于政府的中央银行也是日本与美国的差别。美国中央银行独立于政府，如果美国公共债务出现问题，美国中央银行可以发挥的作用要小于日本。

第二，日本金融机构的作用不可低估。日本是一个实行政府主导的市场经济体制的国家，这就是国际经济学界称为的"东亚模式"。政府不但利用财政政策和货币政策影响经济，而且还利用产业政策影响经济。在这种经济体制下，日本政府与日本大金融机构和大企业存在着密切的关系，日本金融机构一直大量持有日本公共债务。另外，日本经济长期低迷，各种资产收益不高，贷款利率也很低，日本金融机构也愿意持有日本政府的债务。这样，日本金融机构支撑着日本政府的债务。

根据日本中央银行的报告，到 2014 年 6 月，日本各大金融机构持有的日本公共债务情况如下：保险公司约 16%，商业银行约 14%，小企业融资换贷款计划约 16%，公共养老金约 6%，农林渔业融资换贷款计划约 3%，公司养老基金约 2.5%，这意味着这些金融机构所持有的公共债务已经达到日本公共债务总额的 57.5%。在这里，所谓融资换贷款计划是指：有资质参与该计划的商业银行以低流动性的资产（如抵押贷款、小额商业贷款等）为抵押向中央银行借入高流动性的国债，再以换来的国债作抵押，换取回购贷款，回购贷款的利率接近中央银行的低利率。该计划的目的是增加银行业资产的流动性，扩大信贷规模。

在外国投资者持有日本公共债务只有约 10% 的情况下，日本公共债务形成了一个内部循环体系：日本政府向金融机构发行政府证券，金融机构利用筹集的存款或资金认购政府证券，日本政府在政府证券到期的时候还本付息，相应地金融机构支付存款的本息或投资者的收益，然后日本政府再发行新的政府证券……只要日本金融机构不发生大规模地减持日本公共债务的现象，日本政府就可以不断地借入新的债务以偿还旧的债务。即使外国投资者大规模减持日本公共债务，由于外国投资者持有的日本公共债务不多，日本中央银行或金融机构可以很容易地以买进日本公共债务的方式来抵消这种影响。

正是由于这一系列的原因，使日本政府出现如此高的债务率而没有爆发公共债务危机。

三、日本一定不会爆发公共债务危机吗

由于日本的经济体制和公共债务情况与别的国家不同，日本公共债务的现状可以在一段时间里得以维持。但是，日本不会爆发公共债务危机吗？笔者试图从两个角度分析这个问题：第一个角度是日本高公共债务率是如何形成的，以考察这些原因是否可以缓解；第二个角度是目前维持着日本公共债务运行的因素是否可以持续，它们在什么情况下会变化。

日本在历史上也曾经出现过严重的财政赤字，公共债务不断增加。日本

政府在 1976 年制定的"昭和 50 年代前期经济计划"，1979 年制定的"新经济社会 7 年计划"以及 1980 年制定的"80 年代经济社会展望和指针"，都明确地提出财政重建的任务，并且在 1990 年取得了一定的成效（余昺雕，2000）。

但是，在 20 世纪 90 年代以后，日本财政状况重新恶化。日本 1990 年以来一般账户的财政赤字情况如表 6-8 所示。日本的财政收支设有两个账户：一个是一般账户（general account），反映政府一般收入和支出的情况；另一个是特别账户（special account），反映政府投融资的收入和支出情况。[①]因此，一般账户能够反映日本政府的财政状况。另外，日本政府的财政收入包括税收收入、国有企业利润收入、政府财产收入等。从表中可以看到，日本基本处于财政赤字的状态，而且财政赤字越来越大，这样便导致日本公共债务迅速增加。

表 6-8 日本 1990 年以来一般账户的财政赤字状况（单位：亿日元）

	1990	1995	2000	2005	2010	2014
财政支出	662370	709870	849870	821830	922990	958820
财政收入	643910	593100	603570	577310	582320	958820
财政赤字	-18460	-116770	-246300	-244520	-340670	-412500

资料来源：Japan Statistical Bureau，Chapter 5 Public Finance，Japan Statistical Yearbook，http：//www.stat.go.jp

注：表中 2014 年的财政支出和财政收入数据是预算额，其余数据是决算额。

日本 20 世纪 90 年代以来财政和债务状况恶化是下述原因造成的：

第一，日本 1989 年泡沫经济破裂，使日本经济从 1992 年开始陷入长达 12 年的经济衰退。2004 年，虽然日本经济走出了衰退，但仍然处于缓慢增长或者停滞状态。据国际货币基金组织统计，20 世纪 80 年代以来，日本国内生产总值年平均增长率如表 6-9 所示。从表 6-9 可以看到，在 20 世纪 90 年代以后，日本经济告别了 20 世纪 80 年代的中速增长状态，进入低速增长状态。在 21 世纪以后，日本经济更是进入了停滞状态。日本经济的这种状况对日本政府的税源产生很大的影响。

---

① 国内经济学文献通常按照相应的日语汉字将 General Account 翻译为一般会计，将 Special Account 翻译为特别会计。

表 6-9　日本国内生产总值年平均增长率

年份	1981—1985	1986—1990	1991—1995	1996—2000
国内生产总值增长率	4.28%	5.01%	1.53%	0.85%
年份	2001—2005	2006—2010	2011—2014	
国内生产总值增长率	1.20%	0.40%	0.97%	

资料来源：International Monetary Fund, World Development Outlook Databases, April 2014, http://www.imf.org

　　一方面日本经济停滞不前，另一方面日本政府又不能提高税率。显然，如果日本政府提高税率，日本经济将更加衰退。据日本统计局统计，20 世纪 90 年代以来，中央政府和地方政府的税收对国民收入的比例基本上保持在 23% 左右的水平，对国内生产总值的比例基本保持在 17% 左右的水平。这样，日本政府的税收在数量上难以增加。

　　第二，20 世纪 90 年代以后，日本人口迅速老龄化，老人的养老金和医疗费支出迅速增加。另外，为了解决社会问题，日本政府建立起社会福利制度，这一切都需要增加政府支出。在这样的情况下，日本政府只能依赖于发行公共债务来维持政府支出，结果加重了日本政府的债务负担。

　　据日本统计局统计，在 1990 年，日本 60 岁及以上人口占总人口的比例是 17.51%。该比例在 2000 年上升到 23.43%，到 2010 年上升到 30.68%，到 2013 年继续上升到 32.65%。这意味着日本在 2013 年近 1/3 人口的年龄是 60 岁及以上，日本已经变成比较严重的老龄化社会。

　　一方面随着老龄人增加老年人社会保障支出需要增加，另一方面随着社会福利制度的建立社会保障支出也在增加，结果政府的社会福利支出不断增加。在日本，政府的社会保障支出包括生活保护、社会福利费、社会保险费、保健卫生和失业救济。据日本统计局统计，在 1990 年，日本政府社会保障支出在财政支出中所占的比例为 16.57%。该比例在 2000 年上升到 19.74%，到 2010 年上升到 29.64%，到 2013 年上升到 29.95%。这意味着日本政府的一般支出约 30% 花在社会保障上。社会保障支出是日本财政支出中比例最大而且是在不断上升的支出。

第三，日本政府为了刺激经济不断实行财政政策，为了促进企业发展也不断推行产业政策，结果也加重了政府的债务负担。日本政府的财政政策和产业政策是通过财政投融资计划实施，由财政投融资基金操作，并设立区别于一般账户的特殊账户进行管理。财政投融资计划是一项政策性和收益性相结合的计划，一方面考虑经济发展的需要，另一方面贷款是有偿的。日本政府在该特殊项目的支出包括住宅和道路的建设、生活环境的改善、对贸易的支持、对企业的贷款等。尽管特殊项目的支出是有偿的，但其政策性的特点使之收入不能弥补支出，从而形成了政府的净支出。

日本财务省的统计资料表明，财政投融资基金是依靠发行政府担保的长期债券来维系的。表6-10说明了财政投融资基金2007年以来长期债券负债项的数额以及它在总负债中所占的比例。

表6-10　财政投融资基金长期债券负债以及在总负债中所占的比例（单位：亿日元）

年份	2007	2008	2009	2010
长期债券	1412554	1334410	1239029	1215911
所占比例	54.96%	62.89%	67.13%	69.71%
年份	2011	2012	2013	2014
长期债券	1111742	1134824	1033748	968777
所占比例	70.85%	71.75%	70.33%	70.74%

资料来源：Ministry of Finance Japan, Monthly Report of Fiscal Loan Fund,2007-2014, http//www.mof.go.jp

从表6-10可以看到，财政投融资基金的支出越来越依赖于发行债券，在2011年以后稳定在70%的水平上。另外，据日本财务省统计，2014年，在日本政府尚未偿还的债券中，财政投融资债券所占的比例为11.08%。这说明，日本的财政政策和产业政策也是造成日本政府沉重的债务负担的主要原因。

可以预料，日本经济在未来仍然处于低速增长或停滞状态，税源难以得到根本改善。另外，社会保障支出和财政投融资支出在一定程度上是一种带有刚性的政府支出。如果日本公共债务情况继续恶化，日本迟早要爆发公共债务危机。这样就产生一个问题，目前维系着日本公共债务的两个主要因素能否继续维系着日本的公共债务呢?

　　首先来考察日本中央银行。日本中央银行为避免日本爆发公共债务危机发挥了重要的作用并且还具有一定的操作空间,但是这个空间不是无限的。日本中央银行在二级市场上买进政府证券的过程就是投放货币的过程,而大规模投放货币会导致恶性通货膨胀的发生。

　　目前日本中央银行盯住消费者价格指数投放货币本身就面临很大的风险。由于日本经济停滞,缺少投机或投资的机会,货币流通速度下降,大量的货币在银行体系内低效率运转,消费者价格指数没有反应。但是,如果一旦出现投机的机会,资产泡沫就会迅速形成,价格水平就会迅速上涨。

　　如果日本中央银行既要维系日本政府的债务又要避免通货膨胀,只能通过提高法定准备金比率或提高再贴现率的方法来收缩货币,但这样将会伤害日本的商业银行体系,由此导致的利率上升又会加重日本公共债务的成本。目前日本中央银行持有的政府证券已经达到政府证券总额的22%,还能在多大程度上继续提高这个比例?因此,日本中央银行的操作空间已经不大了。

　　再来考察日本金融机构。日本金融机构对于维持日本公共债务的稳定发挥了重要作用,但是日本的金融机构是追求利润的金融机构,它们只能在自我维持的条件下才愿意持有日本政府的证券。

　　以商业银行为例。根据日本中央银行的统计,在2015年2月,日本300万日元以下的1年期限和10年期限的存款年利率分别是0.026%和0.097%,1年期限和10年期限的贷款年收益率分别是1.05%和1.25%,但是1年期限和10年期限的政府债券的年利率只有0.011%和0.398%。这意味着如果按照市场利率操作,日本商业银行吸收短、中期存款投资短、中期政府证券实际上已经处于亏损状态,只有吸收长期存款投资长期政府证券才有微利。另外,日本商业银行贷款利率远高于投资政府证券的利率。在贷款和别的投资机会不多的情况下,商业银行还愿意大量持有日本政府证券。如果这种情况发生变化,商业银行还愿意大量持有日本政府证券吗?

　　因此,如果金融市场条件发生变化,日本公共债务内部循环体系有可能解体。如果日本政府要维持这个体系,只能提高政府证券的收益率,但这样又会加重日本政府的债务负担。日本金融机构的作用也是有限度的。

由此可见，日本政府面临着主动调整公共债务和被动调整公共债务的选择。所谓主动调整是努力提高对经济影响相对小的税种的税率和减少对经济影响相对小的政府支出，逐渐地降低公共债务率。这样的调整对造成日本经济一定程度的衰退，但可以避免公共债务危机的爆发。所谓被动调整是听任公共债务情况恶化，最终导致公共债务危机的爆发。到那个时候，政府不得不采取严厉的措施削减公共债务，这样同样会对经济造成破坏。很显然，被动调整对日本经济的伤害将更大。

第三节　欧元区债务危机的原因分析

下面以欧元区主权债务危机的发生原因为例，做进一步的探讨[①]，旨在回答债务危机是否一定是公共债务扩张的后果，或者说债务扩张对债务危机的发生扮演了什么样的角色。

国内外一些学者从各方面对欧元区主权债务危机进行了相关的研究。巴里·埃肯格林（2010）着重论述了如何应对欧洲主权债务危机；达瓦斯（2010）从欧美比较的角度考察了欧元区主权债务危机发生的缘由及应对预防措施；余永定（2010）从希腊债务危机的演进，到债务危机对欧元区发展前景的影响，以及对世界和中国的挑战等方面进行了详细的分析；丁纯（2010）研究分析了主权债务危机之后欧盟面临的经济社会状况及其成因；何帆（2010）则对主权债务危机之后欧洲联合的前景进行了深入的讨论；而陈新（2010）从危与机两个角度分析了主权债务危机对欧元区发展的影响。笔者将在现有研究的基础上，对欧元区主权债务危机爆发的原因进行较为系统性的归纳分析。

关于欧元区主权债务危机爆发的原因，很多学者从不同的方面进行了详细的阐述。通过分析，可以归纳为以下几点。

第一，希腊、西班牙、葡萄牙、意大利、爱尔兰五国（以下简称南欧五

---

① 详见郝宇彪、田春生：《欧元区主权债务危机对东亚货币合作的启示》，《东北亚论坛》2011年第2期，第75—81页。

国）长期形成的高额财政赤字是引发欧元区主权债务危机的直接原因。余永定（2010）认为，希腊之所以爆发主权债务危机，源于长期以来僵化的经济体制与社会福利体制导致的财政赤字过高，而且，基于欧元区内部的经济治理机制，当希腊发生财政问题时，其缺乏有效的货币政策，再加上德法等国迟迟不肯施以援手，最终助推了债务危机的爆发。表6-11列出1996年以来，处于此次债务危机中心的南欧五国的财政赤字情况。根据数据可以得出，除西班牙和爱尔兰外，另外三国的财政赤字占GDP的比例一直处于高位，尤其是希腊。在2001年加入欧盟之前，希腊就存在较高的债务负担。20世纪90年代，希腊的财政赤字占GDP的比例曾一度高达10%。为了加入欧盟，希腊采取了各种措施，甚至不惜借助高盛公司作假，使得其财政赤字占GDP的比例在账面上下降到3%以下，从而顺利加入欧元区。

表6-11　1996—2009年欧元区五国财政赤字占GDP比例（单位：%）

国家	意大利	爱尔兰	葡萄牙	西班牙	希腊
1996年	-6.96	-0.11	-4.58	-4.86	-6.79
1997年	-2.68	1.45	-3.55	-3.38	-6.02
1998年	-3.07	2.27	-3.37	-3.22	-3.91
1999年	-1.78	2.39	-2.79	-1.43	-3.14
2000年	-0.86	4.79	-2.97	-1.00	-3.69
2001年	-3.10	0.93	-4.32	-0.66	-4.36
2002年	-3.01	-0.31	-2.89	-0.48	-4.74
2003年	-3.54	0.41	-2.95	-0.23	-5.60
2004年	-3.56	1.41	-3.38	-0.36	-7.48
2005年	-4.37	1.65	-6.05	0.96	-5.11
2006年	-3.34	2.94	-3.94	2.02	-3.10
2007年	-1.48	0.05	-2.65	1.91	-3.66
2008年	-2.69	-7.16	-2.75	-4.06	-7.75
2009年	-5.31	-11.45	-9.33	-11.45	-12.87

数据来源：国研网统计数据库，http://edu-data.drcnet.com.cn/web/

关于希腊财政赤字一直居高不下的原因，很多学者也给出了自己的解释。黄益平（2010）认为，"希腊的财政问题是多年来政府财政超支、公务员队伍庞大和偷逃税严重等因素综合作用的结果。"；丁纯（2010）认为，希腊工业基础薄弱，倚重旅游等行业，经常项目连年赤字，再加上老龄化率高达18.6%，失业率一直在10%左右居高不下，导致其养老金、失业金等社会福利支出负担过重，其财政早已不堪重负。综上所述，笔者认为，希腊经济结构僵化，经济增长严重依赖旅游与船舶运输业，再加上其僵化的福利社会体制，是希腊财政赤字长期居高不下的根本原因。在金融危机爆发的背景下，为了防止国内经济状况进一步恶化，由此引发希腊的主权债务危机。

第二，美国三大信用评级机构对希腊等五国债券评级下调是欧元区主权债务危机的助推剂。随着金融危机的影响不断扩大，2009年各国的财政赤字都相继出现恶化，根据IMF的统计数据（图6-1），爱尔兰和西班牙的负债率并不高，低于发达经济体（93.7%）和欧元区的平均水平（80.1%）。日本的负债率更是达到210.2%，明显高于南欧五国的债务负担率。然而，为何希腊等国爆发了债务危机，而美日英则没有面临同样的窘境。笔者认为，关键在于希腊丧失了从市场融资的能力，而这一能力丧失的关键原因在美国三大信用评级机构的"落井下石"。对此，徐明棋（2010）认为，正是因为三大评级机构降低了南欧五国信用评级，才使得这些国家融资成本增加，融资能力下降，最终导致债务危机的发生。在分析此次欧元区主权债务危机的原因时，财政部部长助理朱光耀指出："世界各国为应对金融危机的冲击，普遍实施大规模的经济刺激措施，这使得政府财政赤字和债务负担快速增长；而国际信用评级体系因难以形成客观公正、科学合理的信用评级，助长了全球信用资源严重错配和信用风险过度积累，加剧了金融市场动荡，甚至引发危机。"[1] 所以，可以在一定意义上说，正是美国三大信用评级机构调低希腊的债权信用评级，导致市场融资能力的丧失，才引爆了希腊债务危机。

────────

[1] 参见《国际信用体系必须改革》，《经济参考报》2010年5月6日。

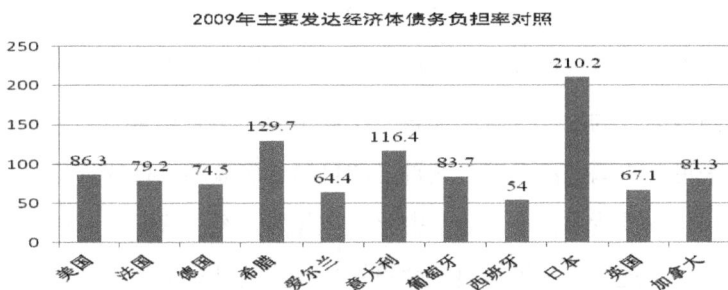

2009年主要发达经济体债务负担率对照

数据来源：IMF 财政监测数据库

图 6-1 2009 年主要发达经济体债务负担率对比

另外，透过国际信用评级体系的背后，笔者不禁思考，三大评级机构为何具有如此大的权力？世界各方应该如何看待他们的评价体系？三大评级结构的背后是否还有其他的力量在主使？或许我们可以猜测存在如下的事实：为了应对金融危机，美国的财政赤字不断加大，美元呈疲软态势，美国政府面临破产的风险。由此，为保护美国的利益，三大评级机构联合打击欧元区内财政状况最糟糕和曾经在财政方面造假的希腊政府，其真正意图在于打压欧元，造成美元相对强势，从而吸引投资资金进一步流向美国，维持美国的低利率，为美国经济复苏提供强大的资金支持，从而使美国高额财政赤字得以持续。

第三，欧元区的经济制度缺陷与欧元区内部的经济结构不平衡是欧元主权债务危机爆发的深层原因。希腊主权债务危机发生以后，给欧元区各国家带来了一系列的连锁反应，很多成员国相继爆出其财政赤字早已超出了《稳定与增长公约》所规定的范围，其中最为严重的属南欧五国，从而引发了欧元区的主权债务危机。由此，许多学者纷纷将危机根源指向欧元区内部的经济制度，即货币政策统一，财政政策不统一（丁纯，2010；管清友，2010；陈新，2010；等等）。正是由于这一点，在欧元区成立之初，以哈佛大学教授马丁·费尔德斯坦为代表的一些学者就对欧元区的前景表示担忧。费尔德斯坦曾预言欧元区机制存在的这种缺陷会不断地偏袒长期处于财政赤字的国家，从而导致欧元区最终被解散。其内在逻辑在于：欧元区内财政政策与货币政策不统一，货币主权归欧洲央行所有，而财政政策归各成员国所有。然而，在当代的国际关系中，不管是对于中美这样的经济主权完全独立的国家而言，还是对经济一体化已经步入高级阶段的欧元区国家而言，民族国家仍然是最基本的利益主体。对于成员国来说，本国经济发展是其首要的目标，而欧洲央行的首要目标则在于维持物价稳定以及货币汇率稳定。由此，当各国的经济状况不一致时，势必在部分成员国会出现货币政策与财政政策错配。特别是对于经济状况较差的成员国而言，货币政策与汇率政策的丧失导致其只能靠放松财政政策来解决国内的经济难题，而财政政策放宽所带来的潜在货币贬值以及通胀成本却由货币区内所有的成员国来承担。那么，收益与成本的不一致就会引发经济学中的"搭便车"行为，从而出现萨缪尔森所说的"合成谬误"。因此，在 2008 国际金融危机的影响下，最终导致欧元区面临尴尬局面。

另一方面，正是由于各成员国经济周期的不一致，才出现了货币政策与财政政策的错配，而各成员国之间经济周期不一致的根源则在于区域内部经济结构的不平衡。欧元区内部经济体经济周期、生产效率和全球竞争力存在巨大差异（郑联盛，2010）。德国、法国一直是传统的出口大国，产业结构完善，生产效率较高，而像希腊这样的处于财政赤字危机中的国家早已丧失了"生产性"①。希腊曾在 2003 年至 2007 年间平均年增长率达到 4%，但高增长主要来自于财政和经常项目的双赤字以及加入欧元区后更容易获得廉价的贷款带来的基础设施建设的拉动以及信贷消费（管清友，2010）。在金融危机影响下，居民消费大幅下滑，导致经济低迷，在失去货币主权的前提下，政府不得不依靠财政政策来刺激经济，从而导致赤字不断累积，最终导致希腊的债务风险越来越大，并在本次经济危机中完全暴露出来。

另外，由于欧洲央行为超主权央行，当南欧五国公共债务市场收益率大幅上升、融资困难时，欧洲央行并不会及时通过公开市场操作的方式化解这

---

① 美国著名的经济史学家查尔斯·P·金德尔伯格在其著作《世界经济霸权 1500—1990》中提出，一个国家的经济最重要的就是要有"生产性"，历史上的经济霸权大多经历了从"生产性"到"非生产性"的转变，这就使得霸权国家有了生命周期性质，从而无法逃脱由盛到衰的宿命。笔者认为，这种"生产性"具体可指一国实体经济（特别是工业经济）的生产能力，及其产品在世界市场中的竞争能力。

些国家的债务风险，导致最终面临违约的风险，陷入危机。

第四节　美日欧债务危机对中国的启示

一、完善国债市场体系，促进债务发行流通

回顾历史，从 1950 年开始，新中国就开始发行国债，但早期的国债发行是针对国有企业和事业单位的摊派，还谈不上国债市场的形成。1959—1980年，中国甚至没有发行任何国债。1981 年 1 月，《中华人民共和国国库券条例》颁布实施，财政部才重新开始发行国债，并逐步建立了国债市场。经过 30 多年的发展，中国的国债市场取得了明显的发展：一是国债发行量逐渐增加，市场规模不断扩大（见图 6-2）；二是国债发行种类和期限结构不断丰富；三是国债发行由传统的行政摊派到承购包销，再到混合招标，发行方式逐步市场化；四是交易市场发展活跃，银行间市场、交易所市场以及柜台市场并存；五是投资者主体多样化。除此以外，国债市场发展还体现在交易方式、市场结构等多个方面。

债券发行额:国债（亿元）

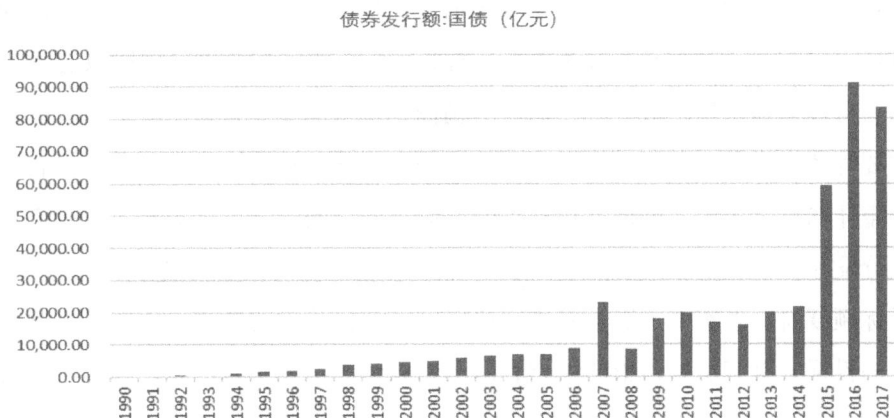

数据来源：Wind 数据库

图 6-2　1990—2017 年中国国债年度发行额

然而，虽然中国国债市场发展取得明显的进步，但与美国的国债市场相

比，中国国债市场还存在以下不足。

第一，中国债券市场的法律监管体系建设不够完善和系统。中国债券市场的相关法律法规体系主要包括《证券法》《担保法》《物权法》《中华人民共和国国库券条例》以及证监会、财政部、发改委、人民银行、银保监会、国资委等多个管理部门的规章性文件。而美国联邦证券法体系包括：《1933年证券法》《1934年证券交易法》《1939年信托契约法》《1975年证券交易法修正案》《1986年政府债券法》《证券法1990年修正案》和《2002年公众公司会计改革与投资者保护法》等近20部法律以及联邦各级法院的判例和美国证券交易委员会制定的规章制度。[①] 与美国法律监管体系相比，中国债券市场的监管体系有以下缺陷：一是行政法规和部门性规章文件繁杂，各种规章自成体系，相互之间涵盖的范围大小不一，缺乏合理联系；二是对债券市场的管理存在多头管理、监管不协调的局面。根据相关法律法规，各个部门的职责分工表面上明确，但实际执行过程中却是权责不清、信息共享不畅、监管效率低下。[②]

第二，国债发行方式尚未完全实现市场化。目前，中国国债种类分为无记名国债、储蓄国债（分电子式、凭证式两种）和记账式国债，其中储蓄国债为柜台销售，无记名国债和记账式国债采取招标的方式进行发行。但招标的具体形式与发达国家还有较大差别。首先，从价格形成来看，中国只有承销商才可以参与价格形成投标，而非承销商只能被动接受价格。但中国承销商主要为各类商业银行及部分证券、保险公司，其价格投标并不能完全代表市场整体的价值取向，国债发行利率的形成基础受到限制，价格发现功能未能充分发挥。[③] 而在美国的拍卖方式下，任何投资者都可以参与投标。其次，从投标额度看，事实上采取了基本承销额度加竞标认购的方式，并非真正意义上的投标，具有承购包销的性质，即无论承销商是否参与投标，都需要承销

① 财政部财政科学研究所课题组：《优化政府债券市场的宏观环境》，《经济研究参考》2012第19期，第21—34页。

② 财政部财政科学研究所课题组：《优化政府债券市场的宏观环境》，《经济研究参考》2012第19期，第3—21页。

③ 同上。

基本额度。另外，财政部还对竞标额度的上限做出规定。

第三，国债预发行制度和固定发行制度有待完善。这两项制度是发达国家成熟债券市场的基本制度。预发行制度是指在国债还未正式发行时，投资者双方在假定债券已经发行的前提下预先对国债进行报价买卖的行为，在市场上建立头寸和对冲，当国债实际发行日拍卖结果公布后，再根据之前达成的收益率折成债券价格履行实际交割。预发行制度具有价格发现和价格平滑的功能。[1]相对于美国已经完善的预发行制度，中国实施该项制度的时间较晚。2013 年 3 月 22 日，财政部发布《关于开展国债预发行试点的通知》，表示将开展国债预发行试点；[2]2013 年 9 月 27 日，《上海证券交易所、中国证券登记结算有限责任公司国债预发行（试点）交易及登记结算业务办法》发布。[3] 由此看出，国债预发行制度在中国还处于初级尝试阶段。另外，就固定发行制度来讲，中国实行的是季度发行制度，与美国的固定发行制度相比，存在以下问题：一是发行计划周期较短，缺乏年度发行计划；二是发行品种不固定；三是财政部时常会调整原来的发行计划。这些缺陷的存在导致投资者无法从中长期角度做出国债投资规划安排，不利于国债发行。

第四，国债交易市场处于被行政分割的状态，市场流动性差。中国主要的国债交易市场为银行间国债市场和上海交易所国债市场，但两个市场之间的交易存在很大的限制，处于割裂状态。具体表现为：一是交易主体分割，商业银行不准进入交易所交易，导致交易所市场缺乏国内主要的资金主体，而银行间市场的交易主体同质化严重；二是交易品种分割，15% 的国债品种可以跨市场交易，而 85% 以上的国债品种只能分别在银行间市场或交易所市

---

[1] 广发期货发展研究中心国债组：《中美国债招标和预发行制度》，《期货日报》2013 年 4 月 23 日，第 4 版。

[2] 张勤峰：《三部门开展国债发行试点》，《中国证券报》2013 年 3 月 23 日，第 A02 版。

[3] 国债预发行办法将参与者限定为两类：一是可参与上交所债券交易的证券公司、银行、基金管理公司、保险公司等金融机构；二是符合《上海证券交易所债券市场投资者适当性管理暂行办法》相关规定的其他专业投资者。在操作方式上，只有国债承销团成员可以在国债预发行交易中净卖出，一般专业投资者不能净卖出，也就是只能先买入再卖出。此外，国债预发行交易申报须为 1000 手（100 万元面值）或其整数倍，起点门槛较高。详见中证网，http://www.cs.com.cn/xwzx/zq/201309/t20130927_4156701.html。

场交易，导致债券的流动性较差；[①] 三是监管主体的分割，银行间市场归央行管理，交易所市场归证监会管理，监管部门分工不协调，监管效率低下。不同债券市场具有不同的利率，而交易市场分割会导致投资者缺乏套利的机会，从而无法形成统一的市场基准利率，不利于债券市场的长远发展。

第五，国债期限结构不合理，衍生交易品种不够丰富。从 1981 年中国恢复国债制度至今，国债发行的期限结构主要以中长期为主，而短期国债（1年以下）和长期国债（10 年以上）的占比较小，特别短期国债，其规模占比还不到 10%。然而，在发达国家国债市场中，短期国债规模占比均在 70% 以上。国债期限结构单一，一是无法满足不同投资者的投资需求；二是不利于市场化基准利率的形成；三是短期国债缺乏无法满足央行公开市场操作的需要，无法充当货币政策与财政政策协调配合的纽带。除期限结构存在问题外，中国国债的衍生交易品种也相对缺乏，目前中国国债衍生品主要有债券远期、利率互换、远期利率协议以及回购等衍生产品，与美国成熟的债券市场相比，缺乏国债期货、信用违约互换、三方回购等金融工具。衍生品种缺乏不利于投资者规避风险，制约投资者的投资热情。另外，国债市场的投资者结构也较为单一，债券持有者主要以商业银行为主。

除上述问题之外，中国国债市场还存在投资者主体结构单一、做市商制度不完善等问题，一系列问题的存在使得中国国债市场的流动性较差，市场交易不够活跃。以换手率为例，根据美国证券业协会的数据统计，2012 年美国国债市场年换手率（现券年交易量 / 债券年末存量）达到了 11.97 倍，而中国的年换手率仅为 1.23 倍（何青、郭俊杰，2013）。更为严重的是，上述问题的存在导致中国国债收益率无法真实反映市场资金供求状况，导致金融资源错配，影响国民经济的健康有序发展。因此，如何有效借鉴美国国债市场发展的先进经验，进一步完善国债市场体系，促进国债的发行与交易，从而使得国债市场的功能充分发挥，是中国国债市场发展急需解决的问题。

---

① 财政部财政科学研究所课题组：《目前中国政府债券市场存在的主要问题》，《经济研究参考》2012年第 19 期，第 3—21 页。

二、建立信用评级体系，增强债务风险管理

从 2007 年 9 月的美国次贷危机到 2008 年的国际金融危机，再到后续的迪拜、希腊等国的主权债务危机，观察这些危机的发生过程可以发现，在现代的国际金融体系下，美国的三大信用评级机构一直扮演着推波助澜的作用。弗里德曼（1996）指出，我们生活在两个超级大国的世界里，一个是美国，一个是穆迪。美国可以用炸弹摧毁一个国家，穆迪可以用债券降级毁灭一个国家；有时候，两者的力量说不上谁更大。对此，有学者指出，国际信用关系对国际政治经济的影响最终表现为国际评级话语权的主导作用，以美国为例，它就是通过对国际评级话语权的长期垄断保持有利于自身的全球政治经济格局。①由于现在国际信用评级体系的话语权均由美国机构掌握，吸取主权债务危机的教训，欧盟开始推动建立自己的信用评级机构，并针对信用评级机构出台了新的监管规则，旨在打破美国三大评级机构垄断国际话语权的局面。然而，不可否认的是，尽管国际对三大信用评级机构的谴责不断，但信用评级机构对于促进美国债券市场的发展发挥了至关重要的作用。

在信用高度社会化的时代，对于旨在谋求国际金融强国的中国而言，加快建立信用评级体系，不仅是防范国内外风险的重要手段，更是债券市场发展的制度基础。资本市场发展中的一个重要问题就是信息不对称，而客观、公正、独立的信用评级制度是解决债券市场信息不对称的重要制度保证。对于投资者而言，信用评级是其判断投资对象的信用风险、评估投资价值的依据；对于债券发行主体而言，有助于判断自身存在的风险，从而做出相应改善措施；对于监管者而言，可以根据债务人的信用级别有针对性地实施监管，提升监管效率；对于整个债券市场而言，则能够将债务主体的信用级别与筹资成本挂钩，规避债务人的道德风险，提升资源配置的效率与合理性。②

---

① 清华大学中美关系研究中心主任孙哲在 2010 年 5 月 7 日接受《经济参考报》记者采访时的发言。

② 包香明：《关于我国债券市场信用评级制度的研究》，中国债券信息网，2007-03-20，http://www.chinabond.com.cn/Info/558188。

中国信用评级行业诞生于20世纪80年代末，经过近三十年的发展，虽然取得了一定的成就，但与美国相比还相差甚远。

第一，信用评级市场的培育力度不够。信用评级在中国还算是比较新鲜的事物，近几年来不少国家频频爆发债务危机，美国三大评级机构在债券市场中的作用才逐渐被国内大众所认识。然而，尽管国家相关部门一直强调建立信用评级体系的重要性，但更多地为了打破美国评级机构国际垄断的局面，维护自身主权信用安全。信用评级体系对我国债券市场发展的重要性，还未达到应有的高度。当然，这其中一个重要的原因在于，信用评级市场的发展依赖于资本市场的发展水平，中国债券市场发展滞后，对信用评级的有效需求不足。例如，前我国债务市场上主要的发债主体，例如商业银行、国有大型企业等，进行债务融资时几乎不需要外部信用评级，信用评级对其融资影响有限。[1]而且这些发债主体事实上有政府信用作为支撑，一般情况下，投资者也不担心其偿债能力。市场需求的有限也就制约了信用评级机构的发展。当前我国信用评级机构数量众多，但多数规模较小且为区域性机构，可评级的债券品种较少，业务量少。因此，信用评级市场的发展需要政府部门在加强信用评级体系建设的同时，进一步推进债券市场的相关改革，为信用评级体系的发展提供坚实的市场基础，促进信用评级行业的快速发展。

第二，信用评级机构公信力不强。其原因有以下几个方面：一是信用评级机构缺乏独立性。在政治压力和利益诱惑的条件下，大多数信用评级机构片面地根据发债主体的行政级别或支付费用的多少评定信用级别。二是不少信用评级机构已经分别被三大评级机构控制。目前中国规模较大的全国性评级机构有大公国际、中诚信、联合资信、上海新世纪等四家。然而，自2006年起，三大信用评级机构就开始对中国信用评级体系进行渗透，根据相关资料显示，穆迪收购中诚信49%的股权并掌握经营权；惠誉收购联合资信49%的股权并掌握经营权；标普与上海新世纪也开始战略合作，双方在培训、联

---

① 车安华，袁迪：《我国信用评级业存在的问题及对策》，《金融时报》2012年12月24日，第12版。

合研究项目以及分享信用评级技术等领域进行合作。[①]

第三，信用评级机构的核心竞争力不足。除以上原因外，其中关键的原因在于信用评级相关专业人才匮乏。一方面，相关人才培养机制不健全。信用评级人才是金融服务业中的高端人才，需要复合型学科背景，但中国大学教育中相关专业设置和师资力量均不到位；另一方面，信用评级分析师具有多元化的知识结构和较强的专业能力，由于政府投入和市场培育不到位，大多数分析师在业务水平提升以后跳槽到金融机构。[②]在人才缺乏的条件下，信用评级体系的科学性无法得到保证，评级结果也就无法获得市场的认可。

综上所述，中国信用评级体系建设还处于初步阶段，虽然信用评级体系依赖于资本市场的发展，但需要指出的是，信用评级体系与债券市场是相互促进的，债券市场为信用评级体系提供市场需求，但债券市场的长远发展更依赖于信用评级体系的完善。因此，中国需要认真借鉴美国信用评级体系发展的先进经验，加快建立信用评级体系。具备客观、公正、有效的信用评级体系，不仅能够导国内外更多的资本进入中国的国债市场乃至整个债券市场，促进债券市场的发展，更重要的是，利用信用评级体系的风险评价结果，中央政府部门可以提升国债管理的水平及效率，防范债务风险，维护国家经济安全。

三、加快人民币国际化，对外开放国债市场

美国的经验事实表明，人民币国际化对于促进中国国债发展和减少债务风险具有影响：首先，中国国债的国际需求会加大，其他国家的央行将成为中国国债市场的重要投资者，国债市场的融资能力大大加强。其次，人民币国际化意味着中国的外债更有可能以本币计价，避免货币错配，减少国际金融风险的发生。最后，人民币国际化能够降低中国国债的融资成本。全球金

---

① 孙哲，闫瑾：《国内信用评级机构夹缝中艰难求生》，金融界，2011-09-07，http://finance.jrj.com. cn/2011/09/07070910969397.shtml。

② 新华网：《多重瓶颈制约我国评级人才匮乏难题待解》，http://news.xinhuanet.com/fortune/2011/10/27/ c_111129088.htm。

融市场面临的最大矛盾是日益增长的对"安全资产"的需求与有限且不断减少的安全资产供给之间的失衡问题。[①]如果中国能够保持经济的稳定发展，人民币国际化的程度越高，国际资本投资中国国债的意愿越强，中国政府国债融资的成本越低。当然，在人民币国际化推动下，国债市场对外开放程度的提高，也会加大我国应对国际风险冲击的压力。但是，长远来看，人民币国际化是促进我国经济发展的战略性选择。

当前，人民币国际化已经取得了一定的进展，但是与我国的最终目标还相差甚远。笔者认为，制约人民币国际化发展的主要因素可以归结为以下几点[②]：

第一，不具备与国际货币相匹配的金融市场体系。纵观世界历史上几种主要的国际货币，英、美、欧元区等国家（地区）金融市场的发展对其货币的国际化进程都发挥着至关重要的作用。国内外很多学者都对衡量一国金融市场的发展程度提出了一些可供量化的指标。[③④]根据现有的研究结果，笔者将衡量和评估国际金融中心的指标体系分为硬指标和软指标两个方面。根据国际金融中心的市场结构，硬指标大概包括：金融机构数量、外汇市场交易情况、股票市场交易情况以及债券市场交易情况等；根据伦敦金融城的指标分析体系，软指标大致包括：人力资源指标、制度环境指标、基础设施指标、市场准入指标以及综合竞争力指标等。[⑤]各项指标的分析结果表明，中国金融市场

---

① 孙立坚：《揭开全球"安全资产"缺失之谜》，《世界经济研究》2013 年第 7 期，第 15—20 页。

② 郝宇彪，田春生：《人民币国际化的关键：基于制约因素的分析》，《经济学家》2011 年第 10 期，第 64—72 页。

③ 张幼文：《国际金融中心发展的经验教训：世界若干案例的启示》，《社会科学》2003 年第 1 期，第 26—30 页。

④ 胡坚，杨素兰：《国际金融中心评估指标体系的构建：兼及上海成为国际金融中心的可能性分析》，《北京大学学报（哲学社会科学版）》2003 年第 5 期，第 40—47 页。

⑤ 人力资源指标包括是否具有足够的专业人才，灵活的劳动力市场，以及劳动力的文化水平、智力水平和创新能力等方面的内容；制度环境指标包括税收制度、金融制度、行政管理制度、经济自由度、制度执行情况、经营环境师傅宽松等方面的内容；基础设施指标包括城市建筑物租金、是否有足够的办公经营空间等内容；市场准入指标包括资本准入制度、国际金融交易活跃程度、证券化程度以及金融机构的聚集程度等内容；综合竞争力指标衡量金融中心城市的整体竞争实力，包括该城市的国际竞争力强弱、在全球的知名度以及生活条件等方面的内容；详细见高山：《国际金融中心竞争力比较研究》，《南京财经大学学报》2009 年第 2 期。

的发育程度还远不能满足人民币成为国际货币的要求，整个金融体系还比较脆弱。而正是由于金融体系的脆弱性，使得中国金融市场迟迟不能大幅度地对外开放。

第二，尚未形成有效的市场化汇率与利率决定机制。汇率制度市场化是伴随着我国实体经济和金融市场不断发展而形成的一个动态过程。要实现汇率市场化，首先必须厘顺决定汇率形成的基本因素，然后在逐渐扩大人民币汇率浮动幅度的基础上，进一步完善我国的外汇市场、货币市场以及我国的结售汇制度，增强汇率体系的灵活性。从汇率决定理论来看，国际收支是影响汇率走势的一个重要因素。2005 年汇率制度以来，人民币呈现持续升值状态的一个重要原因就是我国没能有效改善严重失衡的国际收支状况。这是我国的出口—投资导向型的经济发展模式所导致的结果。因此，人民币汇率机制要想真正实现市场化，我国就必须加快经济结构转型，促进产业结构升级，转变经济发展方式，减小对外部市场的依赖，实现国际收支均衡。另外，国内外利率差别是影响汇率走势的一个重要因素，而且利率的市场化是理顺国内金融市场资金产品价格很重要的条件。[1] 因此，人民币国际化的过程必然要求实现利率的市场化决定机制。虽然我国金融机构之间的货币市场以及国债和政策性金融债发行利率已经实现了利率市场化，而且在放开了存贷款利率下限管制的基础上，2013 年 7 月 20 日放开了贷款利率上限的管制，2015 年 10 月 24 日放开了存款利率上限的管制，2019 年 8 月 17 日改革完善贷款市场报价利率形成机制。但我国利率整体实现市场化还存在一些障碍：一是存贷款的基准利率仍然属于中国人民银行行政调控的范围，基准利率的市场化形成机制尚未完成；二是银行金融市场体系还存在许多管制，商业银行总体处于卖方垄断，市场准入条件还需进一步改革。[2]

第三，人民币还未实现资本项下的可自由兑换。在我国现有的关于货币国际化或人民币国际化的文献中，关于人民币实现自由兑换是否是人民币国

---

[1] 王广谦：《加速推进汇率市场化实现人民币国际化》，网易财经，2008-12-25，http://money.163.com/special/0025342Q/wangguangqian.html。

[2] 王国刚：《深化利率市场化改革推进资本账户开放》，《中国外汇》2019 年第 19 期。

际化的前提，国内学者并没有形成统一的看法。笔者认为，分歧的原因可能在于对人民币国际化理解的不同，即人民币国际化是一个过程还是一个结果。作为一个结果而言，如果人民币无法实行自由兑换，那势必影响人民币国际化作用的发挥；然而如果将人民币国际化作为一个过程，在人民币国际化的前期阶段——人民币跨境贸易结算甚至人民币区域化阶段，逐步放开资本项目，将两者合并相互促进发展。而且，人民币自由兑换是建立在前两个条件的基础上的一种制度安排问题，只有前两种市场的发展程度可以承受人民币自由兑换所带来的风险，人民币自由兑换才可以逐步放开，而不能单单为人民币国际化而急于求成。另外，需要注意的是，人民币要实现完全的国际化势必要求人民币自由兑换，但这并不意味着人民币资本项目下的完全开放。即使现阶段广泛被认为实现了资本项目可兑换、其货币已经国际化的国家实际上对某些子项也有所管制，对一些子项目实施一定程度的管制是维护国家经济安全的必要手段。

第四，一国货币的国际化最终依赖于其微观市场基础在世界范围内具有领先地位，即人民币能否最终成为国际货币，还有赖于我国能否改变在当前国际分工体系中的低端地位。回顾历史，英镑、美元、日元以及马克的国际化过程也是英国、美国、日本、德国的科学技术以及产业结构在世界上逐步处于领先地位的过程。因此，我国如何积极推进经济结构转型与产业结构升级，力争在新一轮全球的产业创新中占据制高点，是进一步深化人民币国际化的根本基础。只有一国的科学技术与经济结构能够处于世界经济的前沿，其他国家才会对该国商品、技术以及市场会产生依赖，真正带动该国的贸易地位与话语权的提高，进而推动该国货币在国际经济中的应用，最终在制度安排和金融市场支撑的基础上形成该国货币的国际化。近些年来，我国的贸易规模虽然不断扩大，然而我国产品的竞争力主要依赖于成本价格而不是基于其先进程度和科技含量，而且商品生产对外部市场和外部技术的依赖性过大，对外贸易方式以加工贸易为主，因此难以从根本上提高我国的国际地位，从而也就制约了人民币在世界经济发展中的应用。

第五，人民币最终实现国际化要求我国改变当前的经济发展方式。我国当前的经济发展方式以"投资—出口"导向型为主要特征，具有以下几点缺陷：一是对外部市场依赖性较大，国内经济的发展受制于外部市场；二是国际收支持续呈顺差状态，人民币一直面临升值压力；三是我国过去的发展忽略了社会保障的建设，导致我国居民储蓄率一直处于高位，居民消费低迷，从而为我国长期的高投资率提供了充足且实际成本（利率）低廉的资金支持。对此，一些学者认为，我国资本账户管制是我国长期保持高投资率的重要原因。[①]我国要实现人民币国际化，首先是中国经济发展稳定，这就需要我国转向国内需求，特别是消费主导的经济发展模式；其次人民币币值的稳定，从而需要我国实现国际收支均衡，解除人民币升值的压力。在我国经济发展方式未能转变之前，盲目推进人民币国际化发展，进而放开资本管制，有可能会引发资本的大量流动，从而侵蚀我国经济发展方式转变和国内金融市场发展的基础，形成本末倒置的局面。

第六，从历史上看，国际货币体系改革时期总是伴随着国际政治经济斗争的加剧。因此，推进人民币国际化需要我国内外兼修，即在不断推进上述我国内部改革的同时，还需要处理好外部的国际关系。美元目前仍是东亚地区的主要国际货币，是当前国际货币体系的既得利益者，任何挑战美元霸权地位的货币势必将受到美元的攻击。日元和欧元的遭遇可以清楚地说明这一点。因此，如何处理好与美元之间的关系，是推进人民币国际化面临的重大问题。

小　结

在公共债务宏观效应分析的基础上，本章进一步对公共债务规模与债务危机之间的关系进行了回答。笔者认为，公共债务规模扩张至何种程度会导致债务危机，须考虑到各国的债务临界值不同。究竟债务负担率达到多少就会引发债务风险，这与各国的政治制度、经济状况、财政状况、债务结构以

---

① 伍治坚：《人民币国际化任重道远》，《联合早报》2011 年 5 月 27 日，http://www.zaobao.com/special/china/rmb/pages2/rmb110527.shtml。

及金融发展相关。美国的货币政策与财政政策相互统一协调，且美国公共债务的标价货币为美元。这一机制决定了美国可以在面临偿债风险时，通过量化宽松或者债务货币化的形式化解危机。日本的负债率为全世界之"最"，但日本并没有发生债务危机，其主要原因在于日本央行通过公开市场操作方式和日本金融机构通过投资增持的方式持有大量的日本国债，从而保障了日本国债市场的正常运转。而欧元区之所以发生债务危机，除了欧元区自身的结构性问题以外，关键的因素在于发生危机的欧元区五国的债务标价货币均是其非主权货币——欧元。欧洲央行为超主权央行，当南欧五国公共债务市场收益率大幅上升、融资困难时，欧洲央行并不会及时通过公开市场操作的方式化解这些国家的债务风险，导致最终面临违约的风险，陷入危机。因此，一国是否会发生公共债务危机，关键的因素在于债务的标价货币是否主权货币。如果是主权货币标价，那么就可以通过货币政策与财政政策相协调"隐性违约"的方式，在一定程度上化解公共债务风险。基于上述结论，笔者认为应该从以下几个方面吸取国际经验：一要完善国债市场体系，促进债务发行与流通；二是重视信用评级体系建设，促进资源的优化配置，加强债务市场的风险管理；三要加快人民币国际化进程，对外开放公共债务市场。

第七章　公共债务扩张的约束机制构建及政策建议

第一节　经济治理理念与公共债务约束

一、公共债务约束方法的研究评述

关于如何约束公共债务的扩张，当前文献并没有进行专门的分析。但与此相关的分析主要有以下几个方面。

第一，公共债务的风险规模及结构管理。规模方面主要从构建各类宏观指标去监测公共债务的规模风险，结构方面主要从债务期限结构、利率结构、品种结构、应债主体结构等结构优化方面去化解公共债务的潜在风险。例如贾康、江旭东（2000）在建立公共债务风险防范机制时提出，这一体系应该包括四个层次：一是宏观经济指标，观测宏观经济走势；二是广义债务指标，如（债务余额＋隐性债务）/GDP 或（债务余额＋隐性债务余额＋或有负债规模）/GDP；三是名义债务指标，如债务负担率、债务依存度、赤字依存度、债息负担率、偿债率等；四是公共债务效率与结构指标，如债务发行成本系数（即债务发行费用/发行额）、债务支出乘数、债务结构状态（即短期债务余额/中长期债务余额）等。安国俊（2007）在总结国际主要经济体公共债务管理经验的基础上，从管理目标与传导机制、规模管理、发行管理、债务市场流动性的提高，债务管理与货币政策、现金管理的协调等多个角度对公共债务管理进行了详细的阐述。

第二，从财政稳定性的角度对赤字财政的可持续性进行了分析。在分析方法方面，国内外相关文献主要有三类：一是按照新古典的偿债能力法，检验公共债务的非蓬齐博弈条件，或检验政府是否满足现值借款约束条件。如果满足这些条件，财政是稳定可持续的；如果不满足，财政则是不稳定和不可持续的。例如，Hamilton 和 Flavin（1986），郭庆旺、吕冰洋、何乘才（2003）。二是利用关于公共部门偿债能力的会计方法，测算在可实现的 GDP 增长率、真实利率和通货膨胀条件下，不提高债务负担率而能够筹资弥补的可持续赤字水平。如果实际的赤字小于可持续赤字，则财政是稳定的、可持续的，否则必须调整财政政策，例如，马拴友（2001）。三是余永定（2000）提出的研究财政稳定问题的一种理论框架，从债务负担率、GDP 增长率以及财政赤字占 GDP 的比例三者的基本关系出发，逐步引入通货膨胀率、债务依存度、偿债率等变量，通过构建单一方程分析了财政稳定性的条件。指出在符合一定的条件下，债务负担率总会收敛于一个稳定的值，初始的债务水平并不重要。马拴友、于红霞、陈启清（2006）对上述方程进行了扩展，对公共债务与利率、公共债务与通货膨胀进行了动态分析，发现它们在一定条件下都处于鞍点稳定状态，表明至少在特定的条件和路径下，公共债务负担率和利率、通货膨胀率不会趋于无穷大，而是将趋于某一给定水平，财政完全有可能处于稳定状态。

第三，研究实施什么样的财政规则以确保公共债务规模的可持续性。按照现有文献以及各国实际情况，财政规则可以分为两类，一类是按照是否允许存在财政赤字以及发行公共债务的用途划分，可分为三种：平衡财政规则、黄金财政规则和原始财政规则（又分为原始赤字规则与原始赤字黄金规则）（具体内容见表 7-1）。例如，Barbara Annicchiarico 和 Nicola Giammarioli（2004）在传统 OLG 模型的基础上引入社会保障体系构建新的内生迭代模型，并通过数值模拟的检验方法指出，在平衡预算准则下，政府可以通过调节税率和养老金收益率实现公共债务的可持续性和经济的稳定增长。Blanchard 和 Giavazzi（2004）则认为，相对于欧洲 SGP 中较严格的赤字或债务规则而言，在有效合理的框架设计下，黄金财政规则不仅有助于解决公共物质资本投资面临的资金约束问题，从而避免公共物质资本投资下降对经济增长的不利影响，还有助于增强预算和公共债务管理的透明性，从而遏止政府各种隐性行为对金融体系和财政安全造成的潜在威胁。Pierre-Richard Agénor 和 Devrim

Yilmaz（2006）借助一个典型主体跨时优化模型，发现不同财政规则下的财政政策对经济增长和公共债务动态积累路径的影响存在显著差异，其中原始赤字规则在促进经济增长和改善政府财政状况方面表现得更为突出。贾瑞雪、郭庆旺（2011）借鉴 Agénor 和 Yilmaz（2006）的做法，并在原来三种财政规则的基础上提出原始赤字黄金规则，通过构建一个两部门内生增长迭代模型，以改革开放以来的中国经济为样本，利用数值模拟的实证方法得出，政府选择原始赤字黄金规则更有利于长期经济增长和改善政府财政状况。

表 7-1　各种财政规则的具体设定

财政规则		平衡财政规则	黄金财政规则	原始赤字规则	原始赤字黄金规则
是否允许存在财政赤字		否	允许	允许	允许
发债用途	是否允许为公共物质资本投资融资	—	允许	否	允许
	是否允许为公债利息支出融资	—	否	允许	允许

资料来源：贾俊雪，郭庆旺.财政规则、经济增长与政府债务规模[J].世界经济，2011，（1）：73-92

　　另一类是对财政的某些指标设定数值限制，具体可分为债务规则、赤字规则、支出规则和税收收入规则，即财政的预算准则，例如欧元区于 1991 年 12 月通过的《马斯特里赫特条约》规定，成员国政府赤字占名义 GDP 不能超过 3%；公共债务占名义 GDP 比率不能超过 60%。这类规则最早起源于 19 世纪中期，由于 20 世纪 70—80 年代许多国家公共债务大幅增加，20 世纪 90 年代起这类规则开始广泛使用。总体而言，1990—2009 年期间实行的财政规则被称为"第一代财政规则"，实行财政规则的国家从 7 个快速增至 80 个； 2009 年以后，受国际金融危机的影响，以欧元区国家为代表的许多国家的财政都出现问题，各国开始新一轮的财政规则改革，称为"第二代财政规则"。

　　综上所述，笔者认为，前两种研究思路是在既定的赤字财政政策方向下，为了实现公共债务规模或赤字财政政策的可持续性，就如何优化债务管理以及债务负担率与财政赤字、GDP 增长率、利率、通货膨胀率等宏观经济变量应该遵循的数值关系进行分析，解决的是存量优化和增量赤字所应该符合的数值限制问题，并不能解决赤字存在的原因，忽略了财政政策与经济增长的动态关系。因此，也就无法从根本上约束公共债务的扩张。根据前述分析，公共债务不断扩张的原因可以归结为以下五个层次①：第一，从财政政策演变的角度对美国等世界主要国家公共债务扩张的原因进行了考察；第二，从财政收支结构的角度对美国等主要债务国家公共债务扩张的原因进行了分析；第三，政府的收支状况取决于经济发展状况，因此，关于财政支出不断增加而财政收入不断减少的原因，有些学者从经济增长乏力的视角研究公共债务扩张的原因；第四，政府预算和财政政策不仅涉及经济问题，在实际执行中更多的是一个政治过程，因此除了上述经济的视角，部分文献还从西方国家政治制度的角度对美国等发达国家公共债务扩张的原因进行了分析；第五，政府支出日益扩大的表象背后其实是资本主义国家有效需求的长期不足，资本主义国家经济危机不断发生的事实表明，凯恩斯主义的调控政策存在明显的局限性，其原因在于凯恩斯主义的宏观调控并没有触及有效需求不足的根本原因——资本主义的基本矛盾。基于此，部分学者从资本主义基本矛盾及资本主义体系演化的角度对公共债务不断扩张甚至爆发债务危机的原因进行了讨论。

上述关于债务风险发生的五个方面的原因，前三个直接涉及财政收支方面的问题，后两个则是从政治制度和经济制度方面谈起。然而，需要指出的是，二战后至20世纪70年代，西方资本主义国家，尤其是美国，其经济制度和政治制度与之后相比并无太大的差异，但那个时期，美国并没有发生债务风险，财政收支相对比较稳健。但是从20世纪80年代开始，债务风险不断积累，财政赤字风险逐渐突出。时至今日，无论是从经济方面，还是政治方面，美日英等老牌资本主义国家发展都表现对出赤字财政的依赖性，甚至可以说，赤字财政或公共债务已经成为资本主义经济的一种增长模式。笔者认为，这其中的关键在于，政府在市场经济发展中应该扮演什么样的角色，一国政府应该秉持什么样的经济治理理念。要想有效约束公共债务的不断增长，首先

---

① 郝宇彪：《公共债务扩张的机理与效应研究述评》，《学海》2014年第2期。

需要改变的是政府经济治理理念，而经济治理理念的改变主要通过政府的税收政策体系和财政支出体系的优化来实现，然后在完善政策体系的基础上设定一定的财政规则目标。第三种研究思路在一定程度上可以说是约束公共债务扩张的根本方法，但还存在以下不足：一是第一类财政规则主要注重的是财政支出结构的分析，缺乏从税收角度进行思考以及总量目标规则；二是第二类财政规则只是具有总量财政规则，缺乏从财政收支具体结构方面构建规则体系；三是二者都缺乏对政府在经济发展中本身定位的思考。因此，本书计划在二者结合的基础上，在反思经济治理理念的前提下，尝试提出一套相对全面的财政收支框架——财政预算理念。

二、经济治理理念反思

然而，在构建新财政预算理念之前，以下问题还需要厘清：政府在市场经济发展中应该扮演什么样的角色？一国政府应该秉持什么样的经济治理理念？

无论是早期以亚当·斯密为代表的古典经济学，还是后来在劳动价值论基础上发展而成的马克思主义经济学，其中均没有经济需要政府进行干预的论述。斯密对国家在经济发展中的作用归纳为三点：提高分工程度、增加资本数量、改善资本用途。然而，20世纪30年代大萧条的发生使得具有统治地位的经济自由主义让位于凯恩斯的经济干预主义。凯恩斯支持政府干预经济的核心论点是自由放任的经济存在有效需求不足，政府必须采取财政措施以增加消费和投资，从而弥补有效需求不足。

然而，在凯恩斯主义逐步占据主流经济学地位的同时，以古典经济学为思想渊源的各个经济学流派也在不断发展，凯恩斯主义与自由主义之争一直存在。在这一阶段，奉行经济自由主义的经济学流派主要有：以米尔顿·弗里德曼为代表的现代货币主义，以阿瑟·拉弗和马丁·费尔德斯坦为代表的供给学派，以罗伯特·卢卡斯和托马斯·萨金特为代表的理性预期学派，以弗里德里希·冯哈耶克为代表的伦敦学派，以罗纳德·科斯为代表的新制度主义，以及以詹姆斯·布坎南为代表的公共选择学派。这些学派在基本理论主张方面具有一些共同点：一是推崇市场原教旨主义，反对国家干预；二是提倡产权私有化，认为产权私有化才能实现资源有效配置；三是支持要素流动自由化与经济全球化，反对政府管制；四是强调保障的责任由国家向个人转移，反对福利国家（程恩富，2005）。

20世纪70年代，在凯恩斯主义经济治理理念无法应对滞胀的背景下，上述奉行自由主义思潮的各学派的经济理念对政府经济治理的影响不断增强，以"里根经济学"和"撒切尔经济学"的实施为标志，新自由主义逐步成为西方主要国家政府的经济治理理念。

新自由主义的经济理念主要包含以下内容：

第一，市场原则。具体措施有：解除政府对企业的所有管制措施；扩大国际贸易与投资，推进自贸区建设；削弱工会力量，提高工资弹性（实质为压低工资）；取消价格管制，减少货币供给，以应对通货膨胀，不惜以失业率提高为代价。

第二，一方面控制预算赤字，降低政府支出，削减在教育、医疗、社会救济、养老以及公共工程方面的财政开支。另一方面，在税收方面，针对企业要加速资本折旧，提高企业在研发投资方面的税收支出，降低企业利润所得税；针对个人，降低个人所得税的累进幅度，减少税收档次。

第三，推动产权私有化改革，提高资源配置效率。具体领域包括：银行、基础工业、铁路、高速公路、电力、学校、医院甚至自然资源。

第四，强调个人责任，消除公共产品的概念。将本来由政府提供的医疗、社会保障以及教育等公共产品调整为个人通过市场获得，向对应企业购买相关服务。

针对新自由主义的经济政策，日本学者伊藤诚（2006）指出，新自由主义从20世纪80年代开始就主导这样一股意识形态浪潮：富有竞争力的自由市场原则会指引人们走向最有效率、最合理的经济秩序。对企业实行私有化，对社会保障进行大量削减，削弱国家的作用，这就是典型的新自由主义政策。然而，需要指出的是，在英美国家所谓民主制度的压力下，政府在社会保障、教育以及社会服务方面支出事实上并没有得到削减。除此以外，上述三个方面的政策措施都得到了实施。另外，在自身进行新自由主义改革的同时，美国还利用自身的经济霸权地位将新自由主义的思想推销至发展中国家，鼓吹私有化、自由化，减少政府调控干预，开放国内市场，其集中体现为"华盛顿共识"。

新自由主义以及"华盛顿共识"推行以来，在学术界引起广泛争论。总而言之，西方主流经济学界对新自由主义基本认同，但也有一些批评的声音，特别是一些左翼人士。大部分的批评观点指出，新自由主义是一种忽视社会公正以维护资本利益的价值理念。法国学者皮埃尔·布迪厄（1979）指出，"新自由主义话语不是一种普通的话语体系，而是一种'强势'话语。这种话语在一个有各种强力关系构成的世界中完全站在强力者一边。新自由主义是通过服从那些支配经济关系的力量所做出的经济选择来做到这一点的。"在这个话语体系下，对自由市场法则构成障碍的集体结构的权力受到制约，这些集体结构包括：民族国家、工作团体、维护工人利益的工会组织等；而自身利益得以表达的利益集团的权力加强并影响政治决策，这些集团包括：股东、金融家、企业家等。美国学者迈克尔·赫德森（2007）更是对新自由主义者所鼓吹的私有化的本质及其所谓"优越性"提出了尖锐的批评：所谓私有化能够提高效率，不过是为达到不可告人的目的的一种借口或"神话"。赫德森通过十二组的"神话"与"现实"组合，揭示出新自由主义的核心——私有化事实上无法实现资源有效配置和经济稳定发展。在宏观经济层面上，新自由主义拥趸们认为"私有化能使产出最大化，能惠及所有人"的观点缺乏事实依据。私有化由于"通过使财富所有权两极分化以及鼓励寻租，私有化从整个经济体中抽取利益。它也增强了既得利益集团的力量，后者把经济力量转化成政治杠杆，从而以有利于他们自己的方式修改税法和其他公共政策。这种法律就更偏向于鼓励短期的金融投机而不是真正的经济发展。"

从马克思主义经济学的分析框架出发，在新自由主义的条件下，英美等国家政府通过对国内和国际经济关系进行调节，资本主义的经济体系获得更多的活力，资本主义的经济活动获得了更大的发展空间。在资本主义基本矛盾的支配下，新自由主义大大增强了资本攫取利润的能力，扩大了各阶级之间以及中心地区与边缘地区之间的差距，加剧了人们经济生活的不稳定性和难度（乔万尼·阿瑞吉等，2007）。根据资本主义发展阶段的划分，新自由主义的实质就是国际垄断资本主义，即在国内减少政府管制与干预的同时，也减少要素国际流动的管制，使资本在国际经济运转中实现不断增值，实现资本国际化，最终在更大程度和范围内实现利润最大化。根据马克思主义经济学，资本可以分为商品资本、生产资本与货币资本。李翀（2009）认为，商品资本的跨国流动即是国际贸易，而商品资本之所以跨国流动则是因为在产业资本不断扩张的前提下，国内的市场变得相对狭小，产业资本需要通过国际贸易进一步发展资本主义的生产方式；生产资本的跨国流动即为对外直接投资，生产资本之所以跨国流动是因为在资本主义国内有利可图的投资机会已经不多，资本出现相对过剩，从而流向国外获取更多的剩余价值；货币资本的跨国流动则是原来在国内经济运行过程中充当借贷资本、权益资本等形式的货币资本流向国际寻求最优的金融资产收益和风险组合（即国际金融资产投资），从而追逐更大的利润。与资本主义之前的发展形势不同，国际垄断资本主义在形式上是超越国家主权的，形成以国际直接投资为主要形式的生产资本的国际化、以国际贸易为主要形式的商品资本国际化、以国际融资为主要形式的货币资本（靳辉明，2006）。其中，国内生产和国际贸易是对外直接投资的历史和逻辑起点。而国际贸易与国际投资规模的不断扩大所带动世界经济稳定增长以及各国经济的差异化，又为国际金融资产投资提供了获利的空间。而"华盛顿共识"在世界范围内的推广，则为美国等发达国家的资本整合全球资源、实现资本增值的最大化提供了土壤。

总而言之，尽管新古典经济学的学术理论为新自由主义提供了坚实的思想基础，认为新自由主义会带来经济繁荣，新自由主义也因此成为西方主要发达国家过去30多年明确的政治、经济范式，在这个政策过程中，相当一批资本所有者能够得以控制社会的各个层面，从而攫取最大的个人利益。然而，正如上述马克思主义者以及其他对新自由主义持批评态度的学者的分析，新自由主义会导致一系列的负面效果，而后续发生的一系列现实情况表明，过去30多年中新自由主义带来的似乎是更多的经济与社会发展困境。

　　以美国为例，新自由主义下的经济政策及其主导思想，一方面使美国经济具有较高经济增长与经济效率而得以繁荣，另一方面也正是这种思想与政策的影响造成美国实体经济创新的后劲不足，金融创新及其衍生品、消费信贷等虚拟经济过度发展，以及美国政府积累了前所未有的贸易赤字和财政赤字。特别是在新自由主义思潮的影响下，美国在 20 世纪 80 年代以后，开始逐步放松金融监管，而倾向更高程度的金融自由化。1933—1987 年，美联储及美国政府都曾明文规定不允许商业银行涉及证券投资等非银行金融业务，然而，随着 1980 年美国通过一系列旨在放松金融监管的法案，这些规定开始被废止。银行和非银行金融机构全面卷入一场蓬勃发展的金融创新大潮，在金融监管缺失的条件下，大批金融机构为了逐利而不惜涉足高风险与高收益并存的低级信用资产（次级债）。此外，在信奉个人主义和实用主义的价值理念下，美国居民几乎不再储蓄，而是不顾一切地为消费、为眼前的享受而借债，最终庞大经济杠杆率导致的资产泡沫难以支撑美国的过度消费，造成了次贷危机爆发。资本自由、金融自由、创新自由（如"金融衍生品的创新"）等，正是这一系列缺乏监管的自由引发了美国的"次贷"危机和金融危机，乃至经济衰退。

　　在经济面临衰退的背景下，基于政治、社会等各方面的压力，以美国为代表的主要经济体重拾凯恩斯主义经济政策，导致财政支出显著增加，政府债务压力不断上升。另外，需要特别提出的是，尽管凯恩斯主义的刺激性财政政策是导致政府债务风险爆发的直接原因，但微观领域的新自由主义理念才是其深层动因。其原因如下：第一，正如上述分析以及其他学者的分析表明，新自由主义是此次国际金融危机的重要原因；第二，在新自由主义理念的指导下，美国政府频频实施大幅减税政策，导致财政收入增加乏力；第三，在新自由主义理念的指导下，正如《21 世纪资本论》的研究指出，资本的主导性不断增加，劳动在劳资关系中地位日渐势弱，收入分配差距不断扩大。在西方发达国家个人所得税累进性减退的情况下，财政收入难以增加；第四，随着贫困人口和失业人口的增加，社会保障支出不断增加，财政支出压力居高不下。

综上所述，2008 年国际金融危机的发生，新自由主义的经济理念受到质疑，从各国政府的反危机措施来看，西方国家国内不同程度地抛弃了新自由主义，凯恩斯主义的国家干预似乎重拾主导地位。然而从美欧各国当前采取的调控措施而言，国际范围内的新自由主义仍在蔓延。如果微观领域仍然奉行新自由主义理念，宏观调控奉行凯恩斯主义的政策，公共债务的压力仍将持续。凯恩斯主义与新自由主义在未来各国经济治理理念中究竟会占据怎样的位置，目前还无法预料。但必须明确的是，经济治理理念亟待调整。

三、未来的选择：重拾"第三条道路"

经济学家斯蒂格利茨（1998）认为，由于信息不对称和不完全竞争的存在导致市场失灵，市场失灵为政府干预经济以提高社会整体福利提供了操作空间。市场失灵的具体表现为：公共产品、外部性、垄断，这三者基本界定了政府经济活动的范围。然而，产权学派认为，市场失灵可以在产权清晰的条件下，通过"自愿联合"或"协商"来得到解决。但斯蒂格利茨对此指出，由于"搭便车"问题和高额的交易成本使得产权学派的理论无法得到真正实现。而政府具有两大特性，一是它代表全体社会成员，具有普遍性；二是它可以通过法律或税收等来约束，具有强制性。① 这两大特性使得政府具备充分的理由和能力去干预经济。综上所述，笔者认为，实际上，无论是凯恩斯主义还是新自由主义的经济政策体系，政府干预经济已经是事实存在，只不过在不同的思想体系下，政府干预经济的范围和形式不同。例如，凯恩斯主义注重需求管理，而新自由主义则注重供给管理，要求加大对企业研发投资的补贴，加速折旧等，其政府支出更多表现为税式支出。因此，需要更多思考的是政府干预范围和干预形式问题。

────────────────

① 部分学者认为，国家不具备完全的强制性，其原因如下：一是开放经济体系下，公民具有选择的自由，可以"用脚投票"，特别是在发达经济体。二是财政联邦主义，即财政非中央化。在大部分人看来，地方政府的强制力大于联邦政府。三是动机的一致性，即国家在信息方面的匮乏会限制政府的强制力。公民可以通过隐瞒信息对政府强制力做出约束。四是经济犯罪对政府强制力形成制约。具体参见迪特·鲍斯：《我不完全同意斯蒂格利茨：他的观点太偏激了》；约瑟夫·尤金·斯蒂格利茨：《政府为什么干预经济》，中国物资出版社 1998 年版，第 173—194 页。

关于这两个问题的回答，涉及政府的经济治理理念或一国的市场经济发展模式。目前世界上主要有三种市场经济模式：以美英为代表的新自由主义、以德国北欧为代表的社会市场经济和以日韩为代表的政府主导型市场经济。

在新自由主义市场经济模式下，政府公共部门所占的比重较小。关于政府经济干预的范围，新自由主义的代表性人物诺斯（1998）认为，政府的作用应着眼于经济转变的效率问题，国家制定的规则将决定公司和组织的内部结构转变的效率，因此那些用来鼓励增长知识和培养有创造力的天才企业家的规则将尤其重要。国家制定政策应该奖励成功，同时使效率低下的活动和组织无法生存。即国家应专注于市场制度的完善与改进。除此以外，政府干预经济的活动主要体现为提供国防、社会保障和教育等公共产品和服务，而在公共产品的提供形式方面，政府并不直接参与生产，而是主要通过向私人企业订货，尤其是在国防军工产品方面。而在企业经营活动方面，政府主要通过减税及提高税式支出的形式促进企业创新，增强市场供给主体的活力。总之，在新自由主义市场经济模式下，政府干预经济的作用更多体现为提升经济效率，直接干预经济和调节国民收入分配的功能较弱，美英不断扩大的贫富差距以及面对危机政府调节经济的形式即是例证。

在社会市场经济模式下，在坚持市场为资源配置主要形式的基础上，政府的干预范围则扩大为以下方面：一是政府直接生产并提供大量的公共品，例如基础设施以及教育、科技、研究、文化设施等，同私营部门共同形成了庞大的服务网络；二是坚持促进市场竞争，反垄断、维护市场竞争秩序的政策法规不断完善；三是更加注重社会公平与安全保障，提升工会的作用与地位，加强收入分配调节，强调政府实施社会政策的重要性，社会福利水平较高。总之，社会市场经济模式旨在实现经济稳定增长与社会公平兼顾。

在政府主导型市场经济模式下，政府干预经济的范围会进一步扩大，一是政府同样提供大量的公共产品和服务，但社会保障水平相对较低；二是政府直接干预产业发展，制定产业发展政策，通过财税等政策措施引导产业发展；三是相比社会市场经济的反垄断理念，政府更倾向于培育大型企业，注重规模经济效应。总之，在政府主导型市场经济模式下，政府的干预范围会延伸至经济发展的各个层面，旨在通过市场配置＋政府调节的资源配置模式实现经济的快速崛起，对收入分配的调节措施不到位。

综上所述，不同的市场经济模式下，政府干预经济的范围和形式各不相同。政府最佳化干预形式不是单纯由经济因素决定，其他诸如文化、习俗等方面的因素也具有显著的影响。相比规模和程度，对政府干预的研究更应该集中于效率和形式（A·H·E·M·韦灵克，1998）。但是，笔者认为，相比新自由主义市场经济，社会市场经济模式更有利于欧美发达国家的长期稳定发展。根据前述对公共债务扩张的原因分析，对美欧日等发达经济体而言，如要摆脱公共债务危机，重新考虑美国克林顿政府或者英国布莱尔政府的"第三条道路"或许是可行的选择。

第二节　新财政预算理念的总体构建方案

关于财政预算理念的概念，目前学术界并没有明确的定义，与之相近的有两个概念。一是李翀（2011）首次提出的财政赤字观概念，即政府应不应该有财政赤字，或者应该有多大的财政赤字的理念和观点；二是 Kopits 和 Symansky（1998）提出的关于财政规则的概念：财政规则是通过对财政预算总量加以简单的数量限制来约束财政政策的实施。对此，笔者认为，仅仅对财政赤字加以限制可能无法对财政政策形成有效的约束，为了提升财政政策的效率或绩效，还应该从财政支出原则和税收原则方面给予限定。因此，笔者提出，所谓财政预算理念就是为了保证财政职能更有效地得以实现，政府所建立的一套财政收支理念，该理念包括：政府的财政赤字应该如何限定，财政支出结构如何，税收与财政各类支出之间应该遵守什么样的规则。

一、财政预算理念的赤字总量规则

（一）财政政策的目标定位

赤字总量原则即是关于政府是否应该拥有赤字以及应该拥有多大赤字规

模的规定。在确定一国的财政赤字之前还需要对该国的财政职能具有明确的定位。现代公共财政学的奠基者马斯格雷夫、以斯蒂格利茨为代表的凯恩斯主义学者认为，国家财政职能应该划分为三种：公共物品的供应、调节收入分配以及实施宏观经济政策。其中，实施宏观经济政策主要是指通过财政政策保证经济稳定。这也是世界各国政府赋予其财政的职能。

但需要指出的是，对不同经济发展水平的国家和不同市场经济模式的国家，三项职能的干预程度均不相同。特别是在保证经济稳定方面，各国赋予的内涵差异很大。通常认为，经济稳定的含义包含四个方面：经济持续增长、物价稳定、充分就业、国际收支均衡。然而，这四个目标之间是相互冲突的，例如菲利普斯曲线就很好地揭示了充分就业与物价稳定之间的矛盾关系。

另外，根据丁伯根法则，要达到 N 个目标，政府至少要运用 N 个独立、有效的经济政策。一种政策工具只能有效率地实现一个政策目标，否则会由于目标之间的相互冲突而减弱政策实施效果。因此，财政职能干预形成的经济稳定只能存在一个最佳目标。从政府干预经济的动因出发，财政职能从根本上是为了弥补市场失灵，从而促进社会福利最大化的实现。如果以此为标准，经济持续增长和国际收支均衡就无法作为财政政策调整的终极目标。例如，如果以经济增长为目标，根据宏观恒等式，只要增加政府投资或消费，就可以促进 GDP 增长，但这种增长对政府财政政策具有严重的依赖性，政策的不稳定性以及投资效率低下甚至会加剧经济波动。而且根据内生经济增长理论，经济的长期稳定增长更多取决于物资资本积累、劳动力数量、人力资本水平以及全要素生产率的提高。而就国际收支均衡而言，财政政策对其影响主要集中在经常项目的收支方面，然而在全球化的背景下，一国经常项目更多是一国要素禀赋以及国际分工所导致的结果，财政政策对其影响效果有限，因此不宜将国际收支均衡作为财政政策的目标。

如此，经济稳定目标就在充分就业和价格稳定之间进行选择。正如曾任美国总统的约翰·肯尼迪所言：稳定经济的任务，要求我们能够控制住经济，使之不至于偏离高就业之路太远。就业率过高将导致通货膨胀，而过低又意味着衰退。灵活审慎的财政政策和货币政策，能够帮助我们在这两条路中间穿行出一条"狭窄的隧道"。由此看出,稳定宏观经济需要货币政策和财政政策的共同作用,但二者之间的最佳分工应是如何? 20世纪70年代发达国家"滞胀"治理以及近30年以来的各国实践表明,稳定价格应是货币政策的主要目标,而财政政策稳定经济的目标应为促进充分就业。

选取充分就业作为财政政策调控的目标,具有以下几点优势:第一,财政政策与就业之间的传导机制相对直观有效,政策时滞较短,政策效果易于监测,可以在一定程度上避免由于时滞效应与乘数效应叠加带来经济波动加剧的风险。例如,当经济衰退时,政府通过基础设施建设等投资支出以及购买支出的增加,可以明显增加就业岗位,但能否实现经济增长速度的目标,则要取决于乘数效应、政策时滞等诸多因素,存在很大的不确定性。第二,可以相对避免财政职能目标之间的相互冲突。例如,政府加强收入分配和社会保障水平的提升,可能会导致劳动力市场机制僵化、弹性不足,从而与经济增长目标形成冲突,但充分就业的目标可以避免此类冲突。第三,通过促进充分就业同样可以实现推动经济增长的目标,避免"有增长、无就业"现象的出现。根据1946年的就业法案,促进充分就业一直是美国财政政策的首要目标。

综上所述,笔者认为,从财政支出的角度出发,一国财政职能应该定位为公共品供应、收入分配调节以及充分就业。如果结合税收的角度,公共财政还应具备资源分配的职能。而且需要指出的是,对于政府主导型市场经济国家,政府调整产业发展的职能应该立足于税收政策,通过税收制度的调节使资源流向优先发展的战略性产业,避免财政支出式的直接干预,否则可能会因为公共失灵的存在导致经济效率的大量损失。

(二)财政总量规则的设定原则

第一,操作简易性。该原则要求规则指标在预算执行期内是适于监测和控制的,而在中长期内可以使得债务负担率不会超过一个限定值。例如,阿根廷要求总体预算平衡;秘鲁要求总体赤字维持在一定限度之内;或者可以要求原始赤字为零或适度盈余。

第二，弹性准则。所谓弹性准则，要求当宏观经济遭受诸如经济危机等因素的外生冲击时，财政操作可以具有一定的弹性空间。例如瑞士提出周期性调节的预算均衡，类似于美国曾经实施过的周期性均衡，即经济上行时，实现预算盈余；经济下行时，实施赤字预算；在一个经济周期内实现收支均衡。

第三，增长导向性准则。该准则避免对政府的具有良好社会效应和经济效应的投资性支出形成不必要的约束。例如，德国、法国等经济体提出的黄金财政规则，即政府可以为投资性支出进行赤字融资，但常规性支出必须保持预算均衡。

第四，财政政策的可持续性。关于财政政策的可持续性，余永定（2000）认为具有三层含义：首先，如果政府能够在长期内总体保持收支平衡，那么财政可处于稳定状态；其次，尽管政府在相当长时期内不能实现财政收支平衡，但政府可以通过发行公共债务为财政赤字融资，则也可以认为财政处于稳定状态；最后，如果在经济中存在这样一种机制，当财政脱离稳定状态之后，可以通过适度的债务货币化或其他校正机制来避免债务违约和债务重组，则政府的财政状况也可以说是稳定的。这三种情况从风险角度衡量属于依次扩大的排列，在实际经济运行中，大多数国家通常采取前两种衡量标准。

（三）财政总量规则的具体内容

根据上述标准，在国际上，总量规则主要有两类：一是预算平衡准则，包括周期性平衡、结构性预算平衡两种。二是债务规则，即对债务负担率设定一个明确的数值界限。各类总量规则的优缺点比较如表7-2所示。

表7-2 各类总量规则的优缺点比较

	优点	缺点
债务规则	与债务可持续性紧密相关 易于监测和控制 具有稳定经济的功能	由于财政政策对债务负担率的影响短期内不明显且有一定的局限性，所以无法为财政操作提供明确的导向 临界时不具备稳定经济的特性，甚至会产生顺周期效果（类似年度预算平衡） 可以通过临时措施实现规则要求 债务会受到政府控制范围之外的因素发展的影响
周期性 平衡规则	清晰的操作导向 与债务可持续性紧密相关 易于监测和控制	不具备稳定经济的特性 经济周期难以判断
结构性 预算平衡	相对清晰的操作导向 与债务可持续性紧密相关 具有稳定经济的功能 不会受暂时性因素的影响	潜在产出以及对应的财政收支计算的复杂性使得其难以监测和控制

资料来源：笔者在 Andrea Schaechter et al.（2012）梳理的基础上整理所得 [1]

通过上述对各类规则的比较分析，可以看出，如果以设定原则来衡量的话，任何单一的规则都是存在缺陷的。然而，某一项规则的缺点，可以通过另一项规则的实施得到弥补。另外，除总量规则的相互补充之外，政府还可以通过具体的支出规则和税收规则进行补充性的约束。因此，在实践中引入财政规则的国家大多数都采用了两项或多项规则结合的方式。

基于各项规则的优缺点，笔者认为在结合方式上，可以采取"动态预算平衡＋债务规则"的规则组合。所谓动态预算平衡，总体与20世纪50年代美国所实行的周期性预算平衡相似，但有所不同，具体内容如下。

第一，实现动态平衡的预算周期不是以经济周期为基准，而是以政府的执政周期为基准。之所以如此确定有以下原因：一是实际中各国政府并非能够准确判断当前处于经济周期的哪个阶段，一个完整经济周期的时间也难以

---

[1] 参见 Andrea Schaechter, Tidiane Kinda, Nina Budina, AnkeWeber: *Fiscal Rules in Response to the Crisis—Toward the "Next-Generation" Rules.A New Dataset*，IMF Working Paper, July 2012, WP/12/187。

确定。二是从世界主要国家的政策实施实际情况来看，各届政府的政策并不具有连续性的特征。当前世界上大多数主要经济体每届政府的任期为5年，那么每届政府应在其任期内实现总体的预算平衡，这样可以防止前一届政府的不合理赤字政策挤压下一任政府的财政操作空间。

第二，财政政策方向不直接以促进经济增长为目标，而是以促进充分就业为目标。政府可以根据该国所处发展阶段的产业结构以及劳动力市场特点确定适合自身国情的失业率目标，当实际失业率大于目标失业率时，即可采取赤字财政政策；否则需要实现预算平衡或盈余。考虑到政策的时滞性以及防止过度干预，可以设定一个政策干预的临界区间，比如说，目标失业率为5%，在失业率较高的阶段，经过政策调控，当失业率下降至5.2%时，政府即可停止赤字财政政策，实现收支平衡；在就业率较高一直存在经济过热的风险阶段，政府通过紧缩性财政政策调控，当失业率回升至4.8%时，则可实现收支平衡。

然而，由于每一届政府任期可能面临一些外生经济冲击以及采取一些重大改革措施，所以在动态预算平衡的前提下，可以设立一定的豁免条款，规定在某些特定情况下政府可以通过赤字债务融资的方式来满足政府的资金需要。比如，当面临经济危机以及自然灾害等突发的外生冲击时，政府可以通过设立专项支出基金的形式来应对，在其任期结束时，可以允许存在由此而产生的债务余额。考虑到公共债务规模的过度扩张，将会对经济带来一定的负面影响，所以从长期来看，一国公共债务相对规模必须具有一定的上限，即债务负担率不能超过某一特定的值。关于债务相对规模上限，笔者认为，并没有一个国际通行的数值，各国经济发展水平、政府财政职能、金融发展水平、历史文化传统、货币制度等因素都会影响政府最优公共债务规模大小。各国可以根据自身的情况，确定一个合理的数值。但需要指出的是，在计算公共债务规模时，不仅应该包括显性公共债务，而且也包括隐性公共债务。

根据IMF的统计数据，截至2015年，全球多数国家从财政赤字总量和债务总量两个角度构建财政总量规则。其中，建立财政赤字总量规则的国家有78个，建立债务总量规则的国家有76个。但1985年时，建立赤字总量规则的国家只有6个，债务总量规则的国家只有1个（卢森堡）。在总量规则设置方面，比较典型的国家是德国。德国2009年引入"债务刹车"法则，并写入德国宪法。根据"债务刹车"规则，自2016年起，除周期性赤字外，德国结构性赤字不能超过其名义GDP的0.35%，各联邦州从2020年起不能新增任何债务（张宪昌，2014）。从现实执行效果来看，德国联邦结构性赤字在2013年就实现预设的目标。另外，在2010年以前，德国在总量规则方面一直采取"黄金原则"，即除了总体经济均衡受到外生冲击外，正常条件下债务融资只能用于投资支出。2000—2018年德国债务负担率变化趋势如图7-1所示。

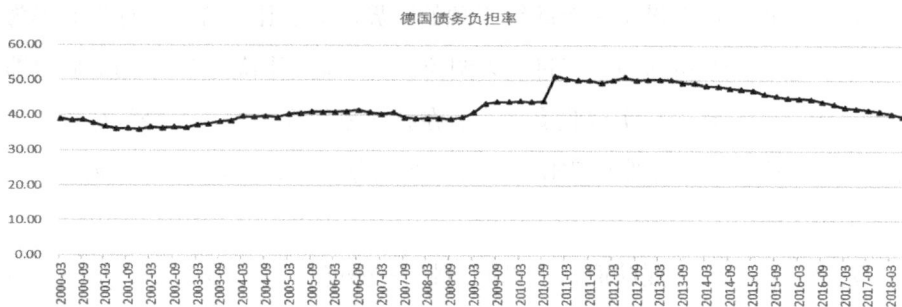

数据来源：Wind 数据库

图7-1 2000—2018年德国债务负担率变化趋势（季度，%）

二、财政预算理念的支出规则

为了保证财政支出效率，财政预算理念还需要进一步在财政支出端给出一些指导性规则以及具体数量限定，即财政支出规则，其在国际上通常是指，在总量支出、经常性支出等支出指标设定总量、增长率、占GDP比例等方面的限制。由于财政支出规则没有考虑税收的因素，所以财政规则并不与财政总量规则直接联系，但财政支出规则是实现财政巩固的重要手段。2011年8月，美国国会颁布了自主性支出上限要求，计划在未来十年中节省9000亿美元，但由于没能采取一项中期的综合性赤字削减计划而夭折。2013年3月，美国再度实施另一项支出削减计划，如果最终能够得到完整实现，可以在未来10年节省开支1.2万亿美元，其中一半来自国防支出，另一半来自其他国内开支计划，但不包括养老保险、医疗救助、部分老年人医疗保险以及其他一些福利项目。

然而，笔者认为，如想长远地解决财政悬崖问题，仅仅有上述财政支出削减还不够，还需要从财政支出结构上进行调整。按照财政支出职能划分，美国联邦财政支出可以分为：国防、社会保障及健康计划、教育培训、利息支出、基础科学技术支出以及行政管理等其他支出。从美国的现行支出结构来看，美国财政支出需要做出如下调整。

第一，降低国防支出的比例。国防支出是美国财政的重要负担，但其对美国经济发展的作用有限，甚至具有负面影响，因此适度削减国防支出是美国财政结构改善、降低债务负担率的第一选择。

第二，提升研发支出、物质资本支出、教育培训支出以及基础科学、空间技术支出在财政总支出中占比，其中，非国防物质资本支出和教育培训支出尤为重要。数据统计表明，1950—1975 年，美国经济快速增长以及债务负担率不断降低，与此相伴随的是联邦政府物质资本支出和教育培训支出占比的提高。然而，1980 年以后，即美国债务负担率不断上升阶段，两项支出占比均处于下降趋势。根据内生经济增长理论，政府物质资本支出和教育培训支出可以从资本存量和人力资本两个方面推动经济长期增长。目前的学术研究也通过实证分析证明了这一点。因此，提升公共资本投资及教育培训支出，促进美国经济增长，是美国应对债务危机的关键举措。

以上是针对美国财政支出结构改革的两点建议，总的来说，笔者认为，一国财政支出或许可以遵循以下原则。

第一，财政总量支出需遵守黄金财政规则，即长期来看，只有政府的投资性支出可以通过公共债务进行融资，而包括利息支付、转移性支付在内的经常开支则需要严格遵守动态预算平衡的原则。实施黄金财政原则有以下优点：一是保证了政府财政职能的弹性规则和增长导向性；二是将公共债务的利息纳入日常预算管理可以促使当届政府加强对公共债务结构和规模管理，防止道德风险和庞氏融资风险，对政府的发债行为进行约束。

第二，政府的投资性支出须符合公共财政导向性原则，即公共投资作为私人投资的补充，是为了弥补市场失灵，而不能与私人投资直接竞争。社会总投资从投资方向看包括三种类型：一是社会公益类投资，包括国防、行政管理、司法、科研、教育、卫生、环保，以及市政工程等其他公用设施；二是经济基础类投资，包括能源、交通、通讯、农业、水利、气象以及战略性高新技术产业等国家发展的关键性部门设施；三是竞争性项目投资，包括制造业、建筑业、流通仓储、服务业、金融保险等（杨文刚，1999：106-109）。公共投资方向应以第一类投资为主，适当偏向第二类投资并考虑如何与私人投资相结合，避免介入第三类投资。

第三，对财政支出的增长速度、结构比例建立数量限制规则。给财政支出建立数量规则是许多国家改善财政收支的重要选择，例如，德国自从1982年起规定，财政支出的平均增长速度不能快于财政收入；澳大利亚自2009年起，作为消灭财政赤字策略的一部分，澳大利亚政府要求降低财政支出的实际增长率至2%。如果财政收支差额转变为盈余，而且经济增长达到潜在增长率，那么财政支出继续维持2%的增长率，直至财政收支盈余占GDP的比重达到1%以上。在欧元区主权债务危机影响下，经过2011年11月的治理改革，欧盟自2012年起颁布新规定，对于没有建立超额赤字应对措施的成员国，其除失业津贴之外的主要财政支出的年增长率不应超过长期名义GDP增长率。对此，笔者认为，各国政府应该通过建立中期预算的方式（例如以执政周期为基准的5年规划），根据自身的财政状况和经济发展需要，确立一个财政总量支出的指导原则，兼顾财政职能和财政稳定性需要。另外，除财政支出总量数量规定外，还应该严格限制政府消费性支出以及行政管理支出在总支出中的比例，适当提高教育培训、科研、基础设施以及其他生产性投资的比例。

根据IMF的统计数据，回顾财政支出规则的发展历史，1985年只有两个国家建立财政支出规则，即澳大利亚和德国；截至2015年，建立财政支出规则的国家达到45个，覆盖了主要的发达经济体。

三、财政预算理念的税收规则

根据 IMF 对全球实施财政规则的国家进行统计，很少有国家对税收指标实施明确的数量规则。然而，根据政府的经济职能，税收除了为财政支出提供必要的资金来源之外，其主要作用有两个：促进资源有效配置和调节收入分配。笔者认为，根据前述关于新自由主义体系下美国经济的变化分析，美国的税收制度并未能在上述两方面发挥应有的作用，因此，美国税收制度需要在以下方面进行改进。

第一，提升高收入人群的个人所得税率边际税率和资本所得税率，增强税收制度的收入分配调节功能。前述分析指出，美国财政赤字不断扩大的一个重要原因就在于美国贫富差距过大，在贫富差距扩大的众多原因中，税收制度累进性质的减退是一个重要因素（宋小川，2008）。其主要表现在两方面：一是新自由主义经济政策实施以来，除克林顿时期，个人所得税边际税率下降导致美国高收入阶层的税负下降，在美国初始收入分配恶化的条件下，边际税率的下降会进一步加剧贫富差距。表 7-3 为 2009 年美国不同收入家庭的纳税情况，可以看出，年收入 10 万美元以下家庭缴纳的个人所得税占毛收入和可纳税收入的比例都不算高，但个人所得税的统计中并未将工薪税（社会保障税税种）包含在内，如果加上工薪税，年收入 10 万美元以下的家庭和个人的个人所得税率还会增加七个百分点。由于工薪税有最高征税限额，因此高收入者的工薪税率很低。克林顿时期曾经提高对高收入阶层的个人所得税率，但小布什执政以后再一次大幅降低。二是美国资本利得税率低下。资本利得税目前为小布什时期制定的 15% 的税率，但克林顿时期为 28%。资本利得是美国高收入阶层的主要收入来源，在美国年收入 7 万—8 万美元以下的家庭，78.7% 的收入是来自工资，金融资产收入占收入总额不到 3%；年收入 10 万—12.5 万美元以下的家庭，收入 80% 来自工资，资产收入仅占总收入的 3.4%。而年收入 1000 万美元以上的家庭和个人，工资收入只占总收入的 19%，股息和资本收入占总收入的比例高达 43.2%。即家庭收入越高，工资所得占比越低，金融资产收入占比越高。目前的资本利得税率仅仅与美国最低收入阶层的个人所得税率相持平，大幅减少了高收入阶层的应纳税额，不仅不利于缩小收入差距，也侵蚀了美国税收。

表 7-3　2009 年美国不同收入家庭和个人收入与纳税比例一览表

纳税家庭（年收入，美元）	个人所得税占毛收入比例	个人所得税占可纳税收入比例
家庭总数：1.4 亿	11.39%	17%
1 万—3 万以下	1.79%	6.20%
3 万—7 万以下	5.60%	9.70%
7 万—10 万以下	8.10%	11.90%
10 万—50 万以下	14.30%	19.20%
50 万—100 万以下	24.20%	28.60%
100 万—150 万以下	25.10%	29.30%
150 万—200 万以下	25.30%	29.30%
200 万—500 万以下	25.60%	29.50%
500 万—1000 万以下	25.20%	29%
1000 万以上	22.30%	26.10%

资料来源：乔磊.美国富人少缴税为何合法 [J]. 理财周刊，2011，（12）：16

　　第二，改革企业税收制度，优化资源分配。前述分析指出，20 世纪 80 年代以来，美国国内私人投资占 GDP 的比例趋于下降，但美国私人对外投资却呈迅速发展的态势。美国国内私人投资的疲软，拖累了美国就业状况的改善以及经济的持续发展。然而，美国私人投资之所以如此，其扭曲的企业税收制度难辞其咎。2012 年 2 月，美国财政部与白宫联合发布了美国企业所得税改革方案。该方案分析指出，现行的公司税制度存在以下问题：一方面，由于大量漏洞和税式支出，与其他国家相比，美国公司税的税基过于狭窄；另一方面在所有发达国家中，美国的法定公司税率基本处于最高水平。无效、复杂的美国公司税制度扭曲了投资者在投资地点、投资方向、融资方式、企业所有者形式方面的选择，从而导致不利于就业岗位创造和美国国内投资。对于美国公司税制度存在的问题，美国将从以下方面进行改革：①消除大量现存漏洞和税式支出，扩大税基并降低企业税率，刺激企业增加国内的投资；

②扩大税前扣除比例，降低制造业的公司所得税率，扩大并简化 R&E 税收抵免政策，激励企业增加研发投入和在清洁能源领域的生产投资；③加强国际税收体系管理，包括对公司海外利润实行最低税负制、取消生产外迁的税款减免并鼓励生产回迁美国的新政策以及减少向海外转移收入和资产的动机，防止税基遭到侵蚀；④简化并削减小企业税负，促使小企业能够专注于企业发展而不是如何完成纳税要求。总之，改革后的企业税收体系在优化资源配置、促进美国国内投资发展的同时，将提升公司税在恢复财政可持续性发展方面的贡献。

第三，适当简化美国税收体系，特别是名目繁杂的税式支出规定，改善税收本身的效率。美国复杂的税收体系，无论是对于纳税人申报纳税，还是对税务管理部门，都已造成较高的交易成本。复杂的税收体系不仅弱化了纳税人税收申报的积极性，更重要的是还导致美国税收存在大量的税收漏洞。特别是美国各种的税式支出规则，在导致税基损失的同时，使得同样收入的人由于不同的收入来源和家庭状况，税负差别很大，明显违反了税收的公平原则。对此，美国著名经济学家马丁·费尔德斯坦（2010）指出，税式支出导致美国每年财政收入损失1万亿美元，永久性地减少税式支出可以在不提高边际税率的前提下降低未来的赤字水平，削减美国税式支出是防止美国公共债务扩张的重要策略。

然而，过去30多年，在新自由主义理念的指导下，美国的税收制度总体偏向资本的特点使得美国税收制度并未能很好地发挥其应有的职能。特别是大量不合理税式支出的存在，大大降低了美国税收体系的内外效率。对此，笔者认为，政府应该严格限制税式支出措施在企业生产领域的应用，而是通过建立一套透明、有效、公平的税收体系来调节资源配置。总而言之，一国税收制度是否合理必须从是否充分促进资源有效配置和是否有效调节收入分配两方面同时进行衡量。

从 IMF 的统计数据来看，全球建立税收规则的国家数量较少，1985 年时只有一个国家建立税收规则，即澳大利亚；截至 2015 年，全球建立税收规则的国家共有14个。1985 年澳大利亚的税收规则指出，1985—1988 年澳大利亚的税收占 GDP 的比例将一直保持在 1985—1986 年的水平。

总的来看，无论是发达经济体还是新兴经济体和低收入国家，通过建立财政规则来降低财政风险以及构建稳健的财政收支制度已经成为越来越多国家的现实选择。

随着对于财政规则研究的不断深入，有一些文献对财政规则的实际效果进行了实证检验。Zareh Asatryan 等（2017）以 1789—2016 年在国家宪法层面引入财政预算平衡规则的国家为研究对象，结论指出宪法层面引入财政预算规则可以使债务危机发生的概率降低 17% 以及政府债务与 GDP 的比例降低 11 个百分点。Francesca Caselli 和 Julien Reynaud（2019）的研究以 1985—2015 年 142 个国家为考察对象，以邻国的财政制度改革为工具变量，结论指出，严格地控制内生性以后，财政规则对于降低财政赤字的影响会明显降低，但在统计学意义上设计完善的财政规则可以显著地改善财政收支平衡。这一结论与 Eyraud 等（2018）的观点较为一致。总的来说，现有的研究结论指出，由于内生性难以解决的问题，财政规则对于财政收支的约束效果尚存在一定的争议。但主流的观点认为，只要财政规则能够在法律甚至宪法层面得到制度保障并在实际运行中能够贯彻落实，那么财政规则能够显著改善财政收支状况以及减缓财政风险。

四、新财政预算理念的实施保障机制

新财政预算理念从理论上为一国财政操作提供了一个指导性原则，然而实际发展中财政在很大程度上是政治博弈的结果，因此，新财政预算理念能否付诸实践还需要一系列的保障机制。

（一）制度保障

新财政预算理念能否切实成为政府的财政操作指导性原则，还需要通过一系列的法律形式来确立财政预算理念的地位，具体建议如下。

第一，法律支撑。为了保证财政预算理念观能切实成为各届政府的财政操作理念，必须赋予财政预算理念以一定的法律地位。当前国际上对财政规则的法律支撑形式主要有：政治承诺、联盟协议、法令、国际条约以及宪法等。最佳的法律支撑形式依赖于各国的具体国情。越将财政规则赋予更高级别的法律规定，财政规则就越难以逆转，且不会因为政府换届而改变，其效力持续时间就会越长。在当前国际执行现状中，大多数国家将财政总量规则（预算平衡法则、债务规则）以法律的形式确定，法国、德国、瑞士、西班牙以及波兰等国甚至将总量财政规则写入宪法，从最高级别的法律层面上保证了财政规则的有效性。对于支出规则，发达国家主要通过政治承诺加以确立，相比发达国家，新兴经济体以及低收入国家更倾向于通过法律的形式加以确立，甚至在法律中明确了数量要求，例如，财政支出的增长率不能超过潜在 GDP 的增长率。对此笔者认为，财政总量规则应该至少通过《预算法》或《预算法》的形式成为各届政府的财政指导原则，支出规则在可以政治承诺的基础上在《财政责任法》中加以明确规定，而税收的经济调控职能则需要通过《税法》或税收体系的改革加以体现。

第二，财政责任法。所谓财政责任法，就是对政府实施各项财政规则的预算程序、执行程序、透明度要求以及明确的数量规则要求做出详细的规定。财政责任法已经成为许多新兴经济体国家（例如新西兰、巴西等）改善中央及地方政府财政状况的重要制度保障。从各国的实施情况来看，财政责任法的主要内容包括：①加强对借款人和贷款人的事前控制。对中央政府（借款人）明确规定债务规则、赤字控制目标，对政府的财政信息公开制度提出明确要求；对债权主体（贷款人）的资格做出明确规定，明确其义务和权力。②规范对政府的事后管理。当政府偏离财政规则后，对政府的再融资以及校正方案给出明确的规定。除上述以外，笔者认为，财政责任法还应该对支出规则的具体内容（例如经常性支出比例、投资支出规则等）给出明确的法律要求。

第三，豁免条款。豁免条款可以使得财政操作在面对突发的经济冲击时具有一定的操作空间。条款包括以下要素：①法律上可以触发豁免条款的事件范围；②对事件范围的形成决定以及阐释的指导性规则；③关于如何退出豁免条款和处理积累性偏差的特别说明。这些事件通常包括：自然灾害、经济衰退、银行系统救助以及其他政府无法控制的外生冲击。例如，德国 2009

年宪法改革中规定，当扰乱宏观经济均衡的外生冲击发生时，财政预算超过赤字上限规定是合法的；瑞士则规定适用豁免条款的事件需要议会多数通过的原则确定，但同时需要提出中期的校正计划。对此笔者认为，应该在《财政法》或《财政责任法》中，对政府可以打破动态预算平衡的豁免条款予以说明，而事件范围除外生经济冲击外，还应该包括政府基于经济发展战略所采取的重大改革措施。

（二）机构保障

除法律保障外，一国政府还需设立一些相应的机构来促进政府实施财政规则的有效性，对政府的财政行为进行监督和约束。

第一，通过建立独立的第三方机构进行监督，增强财政规则的可信性。在一些国家的现实操作中，设立独立的财政委员会或理事会，并授权其对财政政策的执行情况和影响进行评估和监督，成为一些国家增强财政规则可信性的重要选择。例如，瑞典的财政委员会可以监督政府是否遵守财政预算规则，评估财政政策是否与财政稳定性要求相一致，考量预算执行透明度和预测的准确性。目前，包括美国、英国等在内的许多国家已经建立了类似的独立性监督机构。

第二，建立公共投资基金，规范政府的公共投资支出管理。根据黄金财政规则，政府公共投资类支出可以通过赤字融资，对此，笔者认为政府可以在统一预算管理的基础上，通过建立公共投资基金行使政府的公共投资职能，从而将公共投资与经常性支出分类管理。公共投资基金的建立可以遵循以下思路：①基金运作章程中要对公共投资所覆盖的范围进行清晰合理的界定，总体方向与财政支出规则的要求相一致，从而可以防止政府以公共投资支出的名义为经常性支出进行赤字融资；②财政部作为基金的管理人，应该在满足经常性支出的基础上抽取一定比例财政资金注入基金中，以此作为种子基金吸纳社会资本，并结合公共债务发行取得的融资共同作为投资的资金来源；③在投资项目管理模式上，要引入市场化管理，社会效益与经济效益并重，以投资基金未来的收益回报作为偿还这部分公共债务的资金来源。

第三，充分利用信用评级机构，通过市场指标约束政府财政行为。除美国的三大信用评级机构外，主要经济体应该建立自身的信用评级机构，例如中国的大公国际资信评估集团。信用评级机构对政府公共债务风险的衡量和评估情况，会影响投资者对公共债务的投资行为，并通过债务收益率、交易规模与价格等市场指标显现出来。政府应该通过公共债务的市场表现，及时纠正自身的财政操作行为，提升主权信用，增强财政规则的可信性。

第三节　关于中国公共债务管理的政策建议

前面两节从经济治理理念与财政预算理念两个层面构建了公共债务扩张的约束机制。总体而言，按照狭义的公共债务来讲，即中央政府的债务。中国的公共债务负担率远低于国际警戒线。根据中国财政部的决算数据，2018年末中央债务余额15万亿，负债率为16.5%，远远低于国际警戒线。然而正如前述分析指出，由于中国是单一制国家，中央与地方的财税关系与美欧发达国家不同，因此学界通常采用广义的公共债务来衡量中国的公共债务水平，即包括地方政府债务以及负有担保责任的债务。根据财政部决算数据，2018年末地方债务18.5万亿（一般债务11万亿，专项债务7.5万亿），与中央政府债务共同构成全国显性债务33.5万亿元，负债率为37%。如果再考虑地方政府负有担保责任的债务——城投债余额7万亿，那么负债率上升为45%，低于国际警戒线60%的标准。2008年国际金融危机之后，中国的公共债务问题之所以引起社会各界的广泛关注，其主要原因在于：为了应对经济下行风险，各地城投债规模急剧上升，从而导致其城投债以及地方债务风险存在较大的隐患，例如，贵州、青海、辽宁等省份。因此，基于中国的实际情况，对于中国公共债务风险的控制机制应主要聚集于地方政府债务管理。

2009年以来，中央政府出台了一系列的关于地方政府债务管理的政策文件，旨在规范地方政府债务管理体系，防范地方政府债务风险。2009年2月28日，财政部印发《2009年地方政府债券预算管理办法》。该办法第二条即明确所谓"地方政府债券"是"指经国务院批准同意，以省、自治区、直辖市和计划单列市政府为发行和偿还主体，由财政部代理发行并代办还本付息和支付发行费的债券"。由此，"代发代还"地方政府债券试行。2009—2011年，全国人大每年批准的地方政府债券额度均为2000亿元。地方政府债券发行的收入"可以用于省级（包括计划单列市）直接支出，也可以转贷市、县级政府使用"。由于地方政府不具备发债资格，"代发代还"难以满足地方政府的需要，因此地方融资平台爆发式增加。在地方融资平台收到严格管控的条件，城投债又成为地方政府债务融资的新平台。由此，2010—2013年，中央政府出台的相关文件主要聚焦于推动地方政府融资平台融资"阳光化"。

然而，在规范地方融资平台的同时，国务院也在酝酿如何推出地方政府自主发行债务的相关方案。党的十八届三中全会《决定》指出，我国要建立规范合理的中央和地方政府债务管理及风险预警机制。2014年5月22日，财政部印发《2014年地方政府债券自发自还试点办法》，继续推进地方政府债券改革：第一，在前期自行发行的基础上，在还本付息上从财政部代行突破至发债地区自行还本付息；第二，在前期6个试点地区的基础上，再次增加直辖市北京、计划单列市青岛以及中西部省份江西、宁夏为试点地区；第三，将债券期限由2013年的3年、5年和7年拉长至5年、7年和10年；第四，明确提出"试点地区按照有关规定开展债券信用评级"。2014年8月31日，全国人大常委会审议通过了《预算法》修改决定，明确允许地方政府适度举债，并从举债主体、举债方式、规模控制、预算管理、举债用途、风险控制、责任追究等方面对地方政府债务管理做出了规定。2014年9月，国务院印发《关于加强地方政府性债务管理的意见》，即"43号文"，进一步明确了地方政府债务管理的整体制度安排：一是赋予地方政府依法举债融资权限，省级政府在国务院批准的规模内可以适度举债，市县确需举债的由省级代为举借。二是规范地方政府举债行为，地方政府举债采取发行政府债券方式，剥离融资平台公司政府融资职能，同时，积极推广运用政府和社会资本合作（PPP）模式，吸引社会资本参与公益性事业投资和运营。三是规范地方政府债务的举借程序和资金用途，地方政府举债必须经同级人大常委会批准，债务资金必须用于公益性资本支出。四是防范和化解地方政府债务风险，对地方政府债务规模实行限额管理，将地方政府债务分类纳入预算管理，建立地方政府债务风险评估和预警机制、应急处置机制以及责任追究制度。

2018 年，《预算法》第二次修正案通过，新《预算法》得以实施。按照前述的债务约束机制，修正后的《预算法》解决了以下几个问题。

一是各级财政体系公开透明化，每年及时向社会公布预算、决算情况，接受人民监督，推动财政管理法治化。新《预算法》用预算规范政府收支行为，使得《预算法》由过去的政府管理法变成了规范政府、管理政府的法。

二是建立了全口径预算体系，明确一般公共预算、政府性基金预算、国有资本经营预算、社会保险基金预算全部纳入预算体系，且相互之间保持完整、独立，明确规定各类预算收入的用途以及预算原则。其中，一般公共预算是对以税收为主体的财政收入，安排用于保障和改善民生、推动经济社会发展、维护国家安全、维持国家机构正常运转等方面的收支预算；政府性基金预算是对依照法律、行政法规的规定在一定期限内向特定对象征收、收取或者以其他方式筹集的资金，专项用于特定公共事业发展的收支预算，以收定支；国有资本经营预算是对国有资本收益作出支出安排的收支预算，照收支平衡的原则编制，不列赤字，并安排资金调入一般公共预算；社会保险基金预算是对社会保险缴款、一般公共预算安排和其他方式筹集的资金，专项用于社会保险的收支预算，按照统筹层次和社会保险项目分别编制，做到收支平衡。

三是构建了较为完善的财政总量规则。具体表现为：其一，明确建立跨年度预算平衡规则；其二，债务总额实行余额管理，债务融资资金举借的债务应当有偿还计划和稳定的偿还资金来源。

四是明确财政支出的基本原则。债务融资只能用于公益性资本支出，不得用于经常性支出，经常性支出要遵守量入为出、收支平衡的原则。

五是明确加强人大监督，硬化支出预算约束。一方面审查预算安排是否恰当；另一方面强调经人民代表大会批准的预算，非经法定程序，不得调整。

六是加大监督力度，法律责任明确强化。与原预算法仅在擅自变更预算、擅自支配库款、隐瞒预算收入这三种情形设置法律责任相比，新预算法重新梳理了违法违纪情形，扩大了法律责任范围，在预算公开、转移支付、政府及有关部门违规举债、挪用重点支出资金、预算外及超预算标准建设楼堂馆所等方面明确规定了法律责任（徐立凡，2016）。

由此，地方债务市场与管理体系基本建立，地方政府债务透明度不断提升，债务风险总体处于可控的区间。然而，近几年来，中国处于经济发展方式的转变阶段，经济增速有所放缓，财政刺激力度不断加大。在这样的背景下，如何防控以地方债务为主体的公共债务风险依然是中国面临的重要挑战。

一、推动经济治理现代化，建立科学的宏观调控体系

债务问题的核心是政府与市场的边界问题。西方国家的发展历程证明，单纯的凯恩斯主义治理理念或新自由主义理念，都无法实现经济长期稳定的发展。经济治理需要根据不同的发展阶段以及所面临的主要矛盾，科学地转换经济治理方式。针对中国经济发展进入新的阶段，2013 年 11 月 12 日，党的十八届三中全会通过《中共中央关于全面深化改革若干重大问题的决定》，明确了全面深化改革的总目标，即"完善和发展中国特色社会主义制度，推进国家治理体系和治理能力现代化"。就经济治理体系而言，中国主要把握五个平衡：平衡之一是处理好政府和市场的关系。使市场在资源配置中起决定性作用，更好发挥政府作用，保障公平竞争、弥补市场失灵。平衡之二是处理好供给与需求的关系。供给需求是经济活动的逻辑起点，二者互为条件、相互转化。2015 年 11 月 10 日，习近平总书记在中央财经领导小组第十一次会议上强调"在适度扩大总需求的同时，着力加强供给侧结构性改革、着力提高供给体系质量和效率。"平衡之三是处理好公平与效率的关系。2012 年 11 月 29日，在十八届中共中央政治局第一次集体学习时，习近平总书记就指出，解放和发展社会生产力是中国特色社会主义的根本任务；公平正义是中国特色社会主义的内在要求；共同富裕是中国特色社会主义的根本原则。西方国家公共债务风险凸显的重要的原因就在于没有处理好公平与效率的关系，在新

自由主义的思想下，片面追求效率，忽略公平，导致社会福利支出不断提升，加剧财政赤字负担。平衡之四，是处理好经济发展与生态保护的关系。平衡之五是处理好国内发展与对外开放的关系。在中国不断发展的同时，提倡共同应对全球性挑战，推动构建新型国际关系，建设人类命运共同体，实现互利共赢。

党的十九大报告提出，中国社会发展的主要矛盾已经转化为"人民日益增长的美好生活需要和不平衡不充分的发展之间的矛盾"。这种矛盾的转化意味着中国需要从过去重视效率的高速度发展转变为重视公平的高质量发展。为此，中国需要转变过去主要以凯恩斯思想为指导的需要管理政策，建立科学的宏观调控体系。当前我国经济面临的重点问题在于供给侧，表现为供给质量不高、结构不均衡、市场出清困难、发展动力不足。因此，突破短期需求管理框架，更多转向供给侧，更多采用结构性工具，加强财政、货币、产业、区域等政策协调配合，是新时代中国特色宏观调控的创新方向（刘元春，2018）。

二、明确财政政策首要目标，强化公共财政型财政体系

党的十八大以来，在财政体系完善方面，中央政府采取了以《预算法》修订为核心的一系列的改革措施。然而，正如前文分析，我国的财政改革依然存在一些问题：一是政府财政职能仍然过大，未能真正实现向"服务型政府"转变，政府职能转变不到位，现代公共财政就无从谈起。二是财政调控的目标仍然笼统地表述为促进经济稳定发展，但就内部经济发展而言，经济稳定发展至少包括经济持续增长、物价稳定、充分就业三个方面。财政政策调控的首要目标是充分就业，还是经济持续增长，中央政府相关部门尚未达成共识。三是资本所得税、资产税以及遗产税尚未取得实质性进展，税收改革主要着眼于促进经济稳定发展，调节收入分配的税收改革仍然缺位。

对于上述问题，笔者提出以下建议。

第一，深化简政放权，进一步转变政府职能。深化简政放权改革是加快转变政府职能、推进国家治理体系和治理能力现代化的重要内容，核心在于

理顺政府与市场之间的关系。党的十八大以来，我国在简政放权、放管结合、优化服务改革取得重要阶段性成果。例如，国务院部门取消和下放行政审批事项的比例超过40%，不少地方超过70%；非行政许可审批彻底终结；国务院各部门设置的职业资格削减70%以上；全国减少各类"循环证明""奇葩证明"800余项；中央层面核准的投资项目数量累计减少90%；外商投资项目95%以上已由核准改为备案管理。但是从实际发展来看，我国简政放权依然存在一些问题：一是简政放权不到位，具体表现为减政依然存在较大空间、放权的路径有待科学化、审批过程不作为现象突出。二是监管"短板"依然突出，具体表现为监管机制不健全，监管方式单一粗暴、弹性执法，基层监管力量薄弱；三是政府服务能力还有待提升，具体表现为政务服务体不健全，事项入驻中心存在较大的改善空间，审批服务便民化程度不足（秦长江，2019）。总的来讲，服务型政府的理念正在形成，但在简政放权改革不到位的背景下，或者微观干预依然过多，或者不作为现象突出，政府职能转变依然存在较大的空间。

第二，将充分就业作为财政政策调控的首要目标。财政政策的总体目标在于促进经济稳定发展，但稳定发展的具体指标是多重的。2017年党的十九大报告就提出，要坚持就业优先战略和积极就业政策，实现更高质量和更充分就业；要提供全方位公共就业服务。2018年7月召开的中共中央政治局会议，针对我国经济运行面临的外部环境明显变化和一些新问题新挑战，首次提出要做好稳就业、稳金融、稳外贸、稳外资、稳投资、稳预期工作。就业是民生之本，也是经济增长的动力源。稳就业才能稳收入、稳消费、稳经济增长，因此摆在"六稳"的首位。财政政策以改善就业状态为首要目标，能够综合体现稳增长、促改革、调结构、惠民生、防风险各大政策目标。只有就业状态改善了，扩大内需才有基础，改善供给质量才具备条件，供需结构性脱节才能真正改善，经济发展方式才能真正转变。

第三，将一般公共预算收入剥离政府投资基金资源来源。2015年出台的《政府投资基金暂行管理办法》明确指出，政府投资基金是指财政部门通过一般公共预算、政府性基金预算、国有资本经营预算等安排的资金。笔者认为，一般公共预算不应作为政府投资基金的资金来源。政府投资基金采取市场化的运作方式，主要聚焦于扶持中小企业发展、创新创业以及产业转型升级等领域。现实运作中，政府投资基金已经作为放大固有资本职能的重要形式，广泛投资于市场经济的各个领域，并非聚焦于公益性行业。然而，一般公共预算主要发挥公共财政的职能，旨在通过提供公共服务维护经济社会的正常运转。如果将一般公共预算收入列入政府投资基金的资金来源，那么不利于厘清政府与市场的边界，制约公共财政型财政体系建立。

第四，成立专门的中央债务以及地方债务管理机构。目前，我国的地方政府债务管理多头管理、各自为政、责权不明，政府难以全面、准确地掌握债务的整体运行情况，不利于对债务实施系统有效的管理。尽管 2008 年财政部成立了"地方政府债务管理处"，设置在预算司管辖下，作为管理地方政府债务的专属机构。财政部、国家发改委、中国人民银行、原银监会和国家审计署还联合成立了"加强地方政府融资平台公司管理部际协调小组"。但是这些部门和机构均没有得到法律法规的授权，对地方政府债务的管理虚大于实，缺乏实质性的管理职能，使得其难以发挥作用。地方政府债务的管理体系应当由国务院牵头，成立地方政府债务的管理机构，该管理机构在地方政府设立分支机构，对地方政府债务进行管理。

三、坚决破除唯 GDP 论，改革完善官员考核体系

前面分析指出，GDP 主导下的政治激励制度与财政分权相结合使得地方政府大量举债，是中国公共债务上升的重要原因。当前中国经济发展进入高质量发展阶段，GDP 考核无法适应新时代中国经济发展的需要。政府治理结构完善是国家实现治理现代化目标的保证，而政府官员的晋升考核机制是政府治理结构和政治体制改革最为重要的组成部分。在以前的考核体系中，GDP 总量和 GDP 增长速度是考核地方政府官员的核心指标。因此，导致地方政府官员由于晋升考核，通过增加地方政府债务，借助于基础设施和公共产品投资，拉动当地 GDP 增长，但并未有效地改善民生生活，同时造成环境污染，资源浪费。2013 年以来，中组部的各项政策文件，逐步改变唯 GDP 论的考核

方式。2013 年中央组织部印发的《关于改进地方党政领导班子和领导干部政绩考核工作的通知》中就明确规定，对领导干部的各类考核，要把民生改善、生态文明建设等作为考核评价的重要内容，加大资源消耗、环境保护、消化产能过剩等指标的权重。但总体并未建立科学有效的考核指标体系。近几年来，为了解决环境矛盾和脱贫攻坚任务，环保和贫困发生率成为官员考核的关键性指标。但防范金融风险同样是中国经济发展的重大挑战。2019 年政府工作报告再次强调：防范化解重大风险要强化底线思维，坚持结构性去杠杆，防范金融市场异常波动，稳妥处理地方政府债务风险，防控输入性风险。因此，地方债务管理应当纳入官员考核体系，以考核手段加强地方政府债务管理。2016 年 11 月 14 日，国务院发布《地方政府性债务风险应急处置预案》。《预案》提出，在发生 IV 级（一般）以上地方政府性债务风险的省份，省级政府应将地方政府性债务风险处置纳入政绩考核范围。当然，任何考核指标都不应当采取"一刀切"的做法。

第一，引入地方政府债务率指标要秉持弹性原则，因地制宜。对地方政府官员的考核统筹使用 GDP 总量、GDP 增长率和地方政府债务率三个指标。地方官员考核中 GDP 和债务偿还的权重没有单一的数字，而是要根据各省份的经济发展实际情况。当地方政府有超越资源有效配置进行扩张的财务基础时，强化 GDP 考核就给了财政扩张以借口，导致资源过度配置的扭曲。反之，当资源配置效率被财政资源不足所制约时，一味强化债务偿还考核，使得地方政府不能灵活地运用手中的债务工具，就会制约地方经济的发展，使得 GDP 无法到达潜在的资源最优配置的水平。

第二，确立地方政府债务终身责任制。我国地方政府债务存在着官员任期与债务期限不匹配的问题，地方政府一把手在其任期内大量举债，拉动 GDP 增长，提升自身的政绩。当地方政府债务到期后，其早已调离当地，只能由本届政府官员来进行偿还。这种官员任期与债务期限不匹配的现状，在我国各级地方政府非常普遍。因此，针对这种情形，应当对地方政府债务建立终身责任制，秉承"谁举债，谁负责"的原则，无论相关官员在任与否，都必须对自己的举债行为负责到底，只有这样，地方官员才不会滥用自己手中的举债权力。

第三，建立地方政府的公共服务绩效评价体系，发挥社会公众对地方政府的监督作用。现代化的政府治理结构必然是以人为本，而地方政府的考核绩效评价也应当体现公共服务提供者的作用。因此，可以考虑居民收入增长率、社会保障覆盖率、失业率、刑事案件发案数、重大事故发生率、公共文化设施数量、环境污染指标等体现公共服务质量和社会发展的重要指标，赋予不同的权重纳入政府绩效考核范围，促使政府职能向提供社会基础设施和公共服务转变。

四、完善地方政府信用评级体系，推进地方政府债券市场发展

从西方发达国家的情况来看，地方政府债券市场应当成为地方政府对外举债的重要渠道，能够有效地弥补地方政府其他融资方式的一些问题。随着我国地方政府债务管理机制持续完善，地方政府债券市场保持快速发展。目前，地方政府债券是我国债券市场重要品种，对于深化金融体系改革、防范地方政府债务风险具有重要意义。然而，作为债券市场良性发展的制度保障——信用评级体系依然存在较大的问题：评级结果同质化、投资者对评级结果认可度较低、评级质量难以有效检验、评级机构发展良莠不齐等。这些缺陷会直接影响地方政府债券发行定价的市场化水平，不利于地方债券市场的可持续发展。

为加强地方政府债券信用评级市场自律管理，规范地方政府债券信用评级业务，促进地方政府债券市场健康发展，2020年3月3日，中国国债协会发布了《地方政府债券信用评级业务自律规范指引》（简称《指引》）。该指引从信用评级机构及人员、评级程序及业务规则、信息披露、自律管理四个方面，进一步规范了地方债务信用评级体系运行规则。

在完善地方债务信用评级体系的同时，还需要考虑建立地方政府债券的保障与保险机制。地方政府债券与企业债券有着非常大的不同，其代表了地方政府的信用水平，是以地方政府的财政信用做担保的。而且考虑我国的政治体制因素，地方政府的财政信用是不能破产的。因此，在发展地方政府债

券的过程中，必须建立地方政府债券的保障与保险机制。一方面，正如前面
所提到的，建立偿债风险准备金制度，在地方政府对外举债时，收取举债规
模的一定比例作为偿债风险准备金，当债务出现无法兑付时，首先用以偿还
债权人。建立偿债准备金是确保政府信誉和财政可持续发展的必要措施。另
一方面，引入专业的债券保险公司对地方政府债券进行担保和增级，而债券
保险公司通常本身会拥有较高的信用等级水平，在这种情况下，购买了债券
保险的地方政府债券便可以获得与保险公司同等的评级等级，进而降低地方
政府的融资成本。

小 结

综上所述，结合公共债务扩张的原因及其效应，最后一章提出了约束公
共债务扩张的方法——反思经济治理理念，构建新财政预算理念。就经济治
理理念而言，重拾"第三条道路"或许是更为有效的选择。在此条件下，构
建的新财政预算理念框架如下：1）财政总量规则采取"动态预算平衡＋债务
规则"的规则组合。2）财政支出遵循以下原则：第一，财政总量支出需遵守
黄金财政规则；第二，政府的投资性支出须符合公共财政导向性原则；第三，
对财政支出的增长速度、结构比例建立数量限制规则。3）税收制度必须立足
于促进资源有效配置和调节收入分配。4）从制度保障和机构保障两方面构建
新财政预算理念的实施保障机制。制度保障方面，一是法律支撑。为了保证
财政预算理念观能切实成为各届政府的财政操作理念，必须赋予财政预算理
念以一定的法律地位。当前国际上对财政规则的法律支撑形式主要有政治承
诺、联盟协议、法令、国际条约以及宪法等。二是财政责任法，即对政府实
施各项财政规则的预算程序、执行程序、透明度要求以及明确的数量规则要
求做出详细的法律规定。三是豁免条款。豁免条款可以使得财政操作在面对
突发的经济冲击时具有一定的操作空间。在机构保障方面，一是通过建立独
立的第三方机构进行监督，增强财政规则的可信性；二是建立公共投资基金，
规范政府的公共投资支出管理；三是充分利用信用评级机构，通过市场指标

约束政府财政行为。

对比上述原则，党的十八大以来，以新《预算法》修订为核心，我国政府已经在财政透明化、全口径预算、财政总量规则、支出规则、财政监督、法律保障等财政预算体制方面进行一系列的改革。展望未来，就如何防控我国公共债务风险而言，结合我国公共债务扩大的原因，笔者认为还应该从以下几个方面继续完善：一是推动经济治理现代化，建立科学的宏观调控体系；二是明确财政政策首要目标，强化公共财政型财政体系；三是坚决破除唯GDP论，改革完善官员考核体系；四是完善地方政府信用评级体系，推进地方政府债券市场发展。

参考文献

[1]Afonso A, Agnello L, Furceri D. *Fiscal Policy Responsiveness, and Discretion*[J]. *Public Choice*, 2010, 145, (3):503-530.

[2]Agénor P. R, Yilmaz D. *The Tyranny of Rules: Fiscal Discipline, Productive Spending and Growth*[R].the University of Manchester Economics Discussion Paper, 2006, EDP-0616.

[3]Annicchiarico B, Giammarioli N. *Fiscal Rules and Sustainability of Public Finances in an Endogenous Growth Model*[R]. European Central Bank working paper, 2004, No.381.

[4]Andrea Schaechter, Tidiane Kinda, Nina Budina, and AnkeWeber. *Fiscal Rules in Response to the Crisis-Toward the "Next-Generation" Rules: A New Dataset*[R]. IMF Working Paper, July 2012, WP/12/187.

[5]Ando A, Modigliani F. *The "Life Cycle" Hypothesis of Saving: Aggregate Implications and Tests* [J]. *American Economic Review*, 1963, 53 (1):55-84.

[6] Becker G S, Murphy K M. *The Family and the State* [J]. *The Journal of Law & Economics*, 1988, 31 (1):1-18.

[7]Blanchard O J, Giavazzi F. *Improving the SGP through a Proper Accounting of Public Investment*[R].Discussion paper Centre for Economic Policy Research, 2004, No.4220.

[8]Bräuninger M. *Social Security, Unemployment and Growth* [J]. *International Tax & Public Finance*, 2005, 12 (4):423-434.

[9]Brad Schiller. *A History of the National Debt*[EB/OL]. http://www. washingtontimes.com/news/2013/feb/19/a-history-of-the-national-debt.

[10]Charan Singh. *Domestic Debt and Economic Growth in India*[J]. *Economic and Political Weekly*, 1999, 34 (23):1445-1453.

［11］Cristina Checcherita-Westphal, Philipp Rother. *The Impact of Government Debt on Growth: An Empirical Investigation for the Euro Area*［J］. *Revue Economique*, 2011, 62（6）:1015-1029.

［12］Cater Alice. *Dutch Foreign Investment 1738-1800* ［J］. *Economica*, 1953, 20（11）:322-340.

［13］Carmen M. Reinhart, Kenneth S. Rogoff. *Growth in a Time of Debt.American Economic Review*［J］. *American Economic Review*, 2010, 100（2）:573-578.

［14］Danziger S, Haveman R, and Plotnick R. *How Income Transfer Programs Affect Work, Savings and the Income Distribution:A Critical Review* ［J］. *Journal of Economic Literature*, 1981, 19（3）:975-1028.

［15］Daniel Dorling et, al. Poverty, *Wealth and Place in Britain, 1968 to 2005*［EB\OL］. https://www.jrf.org.uk/report/poverty-and-wealth-across-britain-1968-2005.

［16］Elizabeth Martinez and Arnoldo Garcia. *What Is Neoliberalism?*［EB\OL］. http://www.corpwatch.org/article.php?id=376.

［17］Social Metrics Commission. MEASURING POVERTY 2019. ［EB\OL］. https://socialmetricscommission.org.uk/social-metrics-commission-2019-report/.

［18］Eaton S, Kostka G. *Authoritarian Environmentalism Undermined? Local Leaders' Time Horizons and Environmental Policy Implementation in China*［J］. *The China Quarterly*, 2014, 218（2）:359-380.

［19］Ehrlich I, Lui F T. *Social security, the Family and Economic Growth* ［J］. *Economic Inquiry*, 1998, 36（3）:390-409.

［20］Eyraud L, Debrun X, Hodge A, Lledo, V, and Pattillo C. *Second-Generation Fiscal Rules:Balancing Simplicity, Flexibility, and Enforceability*［R］. IMF Staff Discussion Notes , 2018, No. 18/04.

［21］Feenstra, Robert C, Robert Inklaar and Marcel P. Timmer. *The Next Generation of the Penn World Table*［J］. *American Economic Review*, 2015, 105（10）:3150-3182.

［22］Frederick van der Ploeg. *Budgetary Policies, Foreign Indebtedness, the Stock Market, and Economic Growth*［J］ .*Oxford Economic Papers* 1996, 48（3）:

382–396.

[23]Francesca Caselli, Julien Reynaud. *Do Fiscal Rules Cause Better Fiscal Balances? A New Instrumental Variable Strategy*[R]. IMF Working Paper, 2019, WP/19/49.

[24]J.C.R. Dow. *The Management of the British Economy 1945-60*[J]. *National Institute Economic Review*, 1964, 28（1）:74–84. May.

[25]Hamilton James D. & Marjorie A. Flavin. *On the Limitations of Government Borrowing:A Framework for Empirical Testing*[J]. *American Economic Review*, 1986, 76（4）:808–819.

[26]Iturbe–Ormaetxe I. *Salience of Social Security Contributions and Employment* [J]. *International Tax & Public Finance*, 2015, 22（5）:741–759.

[27]James O' Connor. *The Corporations and the State:Essays in the Theory of Capitalism and Imperialism* [C].New York:Harper Collins, 1974:104.

[28]Krugman P. Financingvs. *Forgiving a Debt Overhang* [J]. *Journal of Development Economics*, 1988, 29（3）:253–268.

[29]Kopits G, S. Symansky. *Fiscal Rules*[R]. IMF Occasional Paper 162, 1998.

[30]Love I, Zicchino L. *Financial Development and Dynamic Investment Behavior: Evidence from Panel VAR*[J].*The Quarterly Review of Economics and Finance*, 2006, 46（2）:190–210.

[31]Manmohan Kumar et al. *Fiscal Rules-Anchoring Expectations for Sustainable Public Finances*[R]. IMF Working Paper, December 16, 2009.

[32]Martin S. Feldstein. *Preventing a National Debt Explosion*[R]. NBER Working Paper, October 2010, No.16451.

[33]Merton R C. *On the Role of Social Security as a Means for Efficient Risk-bearing in an Economy Where Human Capital Is Not Tradeable* [Z]. NBER Working Paper No. 743, 1981.

[34]Milton F. *A theory of the Consumption Function* [M]. Princeton:Princeton University Press, 1957:21–36.

[35]Ministry Of Finance, JAPAN. *Fiscal and Monetary Policies of Japan in Stable Growth Period（1972 to 1990）*[EB/OL]. http://warp.da.ndl.go.jp/info:ndljp/

pid/10248500/www.mof.go.jp/english/pri/publication/index.htm.

［36］Olivier Blanchard, Roberto Perotti. *An Empirical Characterization of the Dynamic Effects of Changes in Government Spending and Taxes on Output*［J］. *The Quarterly Journal of Economics*, 2002, 117（4）:1329-1368.

［37］Siddiqiai R. & Malik A. *Debt and Economic Growth in South Asia*［J］. *The Pakistan Development Review*, 2001, 40（4）:677-688.

［38］Thomas Piketty & Emmanuel Saez. *How Progressive is the U.S. Federal Tax System? A Historical and International Perspective*［J］. *Journal of Economic Perspectives*, 2007, 21（1）:13.

［39］Tidiane Kinda et al. *Fiscal Rules at a Glance:Country Details from a New Dataset*［R］. IMF Working Paper, WP12/273.

［40］Tidiane Kinda, Christina Kolerus, Priscilla Muthoora, and Anke Weber. *Fiscal Rules at a Glance*［EB/OL］.http://www.imf.org/external/datamapper/FiscalRules/ map/map.htm, October 2013.

［41］T.Morris Suzuki, Takuro Seiyama. *Japanese Capitalism since 1945:Critical Perspectives*［M］. New York:M.E. Sharpe, Inc., 1989.

［42］The White House and the Department of the Treasury. *The President's Framework for Business Tax Reform*［EB/OL］. http://www.treasury.gov/press-center/news/ Pages/02222012-tax.aspx.

［43］Zareh Asatryan, Cesar Castellón, and Thomas Stratmann. *Balanced Budget Rules and Fiscal Outcomes:Evidence from Historical Constitutions*［R］.Centre for European Economic Research Discussion Paper No.16-034, 2017.

［44］［美］鲍尔斯等. 理解资本主义:竞争、统制与变革［M］.北京:中国人民大学出版社, 2009: 142-144.

［45］［美］汉森.经济政策和充分就业［M］.上海:上海人民出版社, 1959.

［46］［美］汉森.二十世纪六十年代的经济问题［M］.北京:商务印书馆, 1964.

［47］［美］詹姆斯·M.布坎南.自由、市场和国家——20世纪80年代的政治经济学［M］.北京:北京经济学院出版社, 1988:201-202.

［48］［美］詹姆斯·M.布坎南, 理查德·A.马斯格雷夫.公共财政与公共选择:两种截然不同的国家观［M］.北京:中国财政经济出版社, 2000:28-39.

[49][美]萨缪尔森等.经济学[M].北京：商务印书馆，1979.

[50][美]保罗·萨缪尔森，威廉·诺德豪斯.经济学[M].北京：人民邮电出版社，2008.

[51][美]约瑟夫·尤金·斯蒂格利茨.政府为什么干预经济[M].北京：中国物资出版社，1998.

[52][美]米尔顿·弗里德曼，安娜·J.施瓦茨.美国货币史（1867—1960）[M].巴曙松，王劲松等译.北京：北京大学出版社，2009.

[53][美]斯坦利·L·恩戈尔曼，罗伯特·E·高尔曼.剑桥美国经济史（第三卷）：20世纪[M].北京：中国人民大学出版社，2008.

[54][美]约翰·S·戈登.伟大的博弈：华尔街金融帝国的崛起（1653—2011）[M].祁斌译.北京：中信出版社，2011.

[55][美]悉尼·霍默，理查德·西勒.利率史（第四版）[M].肖新民，曹建海译.北京：中信出版社，2010.

[56][英]亚当·斯密.国富论[M].胡长明译，北京：人民日报出版社，2009.

[57][法]托马斯·皮凯蒂.资本论[M].北京：中信出版社，2014.

[58][日]坂入长太郎.欧美财政思想史[M].北京：中国财政经济出版社，1987.

[59][日本]富田俊基.国债的历史——凝结在利率中的过去与未来[M].南京：南京大学出版社，2011.

[60][日]日本厚生劳动省.厚生劳动白书[R].2007.

[61][日]经济企划厅编.国民收入倍增计划（1961—1970年度）[M].孙执中，郭士信编译，北京：商务印书馆，1980.

[62][日]田中角荣.日本列岛改造论[M].秦新译，商务印书馆，1973.

[63]安国俊.国债管理研究[M].北京：经济科学出版社，2007.

[64]陈共，宋兴义.日本财政政策[M].北京：中国财政经济出版社，2007.

[65]陈继勇等.美国"双赤字"与世界经济失衡[M].武汉：武汉大学出版社，2010.

[66]陈志勇.公债学[M].北京：中国财政经济出版社，2007.

[67]陈光炎.中国财政通史——清代卷[M].北京：中国财政经济出版社，2006.

[68]贾康，王桂娟.财政制度国际比较[M].上海：立信会计出版社，2016.

[69]李翀.马克思主义国际经济学的构建[M].北京：商务印书馆，2009.

［70］林毅夫．新结构经济学：反思经济发展与政策理论框架［M］.北京：北京大学出版社，2012：131-160.

［71］连玉君．中国上市公司投资效率研究［M］.北京：经济管理出版社，2009.

［72］刘华．公债的经济效应研究［M］.北京：中国社会科学出版社，2004.

［73］刘自强．国际环境变化与岛国奇迹的消失［M］.北京：中国社会科学出版社，2011.

［74］倪学德．和平的社会革命——英国工党艾德礼政府的民主社会主义改革研究［D］.华东师范大学，2003：98.

［75］权彤．战后日本养老社会保障制度变迁研究［M］.北京：人民出版社，2017.

［76］石英华．2019年中国财政政策展望［R］.中国财政政策报告（2019）［M］.社科文献出版社，2019.

［77］孙执中、荣衰论．战后日本经济史（1945—2004）［M］.北京：人民出版社，2006.

［78］王传纶，高培勇．当代西方财政经济理论（下册）［M］.北京：商务印书馆，1995.

［79］王振华等．重塑英国：布莱尔主义与"第三条道路"［M］.北京：中国社会科学出版社，2000.

［80］王萌．撒切尔时期与布莱尔时期英国福利制度改革的比较研究［D］.湖北：2017.

［81］杨之刚．公共财政学：理论与实践［M］.上海：上海人民出版社，1999：106-109.

［82］阿兰·J·沃尔巴克．美国税制改革历程［J］.经济资料译丛，2003，（3）：24-28.

［83］包刚升．发达国家公共债务比较研究［J］.国家行政学院学报，2011，（5）：108-112.

［84］财政部预算司课题组．约束地方的财政责任法综述［J］.经济研究参考，2009，（43）：9-11.

［85］程宇丹，龚六堂．政府债务对经济增长的影响及作用渠道［J］.数学经济技术经济研究，2014，（12）：22-37.

［86］程恩富．新自由主义的起源、发展及其影响［J］.求是，2005，（3）：38-41.

[87]崔洪健."第三条道路"初析[J].国际问题研究，1999，（2）：30-33.

[88]戴维来.追溯美国国债之谜[J].国际融资，2011，（10）：21-25.

[89]邓晓兰，黄显林，张旭涛.公共债务、财政可持续性与经济增长[J].财贸研究，2013，（4）：83-90.

[90]丁纯.从希腊债务危机看后危机时代欧盟的经济社会状况[J].求是，2010，（7）：57-59.

[91]丁晓钦，尹兴.积累的社会结构理论述评[J].经济学动态，2011，（11）：107-112.

[92]都阳、曲玥.劳动报酬、劳动生产率与劳动力成本优势——对2000—2007年中国制造业企业的经验研究[J].中国工业经济，2009，（5）：25-35.

[93]范春燕.21世纪"积累的社会结构"理论评析[J].马克思主义与现实，2012，（5）：50-55.

[94]高霖宇.发达国家社会保障水平与收入分配差距关系及对中国的启示[J].地方财政研究，2011，（7）：75-80.

[95]郭庆旺，贾俊雪.中国全要素生产率的估算：1979～2004[J].经济研究，2005，（6）：51-60.

[96]郭庆旺，贾俊雪.中国周期性赤字和结构性赤字的估算[J].财贸经济，2004，（6）：36-72.

[97]郭庆旺，吕冰洋，何乘才.我国的财政赤字"过大"吗？[J].财贸经济，2003，（8）：37-41.

[98]顾海良.奥康纳和他的"国家的财政危机"理论[J].世界经济，1990，（7）：72-74.

[99]管清友.欧洲主权债务危机根源：欧洲国家实体经济衰退[J].中国经济周刊，2010，（20）：28-29.

[100]郝宇彪，田春生.欧元区主权债务危机对东亚货币合作的启示[J].东北亚论坛，2011，（2）：75-81.

[101]郝宇彪，田春生.人民币国际化的关键：基于制约因素的分析[J].经济学家，2011，（10）：64-72.

[102]韩凤.中国医疗保险制度的历史沿革[J].中国医疗保险，2014，（6）：20-24.

[103]何雄浪，马永坤.我国城镇住房保障制度的发展历程及完善[J].湖北经济学院学报，2012，（2）：48-54.

[104]何畏.国家职能的嬗变与资本主义的国家调节——詹姆斯·奥康纳的国家财政危机理论[J].学术研究，2010，（6）：27-31.

[105]何伟.资源分配不公决定收入分配不公——再论公平与分配不能联姻[J].中国流通经济，2006，（7）：10-13.

[106]胡定核.我国国债制度的历史沿革与改革[J].陕西金融，1995，（4）：25-27.

[107]胡坚，杨素兰.国际金融中心评估指标体系的构建：兼及上海成为国际金融中心的可能性分析[J].北京大学学报（哲学社会科学版），2003，（5）：40-47.

[108]湖北省地方税务局课题组.对我国结构性减税政策的效果分析[J].国际税务，2014，（3）：49-53.

[109]华民.中国可能会陷入哪类危机[J].人民论坛，2013，（1）下：54-57.

[110]黄桂田，谢超.中美产业结构、中美汇率与美国失业率[J].经济学动态，2011，（4）：18-26.

[111]黄景驰，蔡红英.英国财政事权及支出责任机制研究[J].河南大学学报，2016，（1）：45-53.

[112]贾康，江旭东.防范国债风险的政策设计[J].财经科学，2000，（3）：25-28.

[113]贾康，赵全厚.国债适度规模与我国国债的现实规模[J].经济研究，2000，（10）：46-54.

[114]贾康.中国财税改革30年：简要回顾与评述[J].财政研究，2008，（10）：2-20.

[115]贾康，赵全厚.中国财政改革30年：政策操作与制度演进[J].改革，2008，（5）：5-23.

[116]贾俊雪，郭庆旺.财政规则、经济增长与政府债务规模[J].世界经济，2011，（1）：73-92.

[117]姜百臣、马少华、孙明华.社会保障对农村居民消费行为的影响机制分析[J].中国农村经济，2010，（11）：32-39.

[118] 江瑞平. 当前日本经济衰退的主要特征 [J]. 日本学刊，2009，（4）：29–41.

[119] 江曼鹏. 国外对高科技产业的税收取向 [J]. 税务研究，2001，（1）：78–80.

[120] 蒋道霞. 1945 年至 2007 年英国社会福利保障政策的演进 [J]. 产业与科技论坛，2017，（20）：150–152.

[121] 靳辉明. 国际垄断资本主义的本质特征和历史地位 [J]. 马克思主义研究，2006，（1）：78–87.

[122] 金仁淑. "安倍经济学"：没有"实感"的经济增长及政策错位 [J]. 日本问题研究，2018，32（02）：20–27.

[123] 李彬. 日本财政政策的调整轨迹：1989—2010 年 [J]. 日本研究，2011，（4）：18–23.

[124] 李扬. 国债规模：在财政与金融之间寻求平衡 [J]. 财贸经济，2003，（1）：51–57.

[125] 李翀. 财政赤字观和美国政府债务的分析 [J]. 经济学动态，2011，（9）：104–109.

[126] 李平，董曦明，刘作明. 英国的财政政策及其经济发展 [J]. 南开经济研究，1998，增刊：44–50.

[127] 林毅夫. 新结构经济学与中国发展之路 [J]. 中国市场，2012，（50）：3–8.

[128] 林治芬. 社会保障政策与就业联动的实证分析 [J]. 财贸经济，2005，（6）：55–60.

[129] 林双林. 中国财政赤字和政府债务分析 [J]. 经济科学，2010，（3）：5–16.

[130] 刘俊霞. 论资源分配与收入分配的关系 [J]. 中南财经政法大学学报，2004，（5）：9–14.

[131] 刘尚希，赵全厚. 政府债务：风险状况的初步分析 [J]. 管理世界，2002，（5）：22–32，41.

[132] 刘尚希. 财政风险：一个分析框架 [J]. 经济研究，2003，（5）：23–31.

[133] 刘新、刘星、刘伟. 财政社会保障支出的就业效应——基于 1978—2008 年的经验数据 [J]. 山西财经大学学报，2010，（7）：10–15.

[134] 刘金林. 基于经济增长视角的政府债务合理规模研究：来自 OECD 的证据 [J]. 经济问题，2013，（12）：25–30.

[135] 刘震，蒲成毅. 政府债务、私人投资与经济增长 [J]. 贵州财经大学学报，

2014，（4）：20-29.

[136]刘昊虹，王晓雷.论日本的主权债务问题[J].现代日本经济，2011，（2）：22-27.

[137]吕冰洋，郭庆旺.中国要素收入分配的测算[J].经济研究，2012，（10），27-40.

[138]陆寒寅.美国银行———战中协约国集团的润滑剂[J].复旦学报（社会科学版），1995，（5）：26-29.

[139]鲁桐.撒切尔主义的内容及影响[J].世界经济与政治，1990，（10）：53-57.

[140]罗志如，厉以宁.二十世纪英国经济政策主导思想的演变[J].北京大学学报（哲学社会科学版），1980，（4）：30-45.

[141]马拴友.中国公共部门债务和赤字的可持续性分析——兼评积极财政政策的不可持续性及其冲击[J].经济研究，2001，（8）：15-24.

[142]马拴友，于红霞，陈启清.国债与宏观经济的动态分析[J].经济研究，2006，（4）：35-46.

[143]缪小林，伏润民.地方政府债务对县域经济增长的影响及其区域分化[J].经济与管理研究，2014，（4）：35-40.

[144]皮埃尔·布迪厄.法国学者布迪厄谈新自由主义的本质[J].国外理论动态，1999，（4）：14-16.

[145]乔磊.美国富人少缴税为何合法[J].理财周刊，2011-12-16.

[146]乔万尼·阿瑞吉等.新自由主义的性质和前途[J].国外理论动态，2007，（6）：7-11.

[147]秦长江."放管服"改革中存在的问题及其对策——基于河南的调研与思考[J].中州学刊，2019，（3）：1-7.

[148]邱栎桦，伏润民，李帆.经济增长视角下的政府债务适度规模研究——基于中国西部D省的县级面板数据分析[J].南开经济研究，2015，（1）：13-31.

[149]裘晓兰.日本"无欲世代"的群体画像和成因探析[J].中国青年研究，2019，（08）：113-119.

[150]屈小博.中国养老保险制度的演变、发展与思考[J].社会科学管理与评论，2010，（3）：57-65.

[151] 孙立坚. 揭开全球"安全资产"缺失之谜 [J]. 世界经济研究, 2013, (7): 15-20.

[152] 孙时联. 美国债务上限的由来及发展趋势 [J]. 国际贸易, 2011, (8): 46-50.

[153] 史志钦. 新"第三条道路"与世界中左政党 [J]. 内部文稿, 1999, (4): 30-32.

[154] 宋小川. 美国税收制度累进性质的减退对贫富差距扩大的影响 [J]. 财经科学, 2008, (10): 55-63.

[155] 托马斯·克里特高尔、哈里·威勒. 日本公共债务缘何快速演变 [J]. 金融市场研究, 2016, (8): 81-83.

[156] 托马斯·赫顿、迈克尔·阿什、罗伯特·波林. 高公共债务一贯扼杀经济增长吗? ——对莱因哈特和罗格夫的批判 [J]. 政治经济学评论, 2015, (6): 143-161.

[157] 王娜. 国家的积累和合法性职能的矛盾——解释债务危机成因的一个新视角 [J]. 黑龙江社会科学, 2012, (5): 71-74.

[158] 王小鲁, 樊纲. 中国收入差距的走势和影响因素分析 [J]. 经济研究, 2005, (10): 24-36.

[159] 王延中、龙玉其. 社会保障与收入分配: 问题、经验与完善机制 [J]. 学术研究, 2013, (4): 31-37.

[160] 王世涛. 论单一制中国的财政联邦制——以中央与地方财政关系为视角 [J]. 北方法学, 2010, (5): 31-37.

[161] 王新生. 二流国家的宿命? ——读《21世纪的日本: 战略的贫困》有感 [J]. 世界知识, 2002, (24): 51.

[162] 韦森. 正视中国经济增速趋缓 [J]. 同舟共进, 2013, (1): 6-8.

[163] 吴友群, 王立勇, 廖信林. 政府债务与居民消费非线性关系的国际研究 [J]. 统计与决策, 2015, (2): 125-127.

[164] 西南财经大学中国家庭金融调查与研究心. 中国家庭收入不平等报告 [R]. 2012-12-09.

[165] 萧琛. 告别凯恩斯时代——论美国税制改革 [J]. 美国研究, 1993, (3): 83-98.

[166] 谢夜香，陈芳.我国行政管理支出规模的理论分析与实践探讨 [J].财政研究，2008，(6):42-45.

[167] 徐明棋.欧洲主权债务危机也是欧元的信用危机 [J].社会观察，2010，(6):62-63.

[168] 徐晓莉、张玲、马晓琴.我国失业保险支出与城镇失业率关系研究——基于误差修正模型的分析 [J].人口与经济，2012，(2):49-53、92.

[169] 许敏.试论市场与政府在资源配置中的关系 [J].人民论坛，2014，(20):84-86.

[170] 余永定.财政稳定问题研究的一个理论框架 [J].世界经济，2000，(6):3-12.

[171] 余永定.欧洲主权债务危机的启示及中国面临的挑战 [J].中国金融四十人论坛月报，2010，(6):13-19.

[172] 杨攻研，刘洪钟.政府债务削减的政治经济学分析——来自发达国家长期历史的启示 [J].世界经济与政治，2015，(1):127-160.

[173] 于立生.我国政府运行成本过高的原因与对策 [J].东南学术，2010，(2):53-60.

[174] 喻雷，郭为伟.论美国税制改革 [J].财经问题研究，1987，(9):46-48.

[175] 余东华，吕逸楠.政府不当干预与战略新兴产业产能过剩——以中国光伏产业为例 [J].中国工业经济，2015，(10):53-68.

[176] 袁富华.长期增长过程的"结构性加速"与"结构性减速":一种解释 [J].经济研究，2012，(3):127-140.

[177] 袁志田，刘厚俊.全球公共债务危机:发生、发展与未来 [J].当代经济研究，2012，(2):68-74.

[178] 运奇.为经济发展保驾护航——三十年财政政策概要 [J].中国财政，2008，(19):17-20.

[179] 张幼文.国际金融中心发展的经验教训:世界若干案例的启示 [J].社会科学，2003，(1):26-30.

[180] 张季风.日本财政困境解析 [J].日本学刊，2016，(2):69-90.

[181] 张健.日本的第一次经济白皮书 [J].现代日本经济，1985，(2):15-17.

[182] 赵准.当代美国马克思主义经济学对资本主义失业问题的研究 [J].当代经

济研究，2008，（4）：17-21.

[183]赵志耘，杨朝峰．中国全要素生产率的测算与解释：1979—2009 年 [J]．财经问题研究，2011，（9）：3-12.

[184]张明、朱子阳．中国政府债务规模究竟几何 [J]．财经，2018，（17）：72-76.

[185]郑秉文．OECD 国家社会保障制度改革及其比较 [J]．经济社会体制比较，2004，（5）：111-123.

[186]郑功成．劳动就业与社会保障：中国基本民生问题的政策协调与协同推进 [J]．中国劳动，2008，（8）：6-11.

[187]郑功成．论收入分配与社会保障 [J]．黑龙江社会科学，2010，（5）：123-126.

[188]郑联盛．欧洲债务问题：演进、影响、原因与启示 [J]．国际经济评论，2010，（3），108-122.

[189]中国社会保障学会理论研究组．新时期社会保障与经济发展关系的再认识 [J]．社会保障评论，2017，（2）：3-15.

[190]中国社会科学院财政与贸易经济研究所课题组．"十二五"时期的中国财政支出结构改革 [J]．经济理论与经济管理，2010，（11）：5-14.

[191]周天勇．财政预算体制存在的九个问题 [J]．求知，2008，（3）：47.

[192]周刚志．"过度分权"与"过度集权"：中国国家结构形式的"制度悖论"及其宪法释义 [J]．交大法学，2014，（4）：111-123.

[193]朱邦宁．美国的联邦债务及政府债券的种类和发行 [J]．国际社会与经济，1994，（10）：4-6.

[194]车安华，袁迪．我国信用评级业存在的问题及对策 [N]．金融时报，2012-12-24，012.

[195]陈晨．2012 年中国投资回报率仅 2.7%[N]．第一财经日报，2013-07-29.

[196]戴园晨．财政赤字的是非好坏之变 [N]．经济参考报，2002-06-05，05.

[197]李仪，夏杰长．防范地方债务危机七策 [N]．中国经济时报，2018-12-10.

[198]林兆木．进一步做好"六稳"工作 [N]．人民日报，2019-10-31，09.

[199]向松祚．汉密尔顿和美国的金融战略 [N]．第一财经日报，2009-12-14，A15.

[200]赵琪．社会福利保障制度应更具目标性和方向性 [N]．中国社会科学报，

2014-2-24，A4.

[201]赵柯、李刚.从国债历史看欧洲的未来 [N].学习时报，2017-02-06.

[202]包香明.关于我国债券市场信用评级制度的研究 [EB/OL].中国债券信息网，2007-03-20，http://www.chinabond.com.cn/Info/558188.

[203]陈柳钦.借鉴国外经验，完善我国高新技术产业发展的税收支持政策 [EB/OL]，光明观察，http://guancha.gmw.cn/content/2007/10/29/content_690274.htm.

[204]程实.美国的衰退尚遥不可及 [EB/OL].http://www.yicai.com/news/2011/08/1000186.html.

[205]黄益平.欧元危机还能持续多久？[EB/OL].财新网，http://www.caing.com/2010-05-13/100143700.html.

[206]李宏彬.我国告别廉价劳动力时代 [EB/OL].财新网，http://magazine.caijing.com.cn/2013-04-21/112695720.html.

[207]乔磊.美国全民医保谁来买单 [EB/OL].和讯网，http://insurance.hexun.com/2010-03-29/123139807.html.

[208]孙哲，闫瑾.国内信用评级机构夹缝中艰难求生 [EB/OL].金融界，http://finance.jrj.com.cn/2011/09/07070910969397.shtml.

[209]王小鲁.灰色收入与国民收入分配：2013 年报告 [EB/OL].财新网，http://magazine.caixin.com/2013-11-05/100599523.html.

[210]王广谦.加速推进汇率市场化实现人民币国际化 [EB/OL].网易财经，http://money.163.com/special/0025342Q/wangguangqian.html.

[211]伍治坚.人民币国际化任重道远 [N/OL].联合早报，2011-05-27，http://www.zaobao.com/special/china/rmb/pages2/rmb110527.shtml.

[212]新华网.中国共产党第十一届中央委员会第三次全体会议公报 [EB/OL].新华网，http://news.xinhuanet.com/ziliao/2005-02/05/content_2550304.htm.

[213]钟伟."重债富国"如何持续？[EB/OL].一财网，http://www.yicai.com/news/2013/11/3127812.html.

[214]周其仁.产能过剩一定是在政府干预频频的行业 [EB/OL].人民网，http://finance.people.com.cn/GB/43429/125491/125547/7432729.html.

[215]朱安东，蔡万焕.新自由主义泛滥的后果 [EB/OL].http://news.xinhuanet.

com/theory/2012–06/13/c_123276283.htm.

［216］中央政府网．关于建国以来党的若干历史问题的决议［EB/OL］．http：//
www.gov.cn/test/2008–06/23/content_1024934.htm.

［217］中央政府网．中共中央关于经济体制改革的决定［EB/OL］．http：//www.gov.
cn/test/2008–06/26/content_1028140.htm.

［218］中国共产党历次全国代表大会数据库．赵紫阳在中国共产党第十三次全国
代表大会上的报告［EB/OL］．http：//cpc.people.com.cn/GB/64162/64168/6456
6/65447/4526368.html.

附 录

附表 1929—2016 年美国财政收支及经济增长、就业状况（单位：百万美元）

历届总统	年份	政府收入	政府支出	财政收支余额	实际 GDP 增长率	失业率
胡佛期间 （1929—1932）	1929	3862.0	3127.0	734.0	6.1%	3.2%
	1930	4058.0	3320.0	738.0	−8.6%	8.7%
	1931	3116.0	3577.0	−462.0	−6.5%	15.9%
	1932	1924.0	4659.0	−2735.0	−13.1%	23.6%
罗斯福 （1933—1944）	1933	1997.0	4598.0	−2602.0	−1.3%	24.9%
	1934	2955.0	6541.0	−3586.0	10.9%	21.7%
	1935	3609.0	6412.0	−2803.0	8.9%	20.1%
	1936	3923.0	8228.0	−4304.0	13.1%	16.9%
	1937	5387.0	7580.0	−2193.0	5.1%	14.3%
	1938	6751.0	6840.0	−89.0	−3.4%	19.0%
	1939	6295.0	9141.0	−2846.0	8.1%	17.2%
	1940	6548.0	9468.0	−2920.0	8.8%	14.6%
	1941	8712.0	13653.0	−4941.0	17.1%	9.9%
	1942	14634.0	35137.0	−20503.0	18.5%	4.7%
	1943	24001.0	78555.0	−54554.0	16.4%	1.9%
	1944	43747.0	91304.0	−47557.0	8.1%	1.2%
杜鲁门 （1945—1952）	1945	45159.0	92712.0	−47553.0	−1.1%	1.9%
	1946	39296.0	55232.0	−15936.0	−10.9%	3.9%
	1947	38514.0	34496.0	4018.0	−0.9%	3.9%
	1948	41560.0	29764.0	11796.0	4.4%	3.8%
	1949	39415.0	38835.0	580.0	−0.5%	6.1%
	1950	39443.0	42562.0	−3119.0	8.7%	5.2%
	1951	51616.0	45514.0	6102.0	7.7%	3.3%
	1952	66167.0	67686.0	−1519.0	3.8%	3.0%

续表

历届总统	年份	政府收入	政府支出	财政收支余额	实际 GDP 增长率	失业率
艾森豪威尔 （1953—1960）	1953	69608.0	76101.0	−6493.0	4.6%	2.9%
	1954	69701.0	70855.0	−1154.0	−0.6%	5.6%
	1955	65451.0	68444.0	−2993.0	7.2%	4.4%
	1956	74587.0	70640.0	3947.0	2.0%	4.1%
	1957	79990.0	76578.0	3412.0	2.0%	4.3%
	1958	79636.0	82405.0	−2769.0	−0.9%	6.8%
	1959	79249.0	92098.0	−12849.0	7.2%	5.5%
	1960	92492.0	92191.0	301.0	2.5%	5.5%
肯尼迪 （1961—1963）	1961	94388.0	97723.0	−3335.0	2.3%	6.7%
	1962	99676.0	106821.0	−7146.0	6.1%	5.5%
	1963	106560.0	111316.0	−4756.0	4.4%	5.7%
约翰逊 （1964—1968）	1964	112613.0	118528.0	−5915.0	5.8%	5.2%
	1965	116817.0	118228.0	−1411.0	6.4%	4.5%
	1966	130835.0	134532.0	−3698.0	6.5%	3.8%
	1967	148822.0	157464.0	−8643.0	2.5%	3.8%
	1968	152973.0	178134.0	−25161.0	4.8%	3.6%
尼克松 （1969—1974）	1969	186882.0	183640.0	3242.0	3.1%	3.5%
	1970	192807.0	195649.0	−2842.0	0.2%	5.0%
	1971	187139.0	210172.0	−23033.0	3.4%	6.0%
	1972	207309.0	230681.0	−23373.0	5.3%	5.6%
	1973	230799.0	245707.0	−14908.0	5.8%	4.9%
	1974	263224.0	269359.0	−6135.0	−0.6%	5.6%
福特 （1974—1976）	1975	279090.0	332332.0	−53242.0	−0.2%	8.5%
	1976	298060.0	371792.0	−73732.0	5.4%	7.7%
卡特 （1977—1980）	1977	355559.0	409218.0	−53659.0	4.6%	7.1%
	1978	399561.0	458746.0	−59185.0	5.6%	6.1%
	1979	463302.0	504028.0	−40726.0	3.1%	5.9%
	1980	517112.0	590941.0	−73830.0	−0.3%	7.2%

续表

历届总统	年份	政府收入	政府支出	财政收支余额	实际GDP增长率	失业率
里根 （1981—1988）	1981	599272.0	678241.0	−78969.0	2.5%	7.6%
	1982	617766.0	745743.0	−127977.0	−1.9%	9.7%
	1983	600562.0	808364.0	−207802.0	4.5%	9.6%
	1984	666438.0	851805.0	−185367.0	7.2%	7.5%
	1985	734037.0	946344.0	−212307.0	4.1%	7.2%
	1986	769155.0	990382.0	−221227.0	3.5%	7.0%
	1987	854288.0	1004017.0	−149729.0	3.2%	6.2%
	1988	909238.0	1064416.0	−155178.0	4.1%	5.5%
老布什 （1989—1992）	1989	991105.0	1143744.0	−152639.0	3.6%	5.3%
	1990	1031958.0	1252994.0	−221036.0	1.9%	5.6%
	1991	1054988.0	1324226.0	−269238.0	−0.2%	6.9%
	1992	1091208.0	1381529.0	−290321.0	3.4%	7.5%
克林顿 （1993—2000）	1993	1154335.0	1409386.0	−255051.0	2.9%	6.9%
	1994	1258566.0	1461753.0	−203187.0	4.1%	6.1%
	1995	1351790.0	1515742.0	−163952.0	2.5%	5.6%
	1996	1453053.0	1560484.0	−107431.0	3.7%	5.4%
	1997	1579232.0	1601116.0	−21884.0	4.5%	4.9%
	1998	1721728.0	1652458.0	69270.0	4.4%	4.5%
	1999	1827452.0	1701842.0	125610.0	4.8%	4.2%
	2000	2025191.0	1788950.0	236241.0	4.1%	4.0%
小布什 （2001—2008）	2001	1991082.0	1862846.0	128236.0	1.1%	4.7%
	2002	1853136.0	2010894.0	−157758.0	1.8%	5.8%
	2003	1782314.0	2159899.0	−377585.0	2.5%	6.0%
	2004	1880114.0	2292841.0	−412727.0	3.5%	5.5%
	2005	2153611.0	2471957.0	−318346.0	3.1%	5.1%
	2006	2406869.0	2655050.0	−248181.0	2.7%	4.6%
	2007	2567985.0	2728686.0	−160701.0	1.9%	4.6%
	2008	2523991.0	2982544.0	−458553.0	−0.3%	5.8%

续表

历届总统	年份	政府收入	政府支出	财政收支余额	实际GDP增长率	失业率
奥巴马（2009—2016）	2009	2104989.0	3517677.0	-1412688.0	-3.1%	9.3%
	2010	2162706.0	3457079.0	-1294373.0	2.4%	9.6%
	2011	2303466.0	3603059.0	-1299593.0	1.8%	8.9%
	2012	2450164.0	3537127.0	-1086963.0	2.2%	8.1%
	2013	2775106.0	3454881.0	-679775.0	1.8%	7.4%
	2014	3021491.0	3506284.0	-484793.0	2.5%	6.2%
	2015	3249890.0	3691850.0	-441960.0	2.9%	5.3%
	2016	3267965.0	3852616.0	-584651.0	1.6%	4.9%

数据来源：美国白宫网站，http://www.whitehouse.gov/omb/budget/Historicals

后　记

公共债务问题一直是学术界探讨的重要话题。2008 年国际金融危机之后，2010 年欧元区债务危机、2012 年美国"财政悬崖"、日本债务之"谜"等问题再一次引起国际社会的广泛关注。由此，公共债务问题成为我博士论文研究的选题。博士论文最初的想法就是从国际比较的角度分析公共债务问题为何成为世界主要经济体普遍面临的挑战。然而，由于博士毕业压力、分析思路所限等原因，博士论文最终选择将美国的公共债务问题作为典型事例进行分析。博士毕业后，如何完成当初的研究设想，对公共债务发展问题进行国际比较，成为我进入首都经济贸易大学工作后的第一研究目标。因此，本书是在我博士论文基础上拓展研究的成果，也代表我近几年来对公共债务风险在国际范围内凸显的一个阶段性思考。

本书从国际比较的视角对公共债务的成因、效应以及约束机制等方面进行了深入的分析，但存在以下不足和尚需深入研究的问题：第一，关于公共债务宏观效应的研究和财政政策评价还需要使用更为前沿的计量经济方法进行实证分析，对数据挖掘的深度还需要进一步加强。第二，关于公共债务规模与债务危机之间的关系还需要通过更为严密的数量经济模型以及计量经济学分析方法进行推理验证。其中涉及几个关键性的问题：如何界定债务货币化？如何从量化的角度界定债务危机？债务货币化与债务危机之间的影响机制如何通过现代经济学的模型进行演示论证？第三，关于财政规则实施的财政政策绩效以及能否有效避免债务危机问题还有待深入的探究。目前国际学术界有一些文献在此方面进行了探索，但国内学术界对此问题的研究深度还有待进一步提升。第四，结合自身的研究过程以及《国家的财政危机》《21 世纪资本论》《21 世纪债务论》等著作中揭示的问题，我认为收入差距的不断扩大与政府公共债务之间具有重要的逻辑关系，本研究中也有所论述，但还需要运用前沿的数理和计量经济学工具进行推理验证，受限于数据可得性和工具掌握程度，该问题的深入研究还有待于下一步开展。

总之，任何一个学术问题的研究都是无止境的，需要我们不断地探索。本书是我学术生涯的第一本学术专著，在即将付梓之际，我心中感慨万千。

"用知识武装头脑。"从我记事起，父亲就时常用这句话教育我。二十几年来，这句话一直萦绕在我耳边，潜移默化成为我心中的一个信念。考大学、读研、攻读博士学位对于我来说，既是一种人生选择与追求，也是对父亲多年谆谆教导的一种报答。因此，首先要感谢我的父母，感谢他们近三十年来对我无微不至的关怀与良苦用心的教育，为我的成长奠定了坚实的基础。

其次，我要感谢我的博士研究生导师——李翀教授。李老师为人处世之儒，气质作风之雅，专业知识之精，忧国忧民心之诚深深地感染了我。在我博士求学期间，小到选课计划，大到未来人生规划，李老师都进行了悉心的指导。在整个论文的写作过程中，从选题到定稿的一系列环节，李老师不厌其烦地一遍又一遍提出修改意见，一方面体现出李老师对学术研究要求之严谨，另一方面更是体现了对学生的关怀与期望。李老师的一言一行生动地诠释了北京师范大学的校训——"学为人师，行为世范"，为我以后的人生追求树立了很好的榜样。

再次，我还要感谢我硕士研究生学习阶段的导师——田春生教授。自本科毕业师从田老师之后，无论是在学习方面，还是生活方面，田老师不仅尽到一个老师应尽的责任，还给予了我慈母般的关怀。还记得研究生入学报到前，第一次跟田老师吃饭，饭后一块走，在路上，田老师对我说"我以后会把你当作我儿子一样来看待的"。这句话深深地印在了我心里，一生难忘。进入博士学习阶段以后，田老师仍然时常问候我的学习与生活状况，并在学术研究以及最后的博士论文写作等多方面继续给予我帮助。田老师渊博的知识、严谨的治学态度和正直的处世态度让我一生受益。

最后，我想郑重地感谢我的爱人及儿女。2008年奥运会开幕前夕，我爱人放弃了杭州难得的工作机会来到北京。多年来，她无怨无悔地为我学习生活提供了有力的保障。博士论文开题前夕，我们的女儿出生。三年前，在我晋升副教授之后，儿子出生。女儿和儿子的出现为我的学习工作提供了强大的动力，给生活增添了无穷的乐趣。有他们的陪伴，在未来学术研究过程中，我会更加努力，更加坚定，争取在学术的道路上取得优异的成绩。

另外，还需要指出的是，李翀老师完成日本公共债务之"谜"部分，华中科技大学郭林老师参与了社会保障制度部分的研究，我的硕士研究生李琦协助完成了日本的财政收支演变、政策实践以及开放宏观分析，鲍丙朋参与了公共债务扩张的宏观效应分析。在各位老师与同学参与形成研究初稿的基础上，我对书稿进行了系统的整理与修改。因此，本书的最终完稿是以上各位共同智慧的结晶，在此感谢以上各位的支持与付出！感谢首都经济贸易大学经济学院的大力资助！感谢中国言实出版社编辑老师的辛苦工作！

郝宇彪

2020 年 6 月